세계민담전집

세계
민담
전집

14

집시 편

나송주 엮음

황금가지

세계 민담 전집을 펴내면서

민담이란 한 민족이 수천 년 삶의 지혜를 온축하여 가꾸어 온 이야기들입니다. 그 민족 특유의 자연관, 인생관, 우주관, 사회의식이 속속들이 배어 있는 민담은 진정 그 민족이 발전시켜 외부와 교통해 온 문화를 이해하는 골간입니다. 세계화 시대를 맞아 국경의 의미가 나날이 퇴색되고 많은 사람들이 인류 공통의 문제를 피부로 느끼는 지금, 한편으로는 국가와 민족, 인종 간의 몰이해로 인한 충돌이 더욱 빈번해지고 있습니다. 서로의 문화를 진정으로 이해해야 할 필요성이 더욱 커진 오늘, 한 민족의 문화에서 민담이 갖는 중요성을 생각할 때, 우리나라에 아직 믿고 읽을 만한 민담 전집을 갖지 못했다는 것은 여러모로 불행한 일이 아닐 수 없습니다.

지금까지 세계 여러 민족의 옛이야기들이 전혀 출판되지 않은 것은 아니지만, 개별적으로 나와 망실되고 절판된 데다 영어판이나 일본어판을 거쳐 중역된 것이 대부분이었고, 그나마 아동용으로 축약 변형되어 온전한 모습으로 소개되지 못했습니다. 황금가지에서는 각 민족의 고유문화를 이해하는 실마리가 될 민담을 올바르게 소개하고자 다음과 같은 원칙에 따라 편집을 진행하였습니다.

첫째, 근대 이후에 형성된 국가 구분에 얽매이지 않고 더 본질적인 민족의 분포와 문화권을 고려하여 분류하였습니다. 국가적 동질성과 문화적 동질성이 반드시 일치하지는 않기 때문입니다.

둘째, 각 민족어 전공자가 직접 원전을 읽은 후 이야기를 골라 번역했습니다. 영어판이나 일본어판을 거쳐 중역된 이야기는 영어권과 일본어권 독자들의 입맛에 맞게 순화되는 과정에서 해당 민족 고유의 사유가 손상되었을 우려가 높습니다. 황금가지판 『세계 민담 전집』은 해당 언어와 문화권을 잘 이해하고 있는 전공자들이 엮고 옮겨 각 민족에서 가장 널리 사랑받는 이야기, 그들의 문화 유전자가 가장 생생하게 드러나는 이야기들을 가려 뽑도록 애썼습니다.

셋째, 기존에 알려져 있던 각 민족의 대표 민담들뿐 아니라 그동안 접하기 힘들었던 새로운 이야기들을 여럿 소개했습니다. 또한 이미 들은 적이 있는 이야기일지라도 축약이나 왜곡이 심했던 경우에는 원형에 가까운 형태로 재소개했습니다.

황금가지판 『세계 민담 전집』은 또한 작은 가방에도 들어가는 포켓판 형태로 제작되어 간편하게 들고 다니며 읽을 수 있게 하였습니다. 세계를 여행하면서 그 지역에 뿌리를 두고 자라난 이야기들을 읽고 확인하는 것도 이 전집을 읽는 또 다른 즐거움이 될 것입니다.

세계 민담 전집 편집부

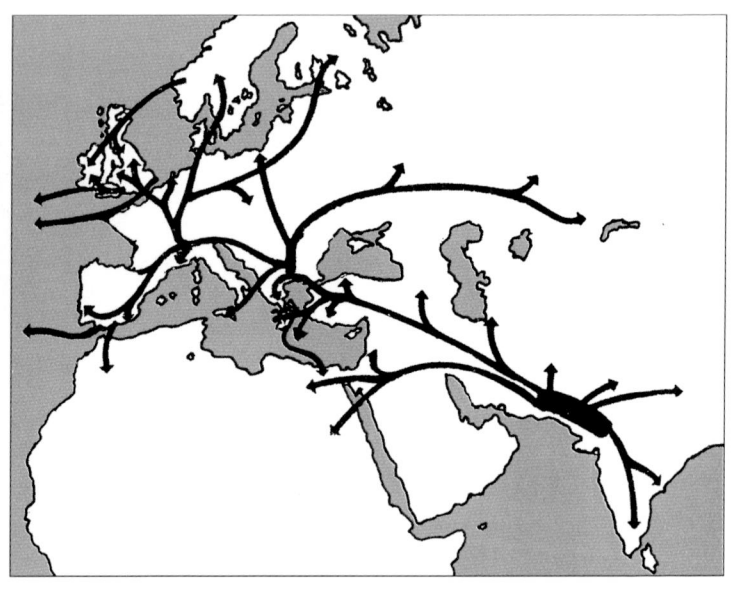

●── 전 세계에 대략 천만 명 정도로 추산되는 집시들은 주류 사회에서 동떨어져 그들만의 전통과 풍속을 유지하며 작은 사회를 만들어 살고 있다. 다수에 대립되는 무리로서 때로는 이해할 수 없고, 때로는 낭만적으로 비쳐지기도 한다. 이들은 약속의 땅을 찾아 떠돌던 유대인처럼 목적지 없이 동유럽에서 서유럽으로, 북쪽에서 남쪽으로 정처 없이 떠돌아다니는 운명을 타고난 듯하다.

차례

황금가지 세계 민담 전집 집시 편

드라큘라 ●●● 11
암말의 아들 ●●● 17
예언자 ●●● 26
날렵한 영웅 ●●● 35
마법에 걸린 도시 ●●● 41
죽음의 연인 ●●● 46
루비 랙 ●●● 49
집시는 어떻게 하늘나라에 가게 되었는가 ●●● 53
생쥐의 결혼 ●●● 57
바나 ●●● 60
마법에 걸린 개구리 ●●● 64
모기 ●●● 71
재단사의 영리한 딸 ●●● 77
집시들의 바이올린 ●●● 87
질투심 많은 남편 ●●● 90
바보와 마법의 나무 ●●● 96
금을 쏟아 내는 소녀 ●●● 105
집시와 동굴 ●●● 109
마흔 명의 경망한 집시 ●●● 113
에라시모 ●●● 117
예순한 가지 재주 ●●● 123
악마가 어떻게 하느님을 도와 세상을 창조했는가 ●●● 128
겁 없는 야나키스 ●●● 131

산양 가죽 차 ●●● 140

붉은 왕과 마법사 ●●● 142

집시와 암탉 ●●● 148

집시의 기원 ●●● 151

요술 허리띠 ●●● 153

새 ●●● 159

바디아 이야기 ●●● 163

아시펠트 ●●● 169

냄비 장수 부부 ●●● 177

하느님의 가족은 몇 명인가 ●●● 182

어떤 사람의 죽음 ●●● 183

경험 ●●● 184

절름발이 당나귀 ●●● 185

가난해도 정조는 지키다 ●●● 186

장모 죽이기 ●●● 187

신부는 사람인가 ●●● 188

집시의 선서 ●●● 189

정부가 하는 일은 전부 나쁘다 ●●● 191

장미 ●●● 192

기사님이 잠자리에 드신다 ●●● 193

후각이 예민한 말 ●●● 194

녹색 안경 ●●● 195

부활의 신비 ●●● 196

따귀 한 대 ●●● 197

곱사등이 ●●● 198

잭과 금 담뱃갑 ●●● 199

영리한 여우 ●●● 209

알리피와 달리피 ●●● 214

도적떼와 가정부 ●●● 234

시골 도둑과 도시 도둑 ●●● 240

부자 되는 법 ●●● 248

사리나 ●●● 251

약속을 지키지 못한 집시 ●●● 253

늑대와 집시 ●●● 258

베이다와 루차 ●●● 260

끊어진 구슬 목걸이 ●●● 268

픽타의 모험 ●●● 276

해설 | 집시 민담을 소개하며 ●●● 289

드라큘라

어느 마을에 노파가 한 명 살고 있었다. 결혼할 나이가 된 마을 처녀들은 늘 노파의 낡은 오두막에 모여 길쌈을 하며 하루를 보냈다. 그러면 총각들은 노파의 집으로 가서 마음에 드는 아가씨에게 입맞춤을 하고 함께 하루를 보냈다.

그런데 무슨 일인지 한 아가씨에게는 어느 누구도 입맞춤을 청하지 않았다. 부유한 농부의 딸인 아름다운 그 아가씨에게는 사흘 내내 어느 누구도 다가오지 않았다. 마을 근방에서는 가장 아름다운 아가씨였지만 구애를 받은 다른 아가씨들이 그저 부러울 뿐이었다.

그러던 어느 날 한 총각이 나타나 그녀를 껴안고 입맞춤을 했다. 총각은 닭이 울 때까지 그녀와 함께 머물다가 날이 밝자 떠났다. 노파는 젊은이가 남기고 간 발자국을 보고 아가씨에게 말했다.

"니타, 넌 아무것도 보지 못했니?"

"네, 별로 눈에 띄는 게 없던데요."

"그 젊은이는 닭의 발을 가지고 있더구나. 그런데 넌 못 봤단 말이냐?"

"저는 못 봤어요. 아무것도 못 봤다고요."

니타는 그제서야 집으로 돌아가 잠을 잤다. 아침이 되어 니타가 아가씨들과 실을 잣기 위해 노파의 집으로 갔을 때, 청년들은 벌써 그곳에 모여들고 있었다. 청년들은 아가씨들에게 입맞춤을 하고는 집으로 돌아갈 때까지 함께 보냈다.

어제 왔던 젊은이도 니타를 찾아와 그녀를 껴안고 입맞춤한 다음 가까운 곳으로 데려가 함께 머물렀다. 자정이 되어 닭이 울기 시작하자 젊은이는 다시 떠났다. 그러자 노파가 말했다.

"니타, 저 젊은이가 말의 발톱을 가진 것을 못 보았니?"

"말의 발톱을 가지고 있는지는 모르겠어요. 하지만 저는 못 봤어요."

집으로 돌아간 니타는 다음 날 저녁이 되어 북을 들고 노파의 오두막으로 갔다. 조금 후 다른 아가씨들이 도착했고, 이내 청년들이 하나둘 모여들더니 각자 마음에 드는 아가씨의 손을 잡고 나갔다. 니타는 홀로 그곳에 남았다.

청년들과 아가씨들이 헤어져 모두 집으로 돌아간 뒤 젊은이가 나타났다. 그때 니타는 바늘에 실을 꿰어 젊은이의 등에 꽂았다. 닭이 울자 젊은이는 다시 떠났다.

다음 날 아침 니타는 실을 따라가 보았다. 교회 묘지에 이르자 어느 무덤 위에 젊은이가 앉아 있는 것이 보였다. 니타는 너무 무서워 벌벌 떨며 집으로 돌아왔다.

저녁 무렵 무덤 위에 있던 젊은이가 노파의 집으로 찾아와 물었다.

"니타는 어디 있나요?"

"오늘은 안 왔다오."

젊은이는 니타가 살고 있는 집으로 찾아갔다.

"니타, 거기 있니?"

니타가 대답했다.

"그래, 여기 있어."

"교회에서 뭘 봤는지 말해 주렴. 말해 주지 않으면 네 아버지를 죽일 테다."

"아무것도 본 게 없어."

그러자 젊은이가 니타의 아버지를 한 번 쳐다보았다. 젊은이가 쳐다보는 것만으로 니타의 아버지는 숨을 거두었다.

다음 날 저녁, 젊은이가 다시 찾아왔다.

"니타, 네가 본 것을 말해 주렴"

"아무것도 본 게 없어."

"나한테 말해 주렴. 그러지 않으면 네 아버지를 죽인 것처럼 네 어머니도 죽일 테다."

"아무것도 본 게 없어, 없다고!"

그러자 젊은이는 니타의 어머니를 죽이고 무덤으로 돌아갔다.

다음 날 아침, 니타는 하인 열두 명을 불러 모아 말했다.

"나는 많은 돈과 황소와 양을 가지고 있다. 얼마 안 있으면 이 모든 것들은 너희 것이 될 것이다. 오늘 저녁 내가 죽고 나면 너희에게 전 재산을 물려줄 것이야. 하지만 나를 사과나무 가까이 있는 숲 속에 묻어 주지 않으면 너희에게 불행이 닥칠 것이다."

저녁이 되자 무덤 위의 젊은이가 다시 나타나 말했다.

"니타, 집에 있니?"

"그래, 여기 있어."

"니타, 사흘 전에 무얼 봤는지 말해 주렴? 그러지 않으면 네 부모를 죽인 것처럼 너를 죽일 테다."

"너한테 말해 줄 게 아무것도 없어."

그러자 젊은이는 니타마저 죽였다. 젊은이는 니타에게 마지막 눈길을 주고 나서 무덤으로 돌아갔다.

다음 날 아침, 하인들은 죽어 있는 니타를 발견했다. 하인들은 풍습에 따라 벽에 구멍을 뚫어 그곳으로 시신을 통과시키는 등 몇 가지 절차를 밟은 후, 그녀의 뜻에 따라 사과나무 가까이 있는 숲 속에 묻어 주었다.

그렇게 반년이 흐른 어느 날, 그 나라 왕자가 사냥개를 데리고 숲속으로 산토끼 사냥을 나섰다. 사냥개들은 산토끼를 쫓아 달리다가 무덤 하나를 발견했다. 무덤에는 왕국의 어떤 곳에서도 볼 수 없는 아름다운 꽃이 피어 있었다. 사냥개들은 무덤으로 다가가 몇 번 짖어 대더니 이내 파헤치기 시작했다. 왕자는 사냥용 뿔피리를 불러도 사냥개들이 돌아오지 않자 신하에게 그곳으로 가 보라고 했다.

사냥꾼 넷이 무덤으로 가 보자 그곳에는 초처럼 타고 있는 커다란 꽃이 있었다. 사냥꾼들은 곧 왕자를 그곳으로 데려왔다.

"이게 무엇이냐?"

"저희도 한 번도 본 적 없는 꽃입니다."

왕자는 무덤으로 다가가 꽃을 뽑아 집으로 돌아왔다. 왕자는 부모님에게 꽃을 보여 준 다음 화분에 심어 자신의 방 침대 머리맡에 두었다.

그날 저녁 왕자가 잠이 들자 꽃이 종처럼 공중에 떠올라 한 바퀴 빙글 돌더니 아가씨의 모습으로 변했다. 아가씨는 왕자에게 입을 맞추고 그의 팔에 안겨 잠을 잤다. 아가씨가 왕자에게 팔베개를 해 주었는데도 왕자는 알지 못했다. 날이 밝자 그녀는 다시 꽃으로 변해 화분에 심어져 있었다.

아침에 잠에서 깬 왕자는 어머니에게 하소연을 했다.

"어머니, 어깨와 머리가 너무 아픕니다."

왕비는 왕자를 보살펴 줄 영리한 여자를 보냈다. 왕자는 그녀의 시중을 받으며 식사를 하고 그날 일을 했다. 저녁이 되어 방으로 돌아와 식사를 하고 침대에 눕자마자 곧 잠이 쏟아졌다. 왕자가 잠들자 꽃이 다시 공중에 떠오르더니 아가씨로 변했다. 아가씨는 또다시 왕자를 팔로 껴안고 함께 잠을 잔 뒤 날이 밝을 무렵 꽃으로 돌아갔다.

아침에 일어나자 왕자의 어깨와 머리는 전날보다 더 아팠다. 왕자에게 이야기를 들은 왕은 왕비에게 말했다.

"이 모든 일이 꽃을 집으로 가져온 날부터 시작되었소. 왕자가 아픈 걸 보니 뭔가 이상한 일이 일어난 것 같구려. 오늘 저녁에 한번 지켜봅시다. 한쪽에 숨어 무슨 일이 일어나는지 봅시다."

저녁이 되어 왕자가 잠이 들자 지금까지 어느 곳에서도 볼 수 없을 만큼 아름다운 아가씨가 초의 불꽃처럼 타오르며 화분에서 떠올랐다. 그때 잠에서 깬 왕자는 아가씨를 보고는 얼른 껴안고 입을 맞췄다. 왕자와 아가씨는 날이 밝을 때까지 함께 잠을 잤다.

마침내 왕자와 아가씨는 결혼식을 올리게 되었다. 왕국 사람들은 아가씨의 모습을 보고 경탄해 마지않았다.

반년을 그렇게 같이 살 무렵 아가씨는 손에 사과 두 개를 쥔 금발의 아이를 낳았다. 아이를 얻은 왕자는 너무 기뻤다.

그러나 아가씨와 사랑을 나누고 나서 그녀와 그 부모를 죽인 드라큘라가 이 사실을 알게 되었다. 드라큘라는 아가씨 앞에 나타나 말했다.

●——집시 민담

"니타, 내가 무얼 하고 있었는지 보았니?"

"난 아무것도 본 게 없어."

"사실대로 말하렴. 그러지 않으면 네 어머니와 아버지를 죽인 것처럼 네 귀여운 아들도 죽일 테다."

"너한테 해줄 말이 하나도 없어."

그러자 드라큘라는 아이를 죽여 버렸다. 니타는 아들을 교회 묘지에 묻어 주었다.

저녁이 되자 드라큘라가 다시 나타나 니타에게 물었다.

"니타, 네가 본 것을 말해 보렴."

"나는 아무것도 못 봤어."

"말해 주렴. 그러지 않으면 너와 결혼한 사람을 죽여 버릴 테다."

그러자 니타가 일어서서 말했다.

"너는 내 남편을 죽일 수 없어. 그러기 전에 하느님께서 너를 파괴해 버릴 거야."

니타가 말을 끝내자마자 드라큘라의 몸은 정말 산산조각이 나 버렸다. 하느님의 분노가 그를 파멸시킨 것이다.

아침이 되어 니타가 잠에서 깨어났을 때 바닥에는 피가 흥건히 고여 있었다. 니타는 왕자에게 얼른 드라큘라의 심장을 꺼내라고 말했다. 왕자는 드라큘라의 배를 갈라 심장을 꺼내 니타에게 건네 주었다. 니타는 교회로 달려가 아들의 무덤을 파헤치고 드라큘라의 심장으로 아이를 문질렀다. 그러자 아들이 다시 살아났다.

니타는 아버지와 어머니가 묻혀 있는 곳으로 가 똑같이 드라큘라의 심장으로 시체를 문질렀다. 그러자 어머니와 아버지가 살아났다. 니타는 모든 사람들에게 이제까지 드라큘라 때문에 겪어야 했던 고통을 이야기해 주었다.

암말의 아들

한 승려가 암말을 타고 가다가 어느 숲에 이르러 말을 버리고 어디론가 떠나 버렸다.

그로부터 얼마 후 그 암말은 사람을 낳았다. 하느님이 암말을 찾아와 아이에게 세례를 베풀고 '암말의 아들'이라고 이름 지어 주었다. 말의 젖을 먹고 자라던 아이는 1년이 지나자 나무를 뽑아 보더니 말했다.

"어머니, 아직 나무를 뽑을 수 없으니 1년 더 젖을 먹어야겠어요."

다시 1년 동안 젖을 먹은 후, 아이는 나무를 껴안고 통째로 뽑아 버렸다.

아이는 숲 속 깊은 곳을 걸어가다 우연히 한 사람을 만났다.

아이가 먼저 말을 걸었다.

"안녕하세요."

"안녕하세요."

"이름이 어떻게 되세요?"

"나는 '나무 쪼개기'요."

"그러면 우리 서로 형제가 되어 나와 같이 갑시다."

의형제를 맺은 두 사람은 함께 길을 가다가 다른 사람을 만났다.

"안녕하세요. 이름이 어떻게 되세요?"

"'바위 쪼개기'요."

"그러면 우리 서로 형제가 됩시다."

세 사람은 또다시 의형제를 맺고 함께 길을 갔다.

또 다른 사람을 만났을 때 '암말의 아들'이 말했다.

"안녕하세요. 이름이 어떻게 되세요?"

"'나무 비틀기'요."

"그럼 우리와 함께 갑시다."

네 명은 함께 걸어가다 도둑 무리를 만났다. 도둑들은 송아지 한 마리를 죽이고 있었는데, 그들을 보자마자 고기를 내팽개치고 줄행랑을 쳤다. 네 명은 고기를 구워 먹고 그곳에서 하룻밤을 보냈다.

다음 날 아침 '암말의 아들'이 말했다.

"우리 중 세 명은 사냥을 나가고 한 명은 남아 불을 지피자."

요리사로 정해진 '나무 쪼개기'는 불을 곧잘 피웠다. 그때 낯선 노인이 '나무 쪼개기'에게 다가왔다. 노인은 키가 20센티미터도 채 안 되는 데다, 수염은 손가락 여덟 개나 열 개 정도 길이로 늘어뜨리고 있었다. 노인이 말했다.

"먹을 것을 좀 주시구려."

"그럴 수 없습니다. 조금 있으면 형제들이 사냥에서 돌아올 텐데, 어르신께 주고 나면 남는 게 없습니다."

노인은 숲 속으로 들어가더니 작대기 네 개를 들고 나타났다. 노인은 '나무 쪼개기'를 내동댕이치고는 땅에 작대기 네 개를 박아 그의 손발을 묶어 버렸다. 그리고 음식을 다 먹어 치운 다음 그를 풀어 주고 가 버렸다. '나무 쪼개기'는 냄비에 고기를 더 집어넣었다. 잠시 후 사냥을 나갔던 형제들이 돌아왔다.

"요리 다 되었니?"

"너희가 출발한 뒤 바로 불을 지폈는데도 고기가 아직 안 익었네."

"그냥 먹자. 배가 너무 고프다."

'나무 쪼개기'가 있는 대로 음식을 내와 그들은 나눠 먹었다. 다음 날 그들은 또 한 명을 요리사로 남겨 두고 나머지는 사냥을 나갔다. 다시 노인이 찾아왔다.

"먹을 것 좀 주렴."

"꿈도 꾸지 마세요. 조금 있다 형제들이 돌아오면 나눠 먹어야 해요."

노인은 다시 근처 숲 속으로 들어가 작대기 네 개를 들고 나타났다. 그러고는 놀란 요리사의 손과 발을 땅에 꽂은 작대기에 묶고 음식을 다 먹어 치운 다음에야 그를 풀어 주었다. 요리사는 냄비에 고기를 더 넣었다. 잠시 후 형제들이 사냥에서 돌아왔다.

"요리 다 되었니?"

"너희가 나가고 나서 계속 불을 지폈는데도 고기가 질겨서 그런지 아직 안 익었어."

그들은 그곳에서 다시 저녁을 보냈다.

사흘째 되는 날, 또 다른 한 명을 요리사로 정하고 다른 사람들은 사냥을 떠났다. 얼마 지나지 않아 다시 노인이 나타나 음식을 달라고 했다.

"한 입도 줄 수 없어요. 형제들이 사냥에서 돌아오면, 그들한테 줄 음식이 남지 않을 테니까요."

전에도 그랬듯이 노인은 다시 숲 속으로 들어가 작대기 네 개를 들고 나타났다. 그리고 땅에 작대기를 꽂아 요리사의 손발을 묶고는 음식을 다 먹어 버린 후 그를 풀어 주고 떠났다. 형제들이 돌아와 물었다.

"요리 다 되었니?"

"너희가 나가자마자 곧바로 불에 냄비를 올려놨는데, 고기가 질겨서 그런지 아직도 덜 익었어."

나흘째 되는 날은 '암말의 아들'이 요리를 하게 되었다. 그가 요리를 맛있게 준비했을 때 노인이 찾아와 말했다.

"먹을 것 좀 주렴. 배가 고파 죽겠구나."

"이리 들어오세요. 먹을 것 좀 드릴게요."

노인이 오두막으로 들어오자 '암말의 아들'은 그의 수염을 틀어쥐고 밤나무까지 끌고 갔다. '암말의 아들'은 밤나무를 도끼로 찍어 틈 사이로 노인의 수염을 끼워 넣고 도끼를 빼 버렸다. 그런 다음 작대기에 수염을 묶어 버렸다. 형제들이 사냥에서 돌아오자 '암말의 아들'은 음식을 주고 나서 말했다.

"너희는 왜 내가 한 것처럼 맛있는 요리를 하지 않았니?"

모두 말없이 음식만 먹었다.

그사이 난쟁이 노인은 땅에서 나무를 뽑아 어깨에 짊어지고 질질 끌면서 동굴을 통해 다른 세상으로 사라졌다.

'암말의 아들'이 형제들에게 말했다.

"나하고 같이 가 보면 누구를 잡아 놨는지 보게 될 거야."

형제들이 가 보았지만 그곳에는 아무도 없었다.

'암말의 아들'이 말했다.

"그를 찾아야 해. 어서 나와 같이 가자."

그들은 나무가 끌린 흔적을 따라 동굴까지 갔다.

"이곳으로 들어갔군. 누가 들어가서 밖으로 꺼내 올래?"

"우리는 못 해. 무서워. 잡은 건 너니까 네가 들어가."

다른 형제들이 말했다.

"좋아, 내가 들어갈게. 단 나를 배반하지 않겠다고 맹세해."

세 사람은 '암말의 아들'을 배반하지 않겠다고 맹세했다. 그들은 광주리를 하나 만들어 '암말의 아들'을 태웠다. 그들이 동굴 깊은 곳에 광주리를 내려놓자 '암말의 아들'은 다른 세상으로 들어갔다.

땅 밑에 이르자 궁궐이 나타났고, 그곳에는 아직도 나무에 수염이 매달린 채 노인이 서 있었다. '암말의 아들'이 노인을 잡아 광주리에 집어넣자 형제들이 곧바로 위로 끌어올렸다. 그러고는 '암말의 아들'은 커다란 돌을 광주리에 얼른 집어넣었다.

"돌을 끌어올리고 나서 나도 올려 주겠지."

'암말의 아들'은 혼자 중얼거렸다.

그런데 형제들은 돌을 중간쯤 끌어올리다가 줄을 잘라 버렸다.

'암말의 아들'은 울음을 터뜨렸다.

"이제 나는 돌아갈 수 없게 됐구나."

'암말의 아들'은 땅속 세상을 여행하다 어느 집에 이르렀다. 그 집에는 요정들이 눈을 빼 버려 장님이 된 노인 부부가 살고 있었다. '암말의 아들'은 그들에게 다가가 말했다.

"안녕하세요."

"고맙습니다. 그런데 누구세요?"

"저는 인간입니다."

"젊은이요 아니면 늙은이요?"

"젊은이입니다."

"그럼 우리 아들 삼으면 되겠군."

"좋습니다."

노인에게는 양 열 마리가 있었다. 노인이 '암말의 아들'에게 말했다.

"양들을 목초지로 데려가 풀을 먹여라. 그런데 요정들한테 잡혀 눈알을 뽑히지 않으려면 오른쪽으로 가서는 안 된다. 그쪽은 그들의 땅이니 반드시 왼쪽으로만 가야 해. 왼쪽은 우리 땅이니 요정들이 그곳까지 해코지하러 들어오지는 않을 게다."

'암말의 아들'은 왼쪽 땅으로 걸어갔다. 사흘째 되는 날 그는 문득 멈춰 서더니 피리를 만들어 양떼를 몰고 오른쪽 땅으로 들어섰다.

한참을 가고 있을 때 요정이 나타나 말했다.

"여기서 뭘 하고 있니?"

'암말의 아들'이 말했다.

"나를 위해 춤을 추지 않을래?"

'암말의 아들'이 피리를 불자 요정이 춤을 추기 시작했다. 춤이 절정에 이르려는 순간, '암말의 아들'은 이로 피리를 부숴 버렸다.

"무슨 짓이니? 왜 춤이 절정에 이르려는 순간에 피리를 부숴 버린 거지?"

요정이 물었다.

"저기 있는 저 단풍나무까지 나하고 함께 가자. 단풍나무 심을 뽑아 피리를 만들어 하루 종일 불어 줄게. 그럼 너도 계속 춤을 출 수 있을 거야. 어서 나하고 함께 가자."

'암말의 아들'은 단풍나무로 다가가 도끼로 밑둥 깊숙이 찍었다.

"갈라진 틈 사이로 손을 집어넣어 심을 꺼내 봐."

요정이 나무 틈 사이로 손을 집어넣자 '암말의 아들'은 얼른 도끼를 빼 버렸다. 그러고는 팔이 나무에 껴 버린 요정을 내버려 두고 그곳을 떠났다.

요정이 소리쳤다.

"어서 내 손을 빼 줘. 손이 납작해지겠어."

'암말의 아들'이 말했다.

"노인들 눈을 어디 뒀지? 말하지 않으면 목을 잘라 버릴 테다."

"오두막의 세 번째 방에 가면 컵이 있단다. 큰 것은 남편의 것이고 작은 것은 아내의 것이다."

"다시 눈을 넣으려면 어떻게 해야 하지?"

"컵에 물이 들어 있어. 그 물에 눈을 적셔서 집어넣으면 떨어지지 않고 박힐 거다. 그 다음 물로 한 번 더 적시면 다시 보일 거야."

요정이 말을 끝내자마자 '암말의 아들'은 요정의 목을 자르고 오두막으로 달려갔다. 그리고 노인들의 눈을 가져와 요정이 가르쳐 준 대로 물에 적셔 끼워 주었다. 다시 한 번 눈을 물로 적셔 주자 노인들의 눈이 보였다.

노인 부부가 기쁨에 겨워 말했다.

"고맙구나. 너는 영원히 우리의 아들이다. 우리가 가진 것을 모두 너에게 주마. 이제 우리는 10년 동안 보지 못한 친구들을 만나러 가련다."

남편은 산양에 아내는 양에 올라타고 노인 부부는 '암말의 아들'에게 말했다.

"사랑하는 아들아, 걷고 먹고 마시거라."

노인 부부는 이 말을 남기고 떠났다.

'암말의 아들'도 노인의 집을 떠나 숲 속으로 들어갔다. 바로 그때 용 한 마리가 나무 위에 있는 새끼 독수리들을 먹으려고 기어올라 가고 있었다. '암말의 아들'은 돌을 던져 용을 죽였다.

새끼 독수리들이 말했다.

"우리를 잡아먹으려는 용을 죽여 주었으니까 하느님께서 너에게 행운을 주실 거야. 엄마가 말씀하시기를, 매년 새끼를 낳으면 이 용이 와서 먹어 버렸대. 그런데 지금 어디 숨어야 할 텐데. 우리 엄마가 오면 너를 잡아먹을지도 몰라. 우리 밑에 숨으면 되겠다. 우리가 날개로 덮어 줄게."

그때 엄마 독수리가 도착했다.

"사람 냄새가 나는데……."

"아니에요, 엄마. 여기저기 날아다니면서 사람 냄새를 맡다 보니 착각을 한 걸 거예요."

"아니야. 여기 사람이 있는 게 확실해. 누가 용을 죽였지?"

"우리는 몰라요."

"어서 그자를 보여 주거라."

새끼 독수리들은 할 수 없이 아래를 가리키며 말했다.

"엄마, 우리 밑에 있어요."

엄마 독수리는 '암말의 아들'을 보자마자 바로 삼켜 버렸다. 그러자 새끼 독수리들이 울면서 한탄했다.

"그 사람이 용한테서 우리를 구해 줬는데, 엄마가 먹어 버렸어요."

그러자 엄마 독수리가 한발 물러서며 말했다.

"기다리거라. 내가 다시 토해 낼 테니."

엄마 독수리는 '암말의 아들'을 토해 내고 말했다.

"내 새끼들을 구해 주었으니 원하는 것을 들어주겠다."

"저를 다른 세상으로 데려다 주세요."

"네가 원하는 게 이건 줄 알았다면 차라리 용이 내 새끼들을 잡아먹게 내버려 두는 게 더 나았을 것이다. 너를 다른 세상으로 데려가기는 쉬운 일이 아니다. 여기서 나가려면 가마솥 열두 개 분량의 빵과 송아지 열두 마리, 포도주 열두 통을 준비하거라."

'암말의 아들'은 사흘 만에 모든 것을 준비했다.

엄마 독수리가 말했다.

"그것들을 모두 내 등에 얹어라. 내가 머리를 왼쪽으로 돌리면 내 입에 송아지 한 마리와 빵 한 솥을 던져 주고, 오른쪽으로 돌리면 포도주 한 통을 부어 주거라."

이렇게 엄마 독수리는 '암말의 아들'을 다른 세상으로 데려다 주었다. '암말의 아들'은 곧바로 형제들을 만나러 갔다.

"잘 지냈니, 형제들아? 내가 죽은 줄 알았겠지?"

'암말의 아들'이 형제들에게 말했다.

"하늘을 향해 화살을 쏘아 보거라. 나에게 충실했으면 너희 앞에 떨어질 것이고, 나를 배반했다면 너희 머리에 떨어질 것이다."

네 명은 한 줄로 서서 하늘을 향해 활을 쐈다. '암말의 아들'이 쏜 화살은 그 앞에 떨어졌고, 나머지 화살은 각각 형제들 머리 위로 떨어져 모두 죽고 말았다.

예언자

옛날 어느 날 부코위나의 왕이 무도회를 열었다. 부코위나 사람들은 모두 왕이 여는 무도회에 참석했다. 그런데 축제가 한창일 때 짙은 안개가 내려와 온 나라를 뒤덮더니 이내 용이 나타나 왕비를 어디론가 데려가 버렸다. 용은 숲을 지나 어느 산 위의 궁궐에 왕비를 내려놓았다.

왕은 슬하에 아들 셋을 두었는데, 그중 셋째 아들은 예언자였다. 평소 형들은 셋째 아들이 하는 말을 듣고 그가 미쳤다고 놀려 대곤 했다. 왕비가 용에게 잡혀가자 셋째 아들이 말했다.

"어머니를 찾으러 가요. 부코위나 전체를 샅샅이 뒤지면 찾을 수 있을 거예요."

아들 삼형제는 왕비를 찾아 떠나기로 했다. 길을 나서기 전에 셋째 아들이 형들한테 물었다.

"형님들, 어느 길로 가시겠어요?"

첫째 아들이 말했다.

"나는 곧장 가겠다."

그렇게 해서 둘째 아들은 오른쪽 길로 가고 셋째 아들은 왼쪽 길로 가기로 했다. 첫째 아들은 도시로, 둘째 아들은 마을로, 막내는 숲으로 향했다.

삼형제가 헤어져 각자의 길로 떠났는데, 얼마 안 있어 셋째 아들이 돌아와 형들을 향해 소리쳤다.

"잠깐만 기다려요. 어머니를 발견했다는 것을 어떻게 알리죠? 피리 세 자루를 사서 하나씩 지니고 가다가 누구든 어머니를 찾으면 곧바로 있는 힘을 다해 피리를 불기로 해요. 피리 소리를 들으면 모두 집으로 돌아오면 되잖아요."

가장 어린 아들은 숲 속으로 들어갔다. 한참을 걸어 배가 고프던 터에 마침 사과나무를 발견했다. 사과를 하나 따서 먹자 신기하게도 셋째 아들의 머리에 뿔이 두 개 솟아 났다.

"하느님께서 주신 것이니 받아들여야지."

셋째 아들은 이렇게 중얼거리고 다시 길을 떠났다. 한참을 가니 이번에는 개울이 나타났다. 셋째 아들이 개울을 건너자 몸에서 살점이 조각조각 떨어져 나갔다.

"이것도 하느님께서 주신 것이니 받아들여야지. 감사하게 생각해야지."

셋째 아들은 개의치 않고 계속 길을 가다가 또 다른 사과나무를 발견했다.

"뿔이 두 개 더 난다 해도 이 사과를 먹어야겠어."

그는 혼잣말을 중얼거리고 사과를 베어 먹었다. 그랬더니 신기하게도 머리의 뿔이 떨어져 나갔다. 길을 계속 가자 또다시 개울이 나타났다. 셋째 아들은 개울을 건너기 전에 혼잣말을 다시 중얼거렸다.

●──집시 민담

"하느님, 제 살점이 떨어져 나가고 뼈가 부서진다 해도 이 개울을 건너겠습니다."

개울을 건너자 신기하게도 셋째 아들의 몸에 살점이 차오르고 전보다 더 윤이 났다.

셋째 아들이 산으로 올라가자 듬성듬성한 나무 사이로 솟은 바위 하나가 보였다. 바위를 한쪽으로 움직여 보니 땅바닥에 구멍이 나 있었다. 셋째 아들은 바위를 제자리에 두고, 한 걸음 물러나 피리를 불었다.

피리 소리를 듣고 형들이 집으로 달려왔다.

"어머니를 찾았니?"

"네, 저를 따라오세요."

삼형제는 함께 바위 있는 곳으로 갔다.

셋째 아들이 바위를 가리키며 말했다.

"이 바위를 들어 올리세요."

두 형이 말했다.

"우리는 못 하겠구나."

셋째 아들이 집게손가락을 바위에 올려 한쪽으로 움직이며 말했다.

"여기 밑에 어머니가 있어요. 우리 중 한 사람이 어머니를 데리러 내려가야 해요."

"우리는 못 하겠구나."

형들은 여전히 할 수 없다고 말했다.

"그럼 나하고 숲으로 가서 나무껍질로 줄을 만들어요."

셋째 아들의 말에 두 형들이 따라나섰다. 삼형제는 함께 광주리 하나와 밧줄을 만들었다.

"내가 내려갈게요. 내가 밧줄을 잡아당기면 끌어올려 주세요."

셋째 아들은 구멍으로 내려가 첫 번째 집에 이르렀다. 그곳에는 용이 포로로 잡아간 공주가 있었다.

공주가 셋째 아들에게 말했다.

"왜 여기 있는 거니? 용이 돌아오면 너를 죽일 거야."

"용이 나이 지긋한 부인 한 명 데려오지 않았니?"

"난 잘 모르겠구나. 두 번째 집으로 가 봐. 그곳에 내 동생이 있으니 그 아이에게 물어보렴."

두 번째 집에 이르자 공주의 동생이 물었다.

"여기서 뭐하는 거니? 용이 돌아오면 너를 잡아먹어 버릴 거야."

"용이 나이 지긋한 부인 한 명 데려오지 않았니?

"잘 모르겠구나. 세 번째 집으로 가 보렴. 그곳에 내 동생이 있으니 한번 물어봐."

세 번째 집에 이르자 그곳에 있던 공주가 물었다.

"여기서 뭐하니? 용이 돌아오면 너를 잡아먹어 버릴 텐데."

"용이 나이 지긋한 부인 한 명 데려오지 않았니?"

셋째 아들이 물었다.

"응, 네 번째 집으로 가 봐."

네 번째 집에 어머니인 왕비가 있었다.

"애야, 여기서 뭐하는 거냐? 용이 돌아와서 너를 잡아먹어 버릴지도 모른단다."

"걱정 마세요, 어머니."

셋째 아들은 왕비를 데려가 광주리에 태웠다.

"올라가셔서 형들한테 아가씨 세 명도 올려 줘야 한다고 말씀하세요."

셋째 아들이 줄을 잡아당기자 형들은 광주리를 끌어올렸다. 왕비가 올라온 뒤 첫째 공주가 광주리를 타고 올라왔다. 둘째 공주도 끌어올려졌고, 마지막으로 셋째 공주가 남았다.

셋째 아들은 셋째 공주에게 자신이 돌아올 때까지 어느 누구와도 결혼하지 않겠다는 맹세를 해달라고 간청했다. 셋째 공주는 맹세한 뒤 광주리를 타고 올라갔다.

그런데 마지막으로 셋째 아들이 올라가려는데 그만 밧줄이 끊어져 버렸다. 형들은 그것이 셋째 아들의 운명이려니 여기고 동생을 버리고 그곳을 떠났다.

셋째 아들은 어쩔 수 없이 용의 궁궐로 돌아갔다. 그곳에서 그는 상자 하나를 발견했다. 상자를 열어 보니 녹슨 반지가 들어 있었다. 셋째 아들이 반지를 꺼내 문지르자 한 남자가 나타났다.

"주인님, 원하는 것을 말씀해 보세요."

"나를 바깥세상으로 데려다 주렴."

남자는 자신이 직접 데려다 줄 테니 어깨에 올라타라고 말했다. 셋째 아들은 남자의 어깨에 올라타기 전에 마법의 물 항아리 두 개를 집어 들었다. 첫 번째 항아리에 담긴 물로 얼굴을 씻으면 얼굴 생김새가 변하고, 두 번째 항아리에 담긴 물로 씻으면 원래 모습으로 돌아오는 것이었다. 셋째 아들은 남자의 도움으로 아버지가 다스리는 나라로 돌아갔다. 셋째 아들은 어느 양복점에서 마법의 물로 얼굴을 씻고 바뀐 모습으로 아버지의 재단사를 찾아갔다. 그는 견습공이 되어 1년 동안 재단사 밑에서 일하기로 했다. 재단사 밑에는 열두 명의 견습공이 있었는데, 재단사와 그의 형들 모두 그를 알아보지 못했다.

그 무렵 첫째 아들은 셋째 공주에게 청혼을 했다.

"안 됩니다. 저의 약혼자가 돌아올 때까지 결혼하지 않겠다고 맹세했어요."

둘째 아들도 그녀에게 청혼했다.

"안 돼요. 제 약혼자가 돌아오면 그와 결혼할 거예요."

셋째 공주가 청혼을 받아들이지 않자 첫째 아들은 첫째 공주와, 둘째 아들은 둘째 공주와 결혼하기로 했다. 두 사람은 결혼식에 입을 옷을 재단사에게 주문했다.

그러자 셋째 아들이 재단사에게 말했다.

"제가 한번 만들어 볼게요."

"안 돼. 네 솜씨는 아직 서툴러."

"천을 한번 줘 보세요. 제가 제대로 못 만들면 천 값을 제가 치르겠어요."

셋째 아들은 재단사가 건네주는 천을 받고 반지를 문질렀다. 곧 정령이 나타났다.

"주인님, 원하는 것을 말씀해 보세요."

"이 천을 받아라. 내 형들의 옷을 만들 것이니 가서 치수를 재어 오거라. 너무 커서도 안 되고 작아서도 안 되니 정확하게 재도록 해. 그리고 실이 나오지 않게 바느질해야 해."

정령은 어느 부분에서부터 바느질을 시작했는지 모를 만큼 감쪽같이 옷을 만들어 주었다.

첫째 아들과 둘째 아들은 옷을 받아 들고 재단사에게 물었다.

"누가 이 옷을 만들었지? 자네는 이제까지 이처럼 완벽하게 만든 적이 없지 않나?"

"새로 들어온 견습공이 만들었습니다."

그러자 두 사람이 말했다.

"셋째 공주가 우리 청혼을 받아들이지 않았으니 그와 결혼시키도록 하자. 그러면 항상 우리를 위해 일할 수 있을 거야."

첫째 아들과 둘째 아들은 결혼식을 올린 후 견습공과 셋째 공주를 함께 불러 결혼을 하라고 말했다.

셋째 공주가 말했다.

"말씀 드렸듯이 저는 이미 약혼자가 있습니다. 이 사람과 결혼할 수 없어요."

공주는 견습공의 얼굴에서 셋째 아들의 모습을 조금도 찾아볼 수 없었다.

첫째 아들이 공주를 때리려고 팔을 잡아끌었다.

"아무리 그러셔도 이 사람과 결혼하지 않을 거예요."

"그래도 해야 돼."

"목을 자르신다 해도 하지 않겠어요."

그때 셋째 아들이 끼어들었다.

"왕자님, 제가 공주님을 방으로 데려가 잠시 얘기를 나눠 보겠습니다."

셋째 아들이 공주를 데리고 방으로 들어가 마법의 물로 얼굴을 씻자 원래 모습으로 돌아왔다. 공주는 그제서야 왕자를 알아보았다.

"당신이었군요. 이젠 당신을 남편으로 받아들이겠어요."

셋째 아들은 다시 얼굴을 씻어 모습을 바꾼 뒤 형들을 만나러 갔다.

첫째 아들이 공주에게 물었다.

"그와 결혼하겠느냐?"

공주는 순순히 그러겠노라고 대답했다.

첫째 아들은 늙은 재단사를 불러 명령했다.

"지금부터 12일 안에 결혼식을 치를 것이니 그때 입을 옷을 준비하도록 하라."

엿새가 지났지만 셋째 아들은 손가락 하나 움직이지 않았다. 어느 때보다 몸치장에 신경을 쓰지 않은 것이다. 열흘이 지나고 결혼식까지 이틀밖에 남지 않았다. 재단사는 셋째 아들을 불러 말했다.

"이틀 후면 결혼식을 올릴 텐데 아무런 준비도 하지 않는 것은 무슨 연유에서냐?"

"걱정 마세요. 하느님께서 준비해 주시겠지요."

결혼식 전날 셋째 아들이 반지를 문지르자 정령이 나타났다.

"주인님, 원하는 것을 말씀해 보세요."

"하루 만에 3층짜리 궁궐을 지어라. 천장은 유리로 만들어 물을 채우고 물고기들이 헤엄치고 다닐 수 있게 하거라. 결혼식에 초내된 사람들이 삼탄하게 말이야. 금과 은으로 만든 접시를 준비하고, 창고에는 맛있는 술과 음식을 채우거라. 술잔이 비면 곧바로 채울 수 있도록 말이다."

결혼식을 치르기로 한 날 모든 것이 마련되었다.

그날 아침 셋째 아들은 정령에게 또 명령했다.

"말 여섯 마리가 끄는 마차를 준비하고 양쪽에 백 명의 기병이 호위하도록 하라."

신랑 신부는 교회에서 결혼식을 올리고 새로 지은 궁궐로 갔다. 아버지와 형들 그리고 많은 신하들이 참석해 먹고 마시며 흥을 돋웠다. 사람들은 한결같이 감탄사를 내뱉으며 물고기가 헤엄치는 천장을 바라보았다.

피로연이 무르익을 때쯤 셋째 왕자는 형들과 신하들에게 물었다.

"자기 형제를 죽이려 한 자를 어떻게 해야 할까요?"

"그런 자는 죽어 마땅하지요."

모두 입을 모아 대답했다.

그러자 셋째 아들은 마법의 물로 얼굴을 씻어 원래의 모습으로 돌아왔다. 그는 형들에게 말했다.

"제가 죽은 줄 알고 있었겠지요. 그리고 형님들께서는 스스로 자신들의 죗값을 말했고요."

셋째 아들은 형들에게 칼을 공중에 던지라고 했다. 형들이 그렇게 하자 높이 떠오른 칼은 이내 두 형의 머리에 떨어졌다.

날렵한 영웅

 옛날 돈 많은 수공예 직공이 있었다. 열심히 일하던 그는 부자가 된 어느 날부터인가 술을 마시고 노름에 빠져 든 나머지 먹을 것조차 사지 못할 만큼 재산을 탕진하고 말았다.
 그러던 어느 날 밤 잠이 든 직공은 자신이 만든 날개를 달고 날아다니는 꿈을 꾸었다. 직공은 아침에 잠에서 깨자마자 날개를 몇 개 만들었다.
 자신이 만든 날개를 달고 하늘을 날아가던 직공은 어느 왕의 성에 이르게 되었다.
 직공을 맞이한 왕자가 말했다.
 "그대는 어느 나라에서 왔느냐?"
 "아주 먼 곳에서 왔습니다."
 "그대의 날개를 나에게 팔지 않겠느냐?"
 "그렇게 하겠습니다."
 "그래, 얼마를 원하느냐?"
 "금 덩어리 천 개를 주십시오."

왕자가 직공에게 금을 주고 말했다.
"날개를 달고 집으로 돌아갔다가 한 달 뒤에 다시 오너라."
직공은 집으로 돌아갔다가 한 달 뒤에 다시 왕자 앞에 나타났다.
"이제 나한테 그 날개를 달아 주렴."
직공은 왕자에게 날개를 달아 주고 어떻게 날아오르고 어떻게 땅에 내려앉는지 종이에 써 주었다. 왕자는 조금 날다가 다시 땅에 내려앉더니 직공이 마을로 타고 갈 수 있도록 말 한 마리와 천 플로린_{네덜란드 화폐 단위}을 더 주었다.

왕자는 남쪽을 향해 날아갔다. 그런데 남쪽에서부터 나무가 뽑힐 만큼 거센 바람이 불더니 왕자를 북쪽으로 밀쳐 버렸다. 북쪽에는 왕자를 미지의 세계까지 끌고 갔던 바람이 살고 있었다. 왕자는 타오르는 불길에 눈이 끌려 어느 도시에 내려앉았다.

왕자는 큰 날개를 떼어 접고는 빨간 불빛이 비치는 집으로 갔다. 그곳에는 노파가 살고 있었다. 왕자가 노파에게 먹을 것과 잠자리를 달라고 하자 노파는 빵 부스러기를 가져다 주었다. 그러나 왕자는 그것을 먹지 않고 잠자리에 들었다.

아침이 되어 왕자는 편지를 한 장 써 주면서, 그걸 가지고 식품 가게에 가면 좋은 먹을거리를 살 수 있다고 말했다. 왕자는 노파가 해 준 맛있는 요리로 허기를 채우고 밖으로 나왔다. 노파의 집 앞으로 3층까지는 돌로, 4층은 유리로 지은 왕의 궁궐이 보였다.

"궁궐에는 누가 삽니까? 저곳 4층에는 누가 살고 있나요?"
"4층에는 공주가 갇혀 있답니다. 왕은 공주가 밖으로 나오는 것을 절대 허락하지 않아 음식도 밧줄에 매달아 올려 준답니다. 저기 보이지 않나요?"

그때 마침 하녀가 음식물 바구니가 묶인 밧줄을 잡아당기고 있었다. 하녀는 하루 종일 공주를 돌보다가 저녁에는 혼자 따로 잠을 잔다고 했다.

저녁이 되자 왕자는 날개를 달고 공주가 있는 곳까지 날아갔다. 빗장을 열고 들어가니 공주가 침대에 누워 있었다. 왕자가 흔들어 깨워도 꿈쩍도 하지 않았다. 왕자가 침대 머리맡의 초를 치우자 그제서야 공주가 일어나 왕자를 껴안고 말했다.

"이제 당신이 저의 주인이시고, 또 저는 당신 것입니다."

왕자와 공주는 그날 밤을 함께 보냈다. 아침이 밝아 왕자가 초를 침대 머리맡에 갖다 놓자 공주의 몸은 다시 굳어져 움직이지 않았다. 왕자는 그곳을 나와 빗장을 걸고 노파의 집으로 돌아왔다.

반년 동안 매일 밤 왕자는 공주를 찾아갔고, 결국 공주는 아이를 가지게 되었다. 하녀는 공주의 배가 점점 불러 오고, 맞는 옷이 없게 된 것을 알고 왕에게 편지를 썼다.

"공주님의 몸이 점점 불어나는데, 어찌 된 영문인지 모르겠습니다……."

저녁이 되어 하녀는 침대 머리맡에 초를 놔둔 다음 바닥에 빵 반죽을 발라 놓고 방을 나왔다. 그날 저녁 왕자는 바닥에 펼쳐진 것을 조금도 눈치 채지 못하고 공주와 하룻밤을 보냈다. 빵 반죽에 왕자의 발자국이 찍히고, 그의 신발에 빵 반죽이 묻었지만 전혀 알아채지 못했다.

하녀는 공주의 방에 누군가 들어온 흔적을 발견하고 편지를 써서 왕에게 전했다. 왕은 신하들을 불러 모아 명령했다.

"이 발자국과 꼭 맞는 발을 가진 자를 붙잡아 오너라."

도시를 샅샅이 뒤져 보았지만 발자국에 맞는 발을 가진 자를 찾지 못했다. 그때 누군가가 노파의 집에도 한번 가 보자고 말했다.

"그곳에는 노파밖에 없어. 가 보나 마나라고."

"누군가 있을지도 몰라. 기다려. 내가 가 볼 테니."

노파의 집으로 들어서자 놀랍게도 젊은이가 있었다. 빵 반죽에 찍힌 발자국에 그의 발을 대어 보니 딱 들어맞았다.

왕자는 커다란 망토로 날개를 가리고 왕 앞으로 갔다.

왕이 호통을 쳤다.

"네가 밤마다 공주를 찾아간 그자이냐?"

"그렇습니다."

"무엇 때문에 찾아갔는지 말하라."

"공주님과 결혼하고 싶습니다."

"고얀 놈! 네놈은 공주와 결혼할 수 없느니라. 내 당장 너희 둘을 태워 버릴 것이다."

왕의 명령을 받은 신하들은 서둘러 단상사나무 더미를 쌓아 올리고 불을 붙였다. 그러고는 공주와 왕자를 장작더미에 내동댕이쳤다. 왕자는 울부짖듯이 소리쳤다.

"하느님께 마지막으로 기도를 올릴 수 있도록 허락해 주십시오."

그러고는 공주에게 속삭였다.

"내가 무릎을 꿇으면 내 망토 밑으로 들어와 내 목덜미를 힘껏 껴안으시오."

공주가 껴안자 왕자는 일순간 날개를 펴고 날아올라 갔다. 왕자는 망토를 벗어 던지고 하늘 높이 날아올랐다. 병사들은 왕자와 공주를 향해 활을 쏘았다. 그때 공주가 왕자에게 소리쳤다.

"내려주세요. 아기가 나오려고 해요."

"잠깐만 기다려. 조금만 더 가면 되니."

산꼭대기 어느 바위에 내려앉은 공주는 얼마 안 있어 사내아이를 낳았다.

"불을 지펴 주세요. 너무 추워요."

왕자는 산 아래를 휘둘러보았다. 먼 들판에 불이 보였다. 왕자는 날개를 퍼득이며 날아가 나뭇가지에 불을 붙여 공주가 있는 곳으로 향했다.

그런데 불씨가 그만 날개에 떨어져 불이 붙고 말았다. 왕자가 산 밑으로 떨어지며 날아가고 있을 때 양쪽 날개가 차례로 떨어져 나갔다. 왕자는 산속을 헤매다 길을 잃고 주저앉아 울음을 터트렸다.

왕자의 울음소리를 듣고 하느님이 나타났다.

"무슨 연유로 울고 있느냐?"

"어떻게 울지 않을 수 있겠습니까? 산꼭대기에 올라가야 하는데, 어디로 가야 할지 모르겠습니다. 그곳에는 아내와 갓 태어난 아기가 있습니다."

"너를 산꼭대기까지 데려다 주면 너는 나를 위해 무얼 할 수 있느냐?"

"원하시는 건 무엇이든 하겠습니다."

"네가 가장 사랑하는 것을 줄 수 있느냐?"

"그럼요, 물론입니다."

"그럼 약속하거라."

하느님은 왕자와 공주를 깊은 잠에 빠져 들게 한 뒤 왕자의 아버지가 있는 궁궐의 침실까지 데려다 주었다. 아기 울음소리를 듣고 보초병들이 몰려왔다. 왕자를 발견한 보초병들은 곧 왕에게 달려갔다.

"폐하, 왕자님께서 돌아오셨습니다."

"그래? 어서 데려오너라."

그렇게 해서 왕자와 공주는 궁궐에서 함께 지냈다.

몇 해가 지난 어느 날 왕과 왕비는 예배를 드리기 위해 궁궐을 떠나 있었고, 왕자는 아이와 놀고 있었다. 그때 하느님이 거지의 모습으로 나타났다. 왕자가 아이에게 말했다.

"이 동전을 저 거지에게 주고 오너라."

아이가 돈을 건네주자 거지가 말했다.

"내가 원하는 건 돈이 아니다. 네 아버지한테 가서 나한테 약속한 것을 달라고 한다고 전하거라."

아이의 말을 듣고 왕자는 무례한 거지를 벌하려고 칼을 빼 들었다. 그러자 거지가 그의 칼을 빼앗은 뒤 말했다.

"네가 산속에서 울고 있을 때 나한테 주겠다고 맹세한 것을 주렴. 네 아이를 나에게 달라."

"당신이 원하는 만큼 돈을 드리겠습니다. 하지만 이 아이만은 드릴 수 없습니다."

하느님은 아이의 머리를 잡고 왕자는 아이의 다리를 잡고 서로 당기다가 하느님이 아이를 반으로 나눠 버렸다.

"이제 아이의 반은 내 것이고 반은 네 것이다."

"당신께서 죽였으니 데려가십시오. 모든 것을 당신께서 책임지셔야 합니다."

하느님은 아이를 데리고 사라졌다. 하지만 얼마 후 하느님은 왕자 앞에 다시 나타나 아이의 몸을 붙여 새 생명을 불어넣었다. 그리고 왕자에게 말했다.

"데려가거라."

그것으로 하느님은 그들의 죄를 사해 주었다.

마법에 걸린 도시

옛날 7년 동안 일하고도 단 한 푼도 벌지 못한 불쌍한 젊은이가 있었다. 어느 날 젊은이는 길을 떠나 저녁 무렵 어느 성벽 아래에 이르렀다. 성벽 아래에서 잠을 청하고 새벽에 일어난 젊은이는 성벽에 구멍 하나가 나 있는 것을 발견했다. 그 너머에 촛불이 켜져 있는 것을 보고 젊은이는 구멍을 통해 들어가 보았다.

그곳은 어느 왕이 다스리던 커다란 도시였다. 하지만 지금은 왕과 왕비가 한날한시에 죽고, 공주가 병사들을 지휘하고 있었다. 거리 여기저기에는 사람 모습의 돌이 서 있었다.

젊은이가 궁궐로 들어가 보니 그곳도 온통 돌투성이였다. 사람들은 온데간데없고 사람 모양의 돌뿐이었다.

저녁이 되자 고양이 한 마리가 나타나 식탁에 음식을 차리고 사라졌다. 다음 날 저녁에도 고양이가 나타나 저녁을 차려 준 다음 말했다.

"어떤 신사가 찾아와 카드놀이를 하자고 하면 순순히 따르시오. 그런데 그가 침을 뱉어도 참고 시계를 보고 있다가 10시가 되면 일어나 그자의 뺨을 때리시오."

 젊은이는 10시까지 온갖 욕설과 모욕을 참으면서 낯선 신사와 카드놀이를 하다가 10시가 되어 신사의 뺨을 때렸다. 그러자 나뭇잎만큼이나 많은 악마들이 나타나 그를 두들겨 패고 괴롭히다가 새벽닭이 울자 사라졌다. 그제서야 잠자리에 든 젊은이는 아침에 고양이가 식사를 가져오자 잠에서 깨었다. 고양이는 다시 말했다.

 "오늘 밤에도 그 사람이 나타나 카드놀이를 하자고 할 것이오. 어제저녁과 마찬가지로 10시까지 참다가 10시가 되면 뺨을 때리시오. 그러면 나뭇잎만큼이나 많은 악마들이 나타나 두들겨 패고 괴롭힐 것이오. 그래도 자정까지 견뎌야 하오."

 그날 저녁에도 어김없이 남자가 나타났다. 젊은이는 신사와 카드놀이를 하다가 10시 정각이 되어 뺨을 때렸다. 그러자 나뭇잎만큼이나 많은 악마들이 나타나 젊은이를 두들겨 패고 괴롭히다가 닭 울음소리가 나자 사라졌다.

 다음 날 아침 젊은이는 거리에서 사람들이 떠드는 소리를 듣고 잠에서 깨었다. 고양이가 음식과 왕자들이나 입을 법한 옷을 가져다 주었다. 젊은이는 식사를 하고 열두 개의 거실을 지나 맨 끝에 있는 거실로 들어갔다. 그곳 침대에는 공주가 누워 있었다. 몸이 반쯤 살아 있던 공주는 젊은이를 보고 말했다.

 "당신은 저의 주인이시고 저는 당신의 여자입니다. 하지만 다시는 이곳에 오지 마세요."

 저녁이 되자 또다시 고양이가 나타나 음식을 차려 주고 전날과 같은 말을 했다.

 신사와 카드놀이를 하고 나뭇잎만큼이나 많은 악마들에게 괴롭힘을 당하던 젊은이는 새벽닭이 울고 모두 사라지자 그제서야 잠이 들었다.

이른 아침 궁궐에서 군악대가 연주를 하기 시작했고 군대가 열을 지어 지나갔다.

"이제 우리는 새로운 왕을 모시게 되었다."

신하들이 젊은이에게 달려와 그를 일으켜 세우며 말했다. 그러나 젊은이는 사람들을 뿌리치고 공주가 있는 방으로 달려갔다.

가만히 서 있는 공주의 입에서 이상한 증기가 뿜어져 나오고 있었다. 그가 문을 열자 그녀의 몸은 다시 굳어지기 시작했다. 허리까지 돌로 변했을 때쯤 공주가 젊은이를 손짓으로 불러 말했다.

"나를 혼자 있게 내버려 두세요. 당신을 사랑하지 않아요. 내 죄를 사면받을 때까지 기다리지 않고 왜 이곳에 오셨어요? 제 아버지의 칼과 말을 받으세요. 그리고 하녀기 필요한 것이 무엇이냐고 묻거든 돈주머니를 달라고 하세요."

그렇게 해서 젊은이는 칼과 돈주머니를 들고 이상한 도시를 떠나 다른 왕국으로 여행을 떠났다. 젊은이가 들른 나라에서는 왕이 자신의 딸을 다른 나라의 왕자에게 주지 않으려 해 두 나라 사이에 7년째 전쟁이 벌어지고 있었다.

젊은이는 어느 아르메니아 인의 여관을 찾아갔다. 젊은이가 여관 주인에게 말했다.

"이곳은 어떻습니까?"

"좋은 일이 없습니다. 병사들은 굶어 죽어 가는데, 공주 하나 때문에 7년째 전쟁을 벌이고 있어요."

그러자 젊은이가 말했다.

"병사들을 데려오세요."

병사들이 몰려오자 젊은이는 빵과 술을 사서 그들에게 주었다.

그런 다음 아르메니아 인에게 말했다.

"나한테 맡겨만 준다면 적의 군대를 산산조각 내 버릴 텐데."

그 말을 듣고 아르메니아 인은 곧바로 왕에게 달려갔다.

"폐하, 어떤 젊은이가 혼자 적의 군대를 산산조각 내 버릴 수 있다고 으스대고 있습니다."

왕은 젊은이를 데려오라 일렀다.

"혼자 적의 군대를 쳐부술 수 있다는 말이 허언이 아니더냐?"

"그렇습니다."

"그래, 진정 그렇게 한다면 내 딸과 영토의 절반을 너에게 주겠노라."

젊은이는 말을 타고 전투가 벌어지는 곳으로 갔다. 젊은이가 오른쪽을 향해 칼을 휘두르자 적의 절반이 쓰러져 죽었고, 왼쪽으로 휘두르자 나머지 모두 쓰러져 죽었다.

젊은이는 전쟁에서 승리를 거두고 궁궐로 돌아왔다.

왕은 약속한 대로 그와 공주를 결혼시키고 영토의 절반을 주었다. 그리고 젊은이가 자신의 영토로 떠나기 전 공주에게 어떻게 해서 그 많은 군대를 혼자 상대할 수 있었는지 물어보라고 말했다.

공주가 물어보자 젊은이가 말했다.

"그 힘은 내 칼에 있지요."

공주는 왕에게 편지를 써서 보냈다.

"이 사람의 힘은 칼에 있답니다. 저에게 비슷한 모양의 칼을 보내 주시면 제가 이 사람의 칼과 바꿔 보내 드릴게요."

그러자 왕은 곧바로 젊은이에게 편지를 보냈다.

"내가 너에게 전쟁을 선포하노라."

젊은이는 전쟁에서 결코 지지 않을 거라고 생각했다. 그러나 왕은 젊은이를 죽이고 조각을 낸 다음 "살아서 왔던 곳으로 죽은 채 데려다 주어라."라고 말하며 큰 광주리에 담아 젊은이의 말에 실었다.

 말은 젊은이의 시신을 싣고 몸이 반쯤 돌로 변해 버린 공주가 있는 곳으로 갔다. 공주는 젊은이의 조각난 몸을 탁자 위에 올려놓았다. 그리고 사자(死者)의 물로 적셔 주면서 조각을 맞추자 젊은이의 몸이 되살아났다. 마지막으로 생명의 물로 적셔 주자 젊은이가 깨어났다.

 "이 자루를 받아 다시 돌아가세요. 당신이 원하기만 하면 여기에 돈이 가득 찰 거예요. 아르메니아 인한테 가서 그가 원하는 만큼 돈을 주고 말로 변하겠다고 말하세요. 제 고리의 털을 하나 뽑아 이음쇠처럼 당신 목에 매달고 한 바퀴 돌면 말로 변할 거예요."

 아르메니아 인이 젊은이가 변한 말을 끌고 궁궐로 들어가자 왕은 흡족해하며 그 말을 샀다. 그러나 왕이 올라타자마자 말은 왕을 바닥에 내동댕이쳤다. 왕이 죽은 뒤 말은 입에 칼을 물고 아르메니아 인에게 갔다. 아르메니아 인이 이음쇠를 다시 붙이자 말은 젊은이의 모습으로 돌아왔다. 젊은이는 아르메니아 인을 왕으로 임명하고 공주와 함께 자신의 영토로 돌아가 왕이 되었다.

죽음의 연인

옛날 예쁜 처녀가 부모 형제 하나 없이 홀로 살고 있었다. 가족들이 모두 죽은 뒤 아무도 그녀를 찾아오지 않았고, 그녀도 사람들을 만나려 하지 않았다.

그러던 어느 날 오후, 나그네가 그녀의 집 문을 두드렸다.

"저는 아주 먼 곳에서 온 사람입니다. 오늘 하루만 이곳에서 쉬어 가도 되겠습니까?"

"그렇게 하세요. 잠자리를 마련해 드리지요. 원하신다면 먹을 것과 마실 것도 드릴게요."

나그네는 곧바로 잠자리에 누워 혼잣말을 중얼거렸다.

"마침내 다시 잠을 잘 수 있게 되었군. 잠을 잔 지 너무 오래되었어."

그 말을 듣고 처녀는 호기심이 생겼다.

"잠을 못 이룬 지 얼마나 되었는데요?"

"나는 천 년에 이레 이상 자지 않는답니다."

"저를 놀리시는군요. 농담 마세요."

그러나 나그네는 처녀의 말에 아랑곳 않고 이미 깊은 잠에 빠져들었다.

다음 날 아침 잠에서 깨어난 나그네가 처녀에게 말했다.

"당신은 참 착한 아가씨로군요. 괜찮다면 일주일 동안 이곳에서 머무르고 싶습니다."

이미 나그네를 사랑하게 된 처녀는 무척 기뻤다.

그날 밤 처녀는 잠을 자다가 갑자기 소리를 치며 일어났다.

"너무 무서운 꿈을 꾸었어요. 꿈속에서 당신의 몸이 차가워지더니 얼굴이 창백해졌어요. 우리는 여섯 마리 하얀 말이 끄는 마차를 타고 함께 여행했지요. 당신이 커다란 뿔을 불자 수많은 죽은 사람들이 우리에게 몰려와 모두 함께 여행을 떠났어요. 알고 보니 당신은 그들의 왕이었어요."

나그네는 처녀에게 가까이 다가가 말했다.

"내 사랑, 내가 여기 있는 동안 이 세상 어떤 영혼도 죽지 않으니 이제 여기를 떠나야겠소. 나를 그냥 보내 주시오."

"안 돼요, 가지 마세요. 저와 함께 살아요."

처녀는 울며불며 매달렸다.

"나는 가야 하오. 하느님이 당신을 지켜 주시기를……."

나그네는 마지막 인사를 하려고 처녀의 손을 잡았다.

"사랑하는 그대여, 그러시면 당신이 누구인지는 말씀해 주고 떠나세요."

"살아 있는 자는 결코 내 이름을 알지 못하오. 내 이름을 아는 순간 죽음을 맞게 되지요. 헛되이 애쓰지 마시오. 나는 말하지 않을 테니."

그러나 처녀는 울면서 말했다.

"당신이 누구인지 말해 준다면 어떤 것도 감내하겠어요."

나그네는 처녀의 간청을 물리칠 수 없었다.

"정히 그렇다면 나와 같이 떠나야겠소. 내 이름은 '죽음'이오."

나그네가 말을 끝내자마자 처녀는 온몸을 부들부들 떨더니 그 자리에 쓰러져 숨을 거두었다.

루비 랙

먼 옛날 젊고 예쁜 집시 처녀가 살고 있었다. 어느 날 그녀가 오래된 참나무 밑에서 놀고 있을 때 미킴 그곳을 지니기던 기사기 그녀를 보고 한눈에 사랑에 빠졌다. 기사가 처녀의 집으로 따라가 결혼해 달라고 청하자 처녀는 애절한 눈빛으로 말했다.

"그럴 수 없어요, 기사님. 당신 같은 분이 저처럼 불쌍한 집시하고 결혼하실 수는 없어요."

그러나 기사는 물러나지 않고 집시 처녀를 자신의 집으로 데려갔다.

기사의 어머니는 아들이 가난한 집시와 결혼하는 것을 탐탁지 않게 여겼다.

"얘야, 나는 네가 집시와 결혼하는 것을 허락할 수 없단다. 지금 그 아이를 '백 마일의 숲'으로 데려가 옷을 벗기고 심장을 꺼내 그녀의 옷과 함께 가져오너라."

기사는 처녀를 말에 태우고 숲으로 갔다. 곰과 독수리, 뱀과 늑대가 득시글거리는 깊고 험한 곳이었다. 숲 한가운데쯤 이르렀을 때 기사가 처녀에게 말했다.

"내 어머니에게 네 심장과 옷을 가져가야 하니 이제 너를 죽여야겠다."

그러자 처녀는 애원하며 말했다.

"이 숲에는 사람의 것을 닮은 심장을 가진 독수리가 많답니다. 당신 어머니께는 제 심장 대신 독수리 심장을 가져가시면 될 거예요. 그리고 옷은 벗어 드리겠어요."

그렇게 해서 기사는 그녀의 옷과 독수리의 심장을 가지고 어머니에게 갔다.

처녀는 깊은 숲 속을 걷고 또 걸어갔다. 처녀 혼자 몸으로 그처럼 험한 숲 속을 걸어가기는 쉬운 일이 아니었다.

그녀는 어느 날 아침 마침내 숲을 벗어나 어느 울타리에 이르렀다. 처녀는 사람들 눈에 띄지 않으려고 울타리 뒤에 숨어 주위를 살펴보았다.

그때 마침 젊은 기사가 말을 타고 그곳을 지나가고 있었다. 처녀는 기사가 자신을 죽이러 다시 온 것인지도 모른다고 생각해 울타리 뒤로 더 깊이 몸을 숨겼다.

그러나 기사는 울타리 뒤에서 인기척을 느끼고 소리쳤다.

"귀신이면 물러가고, 사람이면 말하거라."

달아날 수 없었던 처녀는 사람들을 향해 소리쳤다.

"겉모습은 보잘것없지만 저도 당신들처럼 선량한 사람입니다."

기사는 처녀에게 다가가 자신의 망토를 벗어 주고 말에 태웠다. 그러고는 집을 향해 말을 돌렸다. 기사는 처녀에게 사람들이 그녀를 죽이려 했다는 말을 했을 뿐 두 사람은 다른 말을 한마디도 하지 않았다. 기사는 말을 재촉해 마침내 자신의 영토에 도착했다.

기사는 처녀를 자신의 집으로 데려갔다. 가족들은 옷을 걸치지 않고 아름다운 머리카락을 등 뒤로 늘어뜨린 처녀를 보고 입을 다물지 못했다. 가족들은 얼른 처녀에게 옷을 주었다. 옷을 입은 처녀의 모습은 더욱 아름다웠다. 기사와 가족들은 처녀에게 어떻게 해서 옷도 입지 않고 숲 속을 헤매게 되었으며, 사람들이 왜 그녀를 죽이려 하는지 물었다. 처녀는 그동안 겪은 일을 여러 번 되풀이해서 들려주었다.

처녀의 사연을 듣고 나서 기사는 잔치를 베풀겠다고 말했다.

"모든 귀족들을 초대하고 오고 가는 모든 사람들에게 저녁을 베풀 것입니다. 그러나 한 가지 조건이 있습니다. 그 자리에서 모든 사람들은 한 가지씩 이야기를 하거나 노래를 불러야 합니다."

잔치는 성대하게 치러졌고, 사람들이 몰래 빠져나가지 못하도록 문을 굳게 잠기 놓았다. 산치가 부르익자 사람들은 노래를 부르거나, 그렇지 않은 사람은 이야기를 들려주었다. 집시 처녀의 차례가 되자 기사가 말했다.

"아름다운 아가씨, 어서 이야기를 들려주세요."

그 자리에는 처녀를 숲 속에 내버린 기사도 있었다. 기사는 처녀를 보고 깜짝 놀랐다.

처녀가 머뭇거리며 입을 열지 않자 기사가 다시 말했다.

"아름다운 아가씨, 그럼 노래를 불러 주세요."

그러자 처녀가 대답했다.

"아닙니다. 노래 대신 이야기를 들려드리지요."

"루비 랙, 루비 랙
늙은 참나무 아래 갔다네……."

그러자 사람들 속에서 야유가 들려왔다.

"우우, 우우! 그 이야기는 재미없어. 다른 얘기를 하시오."

처녀가 무슨 이야기를 할지 알고 있었던 기사와 그 어머니의 목소리였다.

그러나 기사가 나서서 말했다.

"계속하세요, 아름다운 나의 아가씨여. 우리에게 멋진 얘기를 들려주세요."

"루비 랙, 루비 랙
어느 날 늙은 참나무 아래에서 놀았지요.
부모님은 나를 접시로 낳았지요.
어떤 부인이 나를 며느리로 받아들이는 척했지요.
그러나 내가 결혼하려고 하자
내 애인은 나를 죽이려고 했지요."

처녀는 잠시 이야기를 멈추고 참나무 아래에서 자신을 발견한 기사를 가리키며 말했다.

"그리고 저기에 그 망나니가 있네요."

처녀는 사람들에게 기사가 자신을 숲 속으로 데려가 심장을 꺼내고 옷을 벗기려 한 이야기를 들려주었다. 그러자 그곳에 있던 모든 귀족들이 기사와 그 어머니를 잡아들였다. 두 사람은 교수형에 처해졌고, 처녀는 젊은 기사의 아내가 되었다.

집시는 어떻게 하늘나라에 가게 되었는가

 어느 날 하느님이 집시 마을을 찾아갔다. 그날따라 마침 마을에는 대장장이 부부밖에 없어 하느님은 그들 집에 하룻밤을 머물게 되었다.
 다음 날 아침 대장장이의 아내가 하느님과 얘기를 나누면서 말했다.
 "하느님, 저는 죽으면 하늘나라에 가고 싶어요."
 하느님이 말했다.
 "너는 착하게 살아왔으니 분명 지옥에는 가지 않을 것이다. 그곳에 있는 사람들은 고통 속에서 비명을 지르며 하루하루를 보낸단다. 나에게 편안한 잠자리를 마련해 주었으니 그 대가로 네 남편이 원하는 네 가지 소원을 들어줄 것이야."
 그러자 대장장이가 말했다.
 "저희 집에 있는 사과나무에 올라간 사람은 제가 허락할 때까지 내려올 수 없게 하는 것입니다. 이것이 첫 번째 소원입니다. 그리고 제가 만든 암말 가죽 모포에 앉은 사람은 제가 허락할 때까지 일어날 수 없게 하는 것이 두 번째 소원입니다."

"그렇다면 세 번째 소원은 무엇이냐?"

"제가 만든 쇠 상자에 들어가는 사람은 제가 허락할 때까지 나올 수 없게 하는 것입니다."

"그래, 알겠다. 이제 세 가지를 말했구나. 그럼 마지막 바람은 무엇이냐?"

"제 터번이 평생 제 몸에서 떨어지지 않고, 제가 그 위에 앉아 있을 때는 아무도 저를 일어나지 못하게 하는 것입니다."

대장장이는 그 후로 아주 오랫동안 살았다. 그러던 어느 날 그 앞에 저승사자가 나타났다.

"너를 데리러 왔다. 이제 나와 함께 가자꾸나."

대장장이는 순순히 말했다.

"마지막으로 집사람과 가족들에게 작별 인사 할 시간을 주십시오."

"좋다. 시간을 조금 줄 테니 가족들과 인사하고 오너라."

대장장이는 자리를 비우기 전 저승사자에게 말했다.

"돌아올 동안 저기 저 사과나무에 올라가 기다리시지요. 얼마 안 걸릴 겁니다."

저승사자는 대장장이의 말에 따라 사과나무에 올라갔다. 그러나 마음대로 내려올 수가 없었다. 저승사자가 내려가게 해달라고 부탁하자 대장장이가 말했다.

"20년 더 살게 해주면 내려올 수 있게 해드리지요."

저승사자는 어쩔 수 없었다.

"좋다. 그렇게 하거라. 20년 더 살게 해주지."

그렇게 해서 저승사자는 대장장이를 남겨 두고 떠났다. 그리고

20년이 흘러 저승사자가 다시 대장장이를 데리러 왔다.

"이제 네게 주어진 시간이 다 되었다. 나와 함께 가자꾸나."

"아이들과 작별 인사를 하게 해주십시오. 그리고 아이들이 살아갈 수 있도록 아비로서 무언가를 마련해 주고 떠나야 하지 않겠습니까. 곧 돌아올 테니 암말 가죽 모포에 앉아 잠시만 기다리시지요."

저승사자는 대장장이 말대로 암말 가죽 모포 위에 앉았으나 일어날 수 없었다.

"이게 무슨 변괴란 말인가? 일어날 수가 없다니."

어쩔 줄 몰라 하는 저승사자에게 대장장이가 말했다.

"다시 20년을 더 살게 해주면 일어나게 해드리지요."

"할 수 없구나. 다시 20년을 더 살도록 하거라."

저승사자는 이번에도 혼자 돌아가야 했다.

20년이 지난 뒤 저승사자는 또다시 대장장이를 찾아왔다.

"이제 이승에서의 시간이 다 되었으니, 나와 함께 가야겠다."

"네, 그래야지요. 그런데 마지막으로 저승사자께서 쇠 상자에 들어갈 수 있는지 보여 주실 수 없겠습니까?"

"물론이지. 그건 식은 죽 먹기나 마찬가지야."

저승사자가 쇠 상자에 들어가자마자 대장장이는 그것을 얼른 활활 타오르는 불 위에 올려놓았다. 상자가 점점 뜨거워지자 저승사자는 밖으로 나오려고 발버둥쳤다. 대장장이는 안간힘을 쓰는 저승사자를 보며 말했다.

"나를 영원히 살게 해주면 그곳에서 나올 수 있게 해드리지요."

그러자 저승사자가 말했다.

"좋다. 이제 꼴도 보기 싫으니 맘대로 하거라."

다시 20년이 흐른 뒤 다른 저승사자가 대장장이를 찾아왔다. 이 저승사자는 죽은 자를 어디로 데려가야 할지 결정하는 일을 맡고 있었다.

"이젠 시간이 다 되었다. 나를 따라오너라."

"집으로 돌아가 해야 할 일이 있습니다. 조금만 시간을 주십시오."

"안 된다. 이승에서의 시간은 이제 끝났다. 어서 따라오너라."

저승사자가 대장장이를 첫 번째 왔던 저승사자 앞으로 데려갔다. 저승사자는 대장장이를 보고 깜짝 놀라며 말했다.

"어서 저자를 데려가거라. 난 저자가 여기 있는 걸 원치 않는다."

그러자 대장장이가 하느님께 말했다.

"당신의 위대한 왕국이 어떻게 만들어졌는지 보고 싶습니다."

대장장이는 하늘나라로 향한 문을 조금 열고 그 틈으로 안을 들여다보았다. 그러고는 자신의 터번을 하늘나라로 던지더니 얼른 그 위에 앉았다. 아무도 대장장이를 일으켜 세울 수 없었다. 그렇게 해서 대장장이는 하늘나라로 가게 되었다.

생쥐의 결혼

어느 날 큰 강 부근에 사는 집시 마법사가 강가에서 목욕을 하고 있을 때였다. 난데없이 그의 코앞에 생쥐 한 마리가 떨어지는 것이 아닌가. 그것은 새가 입에 물고 있던 것이었다.

신기한 일이라고 생각했지만 마법사는 신경 쓰지 않고 목욕을 계속했다. 그러나 생쥐가 달아나지 않고 마법사 주위를 계속 맴돌았다. 이상하게 여긴 마법사는 생쥐를 잡아 마법의 강의 도움으로 여자 아이로 변신시켰다. 마법사가 아이를 집에 데려가자 아내가 미소 띤 얼굴로 반기며 말했다.

"여보, 우리가 이 아이를 키우면 어떻겠어요? 내가 정성껏 보살필게요."

마법사 부부에게는 아이가 없었던 것이다.

시간이 흘러 아이가 열두 살이 되자 마법사가 말했다.

"이젠 너도 결혼할 나이가 되었구나. 우리는 네가 태양과 결혼하기를 바란단다. 네 생각은 어떠하냐?"

마법사는 아이를 데리고 강가로 나가 태양에게 청혼하고 말했다.

"애야, 태양과 결혼하는 것이 어떻겠니? 네 결혼 상대로 더할 나위 없겠구나."

"저는 싫어요, 아버지. 너무 뜨거워 다가가기도 어렵고 그의 빛에 내 몸이 타 버릴 거 같아요."

그러자 마법사가 태양에게 물었다.

"그러면 내 딸과 결혼할 상대로 당신보다 더 강력한 것이 무엇이오?"

"구름은 나를 덮어 버릴 수 있으니 나보다 더 강력하다고 할 수 있소."

마법사는 구름에게 청혼했다.

"구름이여, 내 딸과 결혼해 주시오."

구름이 대답했다.

"그럼 먼저 딸에게 물어보시오. 딸이 흔쾌히 허락하면 청혼을 기꺼이 받아들이겠소."

그러나 딸은 마땅치 않아 하며 말했다.

"싫어요, 아버지. 구름은 너무 어둡고 모든 것을 덮어 버리잖아요. 세상을 캄캄하게 하고 더러워 보이게 만들 뿐이에요."

마법사는 구름을 찾아가 물었다.

"내 딸과 결혼할 상대로 당신보다 더 강력한 것이 무엇이오?"

"나보다 더 강력한 것은 바람이오. 왜냐하면 바람이 나를 흔들어 놓을 수 있기 때문이오."

마법사는 바람에게 청혼하고 나서 딸에게 물었다.

"애야, 바람하고 결혼하는 것은 어떠하냐?"

그러자 딸이 대답했다.

"그것도 싫어요. 바람은 너무 차갑고 변덕스러워요."

마법사는 바람을 찾아가 물었다.

"이 세상에 당신보다 더 강력한 게 있소?"

"물론이오."

"그게 무엇이오?"

"바로 산이오."

"어떻게 해서 산이 바람보다 더 강하단 말이오?"

"왜냐하면 나는 산을 움직일 수 없기 때문이오."

마법사는 산을 찾아가 딸과 결혼하겠느냐고 물었다. 그러자 산이 말했다.

"물론이오. 하지만 먼저 당신 딸에게 물어보시오."

마법사는 딸에게 말했다.

"애야, 산하고 결혼하는 게 좋지 않겠느냐?"

"싫어요, 아버지. 산은 너무 단단해요."

마법사는 산을 찾아가 물었다.

"당신보다 더 강력하고 센 것이 무엇이오?"

"나보다 더 강한 것은 다름 아닌 생쥐요."

"어떻게 생쥐가 산보다 더 강할 수 있단 말이오?"

"생쥐는 구멍을 파서 산을 무너뜨릴 수 있기 때문이오."

마법사는 생쥐 한 마리를 데려와 딸에게 말했다.

"애야, 생쥐하고는 결혼하겠느냐?"

딸은 기뻐하며 대답했다.

"그럼요. 그런데 그 전에 먼저 저를 원래 모습으로 되돌려 주세요."

마법사가 딸을 다시 생쥐로 바꿔 주어 둘은 결혼했다.

바나

니글로라 불리는 한 젊은이가 세르비아의 집시 여자와 결혼했다. 두 사람은 일을 하지 않았지만 먹고사는 데는 별 문제 없었다. 낮이면 하루 종일 나비를 잡으러 쫓아다니고, 저녁에는 서로의 귀에 아름다운 말들을 수군거리면서 껴안고 밤새 사랑을 나눴다. 그렇게 1년을 보낸 뒤 둘 사이에 아이가 생겼다.

아내의 배가 불러 오면서 나날이 몸이 허약해지자 니글로는 전전긍긍했다. 니글로는 아내의 짐을 덜어 주려고 물을 길어 오고 냇가에 나가 빨래를 했다. 그러나 바나는 갈수록 기운을 잃었다. ('허망함'이라는 뜻으로, 니글로는 아내를 그렇게 불렀다.)

바나는 열 달을 채우고 아이를 낳았으나 피를 너무 많이 흘려 자리에서 일어나지 못했다. 아이'는 하루하루 몸무게가 늘어나면서 건강하게 커 갔다. 그러나 바나는 점점 더 몸이 쇠약해지더니 어느 날 저녁 니글로의 품에 안겨 잠이 든 채로 죽음을 맞이했다.

바나가 죽은 다음 날부터 니글로는 마치 귀신에 홀린 듯 이상한 행동을 했다. 바나의 모든 옷을 갈기갈기 찢어 태워 버리는가 하면 자신의 기타를 부숴 활활 타는 장작불에 던져 버렸다. 그리고 바나가 쓰던 찻잔이며 접시 등을 깨뜨려 땅에 묻어 버렸다. 바나의 물건 중에 남은 것이라고는 그녀의 초상화밖에 없었다. 니글로는 차마 그것마저 찢어 버릴 수는 없었다.

마을 신부는 바나의 시신을 리에바흐 지방의 산에 마련된 호르헤 묘지에 묻어 주었다. 바나의 가족이 시신이 담긴 관 위에 선물을 던지고 나자 묘지기가 흙을 뿌렸다. 사람들은 니글로가 바나의 묘를 떠나려 하지 않아 할 수 없이 그와 아이만을 남겨 두고 먼저 산을 내려왔다.

니글로는 바나를 대신해 아이에게 먹을 것을 챙겨 주고 깨끗이 목욕시키며 정성을 쏟았다. 엄마 없이 자라는 아이를 보고 있으려니 마음 한쪽이 아렸다. 그러나 다른 한편으로 아이가 바나의 생명을 앗아 갔다는 생각이 들자 조금씩 증오하는 마음이 문득문득 생기기도 했다.

아이가 노는 모습을 멍하니 바라보고 있으려니 니글로의 마음속에는 하느님에 대한 원망이 움트기 시작했다. 하느님은 어떻게 아름다운 아내를 데려가고 대신 울보 아이를 남겨 주셨단 말인가. 니글로는 이해할 수 없었다.

달빛이 유난히 밝은 어느 날 밤, 니글로는 이상한 기척을 느끼고 갑자기 잠에서 깨어났다. 어둠 속에서 여자의 그림자가 아이를 안고 활활 타오르는 난롯가에 쭈그려 앉아 있었다. 그 순간 니글로는 머리카락이 쭈뼛 서는 듯했다. 여자의 그림자는 다름 아닌 바나였다.

바나는 옛날 노래를 흥얼거리면서 아이의 입에 젖꼭지를 물려 주었다. 그러고는 얼마 후 아이의 옷을 입히고 요람에 다시 눕혔다. 바나는 깊고 부드러운 시선으로 니글로를 바라보고는 어둠 속으로 사라졌다. 니글로는 몸이 돌처럼 굳어진 듯 꼼짝도 할 수 없었다. 니글로는 평화롭게 잠든 아이를 지켜보면서 그날 밤을 지샜다.

다음 날 저녁 니글로는 아이의 옷을 뒤집어 입힌 뒤 염주처럼 엮은 마늘을 아이의 목에 걸어 두었다.

바나는 모습을 드러내자마자 아이에게 다가갔다. 그러나 바나는 곧바로 물러섰다. 마늘 때문이었다. 게다가 아이가 옷을 뒤집어 입은 것을 보고 당황해 움찔했다. 그러고는 슬픈 눈으로 니글로를 바라보며 말했다.

"니글로, 사랑하는 니글로. 왜 엄마인 내가 아이에게 다가가지 못하게 하는 거죠? 당신의 사랑은 그처럼 가벼워서 죽음의 의미를 깨닫지 못한답니다."

니글로는 그녀의 눈에서 고통과 번뇌를 보았다. 바나는 흐느끼며 아이를 하염없이 바라보았다. 그 순간 니글로의 가슴은 연민으로 가득 찼다. 니글로는 마늘을 치우고 바나에게 아이를 안겨 주었다. 바나는 밤새도록 아이에게 노래를 들려주었다. 그 모습을 물끄러미 바라보고 있어야만 했던 니글로의 가슴은 절망과 즐거움이 고동쳤다.

바나는 매일 저녁 나타나 아이와 함께 보냈다. 그렇게 한 달여가 흐르자 니글로는 조금씩 아이가 걱정되기 시작했다. 죽음의 향기가 조금씩 생명의 기운을 앗아 가는 듯 아이는 조금씩 야위어 갔다. 니글로는 아이를 마을 신부에게 데려가 바나 이야기를 들려주었다.

신부는 곰곰이 생각하더니 새벽이 되기 직전 바나를 붙잡아 들판에 데리고 가 태양빛을 쬐게 하라고 했다.

그날 저녁 니글로는 늘 그랬듯이 난롯가에 웅크리고 앉아 바나와 아이를 바라보았다. 달이 나뭇가지 사이로 조금씩 기울어 갈수록 니글로는 마음을 굳게 다졌다. 어슴푸레 동이 트려 할 때 니글로는 바나에게 덤벼들어 팔로 꽉 껴안았다. 바나는 빠져나오려고 발버둥 쳤지만 소용없었다. 바나의 신음 소리는 니글로의 가슴을 후벼 파는 듯했다.

두려움이 엄습할 때쯤 붉은 태양이 천천히 모습을 드러냈고 황금빛이 계곡 위로 드리우자 바나는 그제서야 발버둥 치는 것을 멈췄다. 바나의 몸은 검정 수의로 변하더니 이내 산산이 부서져 가루가 되었다.

니글로가 집으로 돌아와 보니 아이는 미소를 띤 채 요람에 축 늘어져 있었다. 니글로는 아이가 제 엄마 곁으로 갔다는 것을 직감으로 알 수 있었다. 니글로는 이불 위에 엎드려 밤새 울음을 터트렸다.

날이 밝자 신부와 니글로는 아이를 안고 바나의 무덤으로 갔다. 엄마와 아이를 함께 묻어 주기 위해서였다. 관을 열어 보니 바나가 미소를 지은 채 누워 있있나. 그것은 자식과 함께하게 된 것을 기뻐하는 엄마의 미소였다.

마법에 걸린 개구리

옛날 아들 셋을 둔 집시 부부가 살고 있었다. 아들들은 모두 어른이 되어서도 결혼을 하기는커녕 부모님과 함께 살고 싶다고 입버릇처럼 말하곤 했다.

삼형제는 모두 부자였는데 부모님이 돌아가신 뒤에도 여전히 결혼을 하지 않았다. 그렇게 10년이 흘러 첫째는 마흔 살, 둘째는 서른 살, 셋째는 스무 살이 되었다. 어느 날 첫째 아들이 동생 둘을 불러 말했다.

"오랫동안 이 마을에서 살아왔지만 이곳에서는 아내감을 찾기 어려울 거 같구나. 착한 아내를 맞이하려면 아무래도 더 넓은 세상으로 나가 보아야겠다."

그렇게 해서 삼형제는 길을 떠났다. 신발이 해지면 쇠로 신발을 만들어 신거나 말을 타고 계속 여행했다. 하지만 많은 곳을 돌아다녀 보아도 아내로 삼을 만한 여자를 만날 수 없었다. 하나같이 뚱뚱하거나 마음씨가 고약하고, 천박하거나 아니면 아무런 매력을 느낄 수 없는 그런 여자들뿐이었다.

그들의 부모는 죽기 전에 아들들을 한자리에 불러 이렇게 말했다.

"여기 있는 돌멩이를 하나씩 집어 들거라. 돌멩이를 간직하고 있다가 아내가 필요하다 싶으면 등 뒤로 던지거라."

아들들은 돌멩이를 던지고 싶지 않아 온 세상을 여행하게 된 것이다. 그러나 어느새 쇠로 만든 신발도 닳고 아무런 보람 없이 고향으로 돌아왔다.

첫째 아들이 말했다.

"나는 참 불행한 사람인 거 같구나. 이제 지쳐 아내감을 찾아 나서기도 힘드니 내 앞에 처음으로 나타나는 여자와 결혼하겠다."

첫째 아들은 돌멩이를 등 뒤로 던졌다. 그러고는 뒤돌아서니 아름다운 여자가 눈에 들어왔다. 키가 작지도 않고 게을러 보이지도 않는 여자였다. 첫째 아들은 그녀를 말에 태워 자신의 집으로 돌아갔다.

형이 떠난 뒤 둘째 아들이 말했다.

"내가 형보다 운이 없지는 않을 거야."

그러면서 돌멩이를 뒤로 던지고 뒤돌아보니 다른 여자가 서 있었다. 둘째 아들이 여자를 말에 태우고 집으로 돌아간 뒤 셋째 아들만 남았다.

"내가 형들보다 운이 없지는 않을 거야."

셋째 아들은 그렇게 말하고 돌멩이를 등 뒤로 던졌다. 그런데 돌멩이가 웅덩이로 떨어지더니 개구리 한 마리가 나타나 말했다.

"제가 당신 부인이 되겠어요."

셋째 아들이 말했다.

"나는 너를 사랑하지 않는단다."

"그건 상관없어요. 어찌 되었든 당신은 저와 결혼하셔야 합니다."

사실 개구리는 어머니의 저주를 받아 모습이 변한 소녀였다.

셋째 아들은 할 수 없이 개구리를 태우고 집으로 돌아왔다. 그러나 개구리를 물에 가둘 심산으로 밖에 내버려 두고 혼자 안으로 들어가 버렸다.

개구리는 애원하며 소리쳤다.

"제발 저를 아내로 맞아 주세요. 저는 당신과 함께 있어야 해요."

"썩 꺼져 버려. 형들에게는 예쁜 아가씨가 나타났는데, 나한테는 사람도 아닌 개구리라니."

"이렇게 말을 하는데 어떻게 개구리일 수 있겠어요. 저는 단지 어머니의 저주로 잠시 개구리 모습을 하고 있는 것뿐이에요."

"허무맹랑한 소리를 하는구나. 듣기 싫으니 썩 꺼지래도."

"그러시면 안 돼요. 제발 저를 아내로 맞아 주세요."

개구리와 말다툼을 벌이던 셋째 아들은 어느새 지쳐 잠이 들었다. 그가 잠든 사이 개구리는 허물을 벗고 아름다운 여인으로 변신했다. 그녀는 물을 데워 몸을 깨끗이 씻은 다음 집을 청소하고 요리를 했다. 잠결에 맛있는 음식 냄새를 맡고 셋째 아들이 깨어나려 하자 여자는 또다시 개구리로 변했다.

셋째 아들은 주위를 둘러보고 깜짝 놀랐다.

"누가 이렇게 청소를 하고 음식까지 준비했지?"

개구리에게 물어보았으나 아무 대답도 하지 않았다. 셋째 아들이 늘어지게 먹고 마시고 있을 때 형들이 찾아왔다.

"막내야, 어서 문을 열어 보거라. 제수씨를 소개해 줘야지."

그러나 셋째 아들은 문을 열지 않고 소리쳤다.

"지금 아내가 몸이 아프니 다음에 인사 드릴게요."

"그래? 그럼 우리는 집사람들과 산보나 하고 오련다."

"그렇게 하세요. 집사람이 좀 나아지면 함께 찾아뵐게요."

그러던 어느 날 그 나라 왕이 삼형제가 결혼했다는 소식을 듣고 첫째 아들에게 전언을 보냈다.

"네 아내로 하여금 화려한 침대 시트를 만들게 하여 나에게 바치도록 하라."

첫째 아들이 아내에게 왕의 명령을 전하자 그녀는 실과 진주 등 수를 놓는 데 필요한 것들을 구해 달라고 했다. 둘째 아들에게도 왕의 명령이 떨어졌고, 그의 아내는 이불을 만들 재료와 도구를 구해 달라고 했다.

셋째 아들은 왕의 전언을 받고 울음을 터트렸다. 그러나 왕의 명령을 전해 들은 개구리는 태연하게 말했다.

"아무 걱정 말아요. 당신은 얼른 나가서 세상에서 가장 비싼 실과 비단을 구해 오시면 돼요."

셋째 아들이 물건들을 준비해 오자 개구리가 말했다.

"주무셨다가 2시쯤 일어나세요. 나머지는 제가 다 마련해 놓을 테니."

셋째 아들이 잠든 뒤 개구리 부인이 천과 실을 집어 들고 세 번 불자 세상에서 가장 화려한 침대 시트가 만들어졌다. 입김으로 비단과 실을 진주와 다이아몬드로 만든 것이다. 그리고 남은 실과 비단을 가지고 상자를 만들어 침대 시트를 그 속에 넣고 끈으로 묶었다.

잠에서 깨어난 셋째 아들은 깜짝 놀라 소리쳤다.

"아니, 네가 진정 이 모든 걸 만들었단 말이냐?"

"그럼요. 자 어서 이 상자를 가지고 왕에게 가 보세요. 왕을 뵈면 모든 창문을 닫아 달라고 요청한 다음 불을 끄고 침대 시트를 펼치세요."

"알겠다."

삼형제는 함께 궁궐로 갔다. 형들이 제수씨는 어디 있느냐고 묻자 셋째 아들은 병이 낫지 않아 밖으로 나올 수가 없다고 둘러댔다.

왕 앞에서 첫째 아들과 둘째 아들이 차례로 침대 시트를 펼쳐 보였다. 셋째 아들 차례가 되었다.

"폐하, 침대 시트를 보여 드리기 전에 먼저 모든 창문을 닫고 불을 꺼 주십시오."

창문을 닫은 다음 커튼을 치고 불을 끄자 셋째 아들은 천천히 침대 시트를 펼쳤다. 그러자 어두운 방이 반짝이는 침대 시트로 환하게 밝아졌다. 작은 다이아몬드가 장식된 침대 시트를 보고 왕은 입을 다물지 못했다.

"오! 이것이 진정 사람이 만든 것이더냐. 대체 어떤 여인이 이런 것을 만들 수 있단 말이냐. 집으로 돌아가 네 아내에게 전하거라. 사람이 다닐 수 있도록 금으로 다리를 만들고, 마차와 말이 지나다닐 수 있도록 은으로 다리를 만들어 너희 집과 궁궐 사이에 놓아라."

셋째 아들이 집에 도착했을 때 개구리는 이미 왕이 어떤 명령을 했는지 알고 있었다. 개구리가 살짝 입김을 불자 금 다리가 만들어졌다.

왕이 궁궐 밖을 내다보니 이미 밖에는 금으로 만들어진 다리가 셋째 아들의 집과 궁궐 사이에 놓여 있었다.

"맙소사! 대체 어떤 여자이기에 저토록 신통한 능력을 가졌단 말인가. 당장 궁궐로 데려와야겠구나."

왕은 곧 삼형제의 아내를 궁궐로 불러들였다.

두 형은 셋째 아들의 집 문 앞에서 동생을 불렀다.

"애야, 제수씨와 함께 어서 나오너라. 폐하께서 부르셨으니 얼른 가 봐야 하지 않겠니?"

"안 돼요. 아직 몸이 낫지 않았어요."

형들이 궁궐로 떠난 뒤 셋째 아들은 또다시 울음을 터트렸다.

"폐하께서 당신을 궁궐로 데려오지 않으면 머리를 잘라 버리겠다고 말씀하셨대."

개구리는 여전히 태연하게 말했다.

"두려워하지 말아요. 자정이 되면 저는 여자의 모습으로 바뀌어 있을 테니까요. 하지만 한 가지 명심해야 할 것이 있어요. 절대 제 발을 보면 안 돼요. 만약 당신이 제 발을 보게 되면 저는 앞으로 영원히 개구리로 살아야 해요. 제가 개구리의 허물을 벗으면 곧바로 그것을 집어 난로에 던져 버리고 잠자리에 드세요. 그러는 동안 절대 저를 쳐다봐서는 안 돼요. 그렇게 되면 저는 영원히 개구리로 남아야 하고, 왕은 당신 머리를 잘라 버릴 테니까요."

한밤중이 되어 괘종시계가 열두 번 울리자 개구리는 허물을 벗었다. 셋째 아들은 그것을 재빨리 집어 난로에 던지고 곧바로 잠자리에 들었다.

아침이 되어 셋째 아들이 눈을 뜨자 그 앞에는 바닥까지 늘어뜨린 금발 머리와 파란 눈을 가진 아름다운 여인이 앉아 있었다. 셋째 아들은 자신의 눈을 믿을 수 없어 멍하니 바라보고만 있었다.

"정신 차리세요. 어서 궁궐로 가야 합니다. 먼저 피아노 위에 있는 커다란 비단 덮개를 가져다주시고, 정원에서 꽃 세 송이를 꺾어다 주세요."

셋째 아들의 부인은 피아노 덮개를 몸에 감고 머리에는 꽃을 꽂은 차림으로 왕을 만나러 갔다. 궁궐 앞에는 형들이 그들의 아내와 함께 와 있었다. 형들은 동생의 아내를 보고 넋을 잃을 지경이었다.

"대체 어디서 저런 여자를 구했느냐?"

형들은 부러운 투로 물었다.

"형들이 한 것처럼 했을 뿐이에요."

왕은 첫째 아들과 둘째 아들의 아내를 차례로 맞이하며 말했다.

"두 사람 모두 오랫동안 인생을 즐기기를 바라노라."

그리고 셋째 아들의 아내를 보는 순간 왕은 그녀의 아름다움에 반해 정신을 잃을 정도였다. 왕은 연회를 베풀어 셋째 아들의 아내와 춤을 추었다. 그러고는 또다시 춤을 청하자 아내가 말했다.

"제 아주버니들에게도 부인이 있지 않습니까? 그분들에게 예의를 갖추시려면 그 부인들에게도 춤을 청하셔야지요."

왕은 다른 부인들과 차례로 춤을 춘 뒤 잠시 음악을 멈추게 하고 셋째 아들 부부를 가리키며 말했다.

"내 영토의 절반을 이 젊은 부인과 남편에게 주겠노라."

젊은 부인의 이름은 아누스카이고, 그녀의 남편은 홀수가였다. 왕과 삼형제 부부는 밤늦도록 먹고 마시며 마음껏 즐겼다.

모기

큰 폭포 너머 아주 먼 나라에 모기 한 마리가 살고 있었다. 세상에서 잘난 척을 가장 잘하기로 소문난 이 모기를 좋아하는 사람은 하나도 없었다. 모기는 언제나 사람들 앞에서 자신은 머리가 똑똑하다며 으스댔다. 게다가 자신보다 아름다운 것은 이 세상 어디에도 없다고 떠벌리며 다녔다.

모기는 길가를 지나가면 시골 소녀들과 집시 소녀들이 자신을 보고 애절한 마음에 한숨을 쉰다고 자랑했다. 심지어 결혼한 집시 부인들과 아이들까지 자신을 보고 어쩔 줄 몰라 한다는 것이었다.

모기가 사는 나라에서 멀지 않은 어느 나라에 나무가 무성한 숲에 둘러싸인 오래된 성이 있었다. 지금은 아무도 살지 않는 그 성에는 영원히 타는 양초 하나가 있었다.

전설적인 양초에 대해 익히 들어 알고 있는 사람들이 양초와 힘겨루기를 해볼 양으로 그 오래된 성을 찾아가곤 했다. 그러나 사람들은 어김없이 몸이 데이고 그을린 채 집으로 돌아왔다.

이 이야기는 모기의 귀에까지 들어갔다. 모기는 조금도 주저하지 않고 양초와 힘겨루기를 해보겠다고 결심했다. 모기는 우선 큰 칼을 준비했다. 그리고 먹을 양식으로 버터를 흠뻑 바른 빵과 구운 고기 두 조각, 껍질을 벗긴 양파 세 개와 커다란 후추병과 소금병 세 개를 천에 둘둘 말아 양초가 있는 곳을 향해 길을 떠났다.

사실 파리보다 작은 모기가 힘자랑을 할 게 아니었다. 그러나 모기는 이 세상에 자신보다 힘센 사람이 있다는 것을 견디지 못했다.

한 달을 쉬지 않고 걸은 다음 또다시 한 달을 걸었다. 그렇게 석 달 즈음 되어 마침내 모기는 양초가 있는 성에 도착했다. 모기는 의기양양하게 어깨에 잔뜩 힘을 주고 주위를 둘러보았다.

모기는 모자를 눌러쓰고 주머니에 손을 집어넣은 채 성안으로 들어갔다. 어느 방에 이르자 그곳에 양초가 있었다. 그런데 정작 양초 앞에 서자 모기는 무엇을 해야 할지 몰라 어리둥절했다.

모기는 먼저 양초가 어떻게 나오는지 보려고 크게 기침을 해보았다. 그러나 양초는 꿈쩍도 하지 않았다. 무시해 보기도 하고 주위를 윙윙 날아다녀 보기도 했다. 그러나 양초는 여전히 움직이지 않았다. 모기는 슬며시 화가 치밀어 오르기 시작했다. 점점 피가 끓고 심장이 강렬하게 뛰었으며, 눈빛은 타는 듯 이글거렸다.

하지만 양초는 조금도 움직이지 않고 같은 자세로 계속 서 있었다. 그것은 교회의 양초였고 성스러운 순례지에서 그곳까지 온 것이었다.

모기는 양초 가까이 다가가 딴전을 피우는 것처럼 하며 쳐다보았다. 그러고는 양초의 어머니를 모욕하고 외설스러운 말을 늘어놓으며 조롱하기 시작했다. 그러나 양초는 아무런 대꾸도 하지 않았다.

욕설을 내뱉는데도 양초는 모기를 쳐다보지도 않았다. 어떤 것도 양초를 움직이게 할 수 없는 듯했다.

마침내 모기가 큰 소리로 외쳤다.

"밖으로 나가 나와 힘을 겨뤄 보자."

그래도 양초가 아무런 대꾸를 하지 않자 모기는 양초의 조상을 비난하기 시작했다. 여전히 한마디도 내뱉지 않는 양초는 약한 불빛만 빛내고 있었다. 말로는 더 이상 당할 수 없다는 것을 안 모기는 급기야 손으로 양초를 때렸다. 그때 모기의 손이 타들어 가기 시작했다.

"아이고, 이놈이 내 손을 먹어 버렸구나. 잔인한 놈 같으니. 단지 힘을 겨뤄 보자는 것일 뿐인데 이렇게까지 하다니……."

모기는 데인 손이 아프기도 하고 겁이 나기도 해 주먹만한 눈물을 뚝뚝 흘렸다.

"양초가 이렇게 센 줄 누가 알았겠어. 저렇게 소심해 보이는 놈이 말이야."

모기는 준비해 간 음식 보따리를 내버려 두고 서둘러 달아났다. 너무 급하게 도망치는 바람에 모자를 깜박 잊었고, 오는 길에 신발까지 잃어버렸다.

모기가 울면서 집에 도착하자 어머니는 두 눈을 동그랗게 뜨고 바라보았다.

"아니 얘야, 무슨 일이 있었느냐?"

늙은 어머니는 타 버린 모기의 손을 보고 깜짝 놀랐다. 어머니는 머리에 손수건을 둘러쓰고, 침대 밑에 감춰 둔 돈을 꺼내 아들을 데리고 의사를 찾아갔다.

"아이고 의사 선생님! 제 아들 손 좀 봐 주세요. 오, 하느님! 그에게 행운과 건강을 주시기를! 돈은 원하는 만큼 드리겠습니다. 아들 손을 다시 살릴 수 있다면 금 덩어리인들 못 드리겠어요. 아이고, 내 아들아! 양초가 내 아들을 이렇게 만들다니. 이 아이가 글쎄 양초를 찾아갔었다지 뭐예요."

"부인, 아드님에게 새로운 손을 만들어 주어야 합니다. 그런데 우리가 가진 것은 사람 손밖에 없습니다. 이식할 모기 손이 없으니 치료하기가 힘들겠군요."

"조금만 기다려 보세요. 제가 한번 찾아볼게요."

모기의 어머니는 아들 팔에 붙일 손을 찾아 나섰다. 온 도시를 돌아다니며 사람들을 붙들고 물어보았지만 손을 찾을 수 없었다.

모기 어머니는 더 이상 돌아다녀 봐야 소용없다는 것을 깨닫고 모기 부족 회의를 열었다. 모기들은 여러 가지 의견을 내놓았지만 모두 확신이 서지 않는 것들이었다.

"병아리 다리를 이식하면 안 되나요?"

"병아리 다리를요?"

"네, 병아리 다리 말이에요."

그렇게 해서 세상에서 가장 훌륭한 의사들이 한데 모여 모기의 팔에 병아리 다리를 붙이는 데 성공했다.

모기는 새로운 손을 얻은 데다 상처가 아물자 또다시 큰 칼을 들고 양초를 찾아갔다.

모기는 아홉 번을 양초와 싸웠으나 번번이 지고 말았다. 게다가 싸울 때마다 상처를 입었고 아홉 번째 병원을 찾고 나서야 양초와의 결투를 포기했다.

모기가 길을 지나가면 사람들은 그를 가리키며 소리쳤다.

"기적의 소년이군. 대체 너는 누구냐? 남자냐 여자냐? 도대체 어떤 짐승이지?"

모기는 여섯 개의 병아리 다리와 네 개의 병아리 날개, 그리고 병아리 머리와 꽁지를 달고 있었다.

　모기의 모습을 신기하게 여긴 바보들은 그 앞에 무릎을 꿇고 마치 하느님이라도 되는 양 우러러보기도 했다. 그러자 모기는 점점 자신의 모습에 자부심을 가지게 되었고, 마침내 광기에 사로잡혔다.

　그러던 어느 날 마을 시장이 옷을 벗고 강가에서 헤엄을 치고 있는데 거지가 그만 시장의 옷을 가지고 달아나 버렸다. 시장은 발가벗고 집으로 갈 수 없어 지나가던 모기를 불러 크게 사례를 할 테니 도와달라고 매달렸다.

　"좋습니다, 시장님. 제가 도와 드리겠습니다. 그런데 한 가지 명심하셔야 합니다. 제 말을 믿고 그대로 따라야 합니다."

　"물론이다. 어떻게 해야 하는지 말해 보거라."

　모기는 먼저 자신의 머리를 시장의 머리와 바꾼 다음 꽁지와 날개, 다리를 차례로 바꿨다. 이제 모기는 사람의 모습으로, 시장은 이상한 모기의 모습으로 바뀌었다.

　사람으로 변한 모기는 강가를 가로질러 시장의 집으로 향했다. 모기는 알몸으로 거리를 걸어도 전혀 창피하지 않았다. 마을의 장난꾸러기들이 놀려 대며 그 뒤를 따라다녀도 개의치 않았다. 사람들은 그가 술에 취했다고 생각했다.

　시장의 집에 도착한 모기는 옷장에서 가장 화려한 옷을 꺼내 입었다. 그러자 바보 같던 모기가 어느새 현명한 시장으로 변했다.

　그로부터 2주일이 지난 어느 날 모기 시장은 돈 많은 농장주의 딸과 결혼식을 올렸다. 모기 시장은 흥겨운 음악에 맞춰 춤을 추고 먹고 마시며 한껏 즐겼다.

　그때 진짜 시장이 자신의 모습을 되찾기 위해 결혼식장에 나타났다. 그러나 신부는 이미 모기와 서로 사랑에 빠져 있었다.

모기 모습의 시장은 사람들에게 다가와 자신이 바로 진짜 시장이라고 말했다. 그러나 이상한 모습의 모기를 보고 누가 진짜 시장이라고 믿겠는가. 시장이 아무리 진실을 말해도 소용없었다.

그러다 결국 시장의 약혼자였던 젊은 신부가 그만 시장의 목덜미를 비틀어 약한 불에 구워 먹어 버렸다.

재단사의 영리한 딸

옛날 그리스에 세상에서 가장 아름다운 옷을 만들기로 소문난 재단사가 살고 있었다. 그에게는 그가 만드는 옷보다 더 아름다운 세 딸이 있었다.

그 나라 왕은 재단사와 견줄 만한 다른 재단사가 없는 것이 늘 못마땅했다. 그러던 어느 날 왕이 재단사를 불러 말했다.

"사흘 말미를 줄 테니 치수를 재지도 천을 자르지도 바느질을 하지도 말고 옷 한 벌을 만들어 오너라. 그러지 못하면 네 머리를 잘라 버릴 테니 그리 알거라."

"폐하, 어떻게 치수도 재지 않고 자르지도 않으며 바느질도 하지 않고 옷을 만들 수 있겠습니까?"

"더 말할 거 없다. 사흘이다. 그 안에 내가 말한 대로 옷을 만들지 못하면 네 목숨은 없는 것이야."

재단사의 집에는 은으로 만든 의자와 알루미늄으로 만든 의자가 하나씩 있었다. 재단사는 기분이 안 좋을 때는 알루미늄 의자에, 기분이 좋을 때는 은 의자에 앉아 생각에 잠기곤 했다.

딸들이 집으로 돌아와 보니 아버지가 수심 가득한 얼굴로 알루미늄 의자에 앉아 있었다. 셋째 딸이 말했다.

"아버지, 무슨 안 좋은 일이라도 있으세요?"

"아니다. 고민이 있더라도 내가 해결해야 할 일이란다. 조용히 혼자 있고 싶구나."

셋째 딸이 안쓰러운 표정으로 말했다.

"아버지, 무슨 일인지 말씀해 보세요. 제가 도와드릴 수 없는 것이라면 저를 죽도록 때리셔도 좋아요. 그러니 어서 말씀해 보세요."

"애야, 글쎄 폐하께서 치수를 재지도 말고 재단하지도 말며 바느질도 하지 말고 옷을 만들어 오라는구나. 그것도 사흘 만에 완성하라는 거야."

재단사는 마침내 딸들 앞에서 울음을 터트렸다. 그러나 셋째 딸은 웃음을 터트렸다.

"그게 전부예요? 저는 또 돌아가신 어머니가 남겨 주신 반지를 잃어버리신 줄 알았어요. 아버지가 이렇게 슬퍼하실 일은 그것뿐이라고 생각했거든요."

셋째 딸은 오히려 아무 일 아니라는 듯이 말했다.

"걱정 마세요, 아버지. 사흘째 되는 날 크고 둥근 탁자를 준비해 두세요. 그리고 폐하가 오시기 한 시간 전쯤 탁자에 올라가 바느질을 하다가 다시 뜯으세요. 폐하가 도착해 옷을 못 만들었으니 참수하겠다고 하시면 이렇게 말씀하세요. '햇빛 때문에 일을 할 수가 없습니다. 그러니 저 태양을 좀 거둬 주십시오.' 그리고 폐하께서 어떻게 해를 거두란 말이냐고 물으시면 이렇게 대답하세요. '그럼 폐하께서는 어떻게 자르지도 바느질하지도 않고 옷을 만들 수 있다고 생각하시는 겁니까?'"

재단사는 셋째 딸을 껴안으며 말했다.

"애야, 아주 좋은 생각이구나."

사흘째 되는 날 아침, 재단사가 둥근 탁자 위에 올라가 천 조각을 들고 바느질을 했다 풀었다를 여러 번 되풀이하고 있을 때 왕이 찾아왔다.

"저 햇빛 때문에 옷을 만들 수가 없습니다. 폐하께서 태양을 거둬 주시면 옷을 만들어 드리겠습니다."

"하늘에 있는 해를 어떻게 치운단 말이냐? 내 마음대로 치우다니, 그것이 물 컵이라도 된단 말이냐?"

왕이 화를 내며 호통 치자 재단사가 차분하게 말했다.

"그렇다면 폐하께서는 어떻게 자르지도 바느질하지도 않고 옷을 만들 수 있다고 생각하십니까?"

왕은 그제서야 재단사와의 내기에서 졌다는 것을 인정했다.

"그렇다면 너에게 다른 명령을 내리겠노라. 만약 해내지 못하면 이번에는 기필코 네 머리를 베고 말 것이다."

왕은 엄포를 놓으며 말했다.

"아이를 가졌지만 동시에 처녀인 소녀 셋을 찾아 데려오너라. 알겠느냐?"

재단사는 다시 알루미늄 의자에 앉아 고민에 빠졌고, 딸들은 걱정스러운 표정으로 아버지를 바라보았다.

"이번에는 너희도 어쩔 수 없을 것이다. 아이를 가졌으면서 동시에 처녀인 소녀가 이 세상에 어디 있단 말이냐?"

그러자 이번에도 셋째 딸이 나서서 말했다.

"걱정 마세요, 아버지. 제가 폐하를 미치게 만들지 못하면 저에게 아버지 재산을 물려주시지 않아도 돼요."

사실 셋째 딸은 마음속으로 왕을 흠모하고 있었다. 그녀는 언니 둘을 불러 말했다.

"옷 속에 천을 좀 넣으면 임신한 것처럼 보일 거야. 그럼 폐하를 감쪽같이 속일 수 있어."

세 딸은 각각 임신 석 달과 넉 달, 다섯 달로 보이게끔 만들었다. 그렇게 해서 재단사는 세 딸과 함께 궁궐로 들어갔다.

재단사가 배 부른 처녀 셋을 데리고 들어오는 것을 보고 왕은 깜짝 놀랐다. 그러나 마음을 가다듬고 말했다.

"그래, 너희는 어떻게 해서 임신을 하게 되었느냐? 아이의 아버지가 대체 누구란 말이냐?"

첫째 딸이 대답했다.

"이 아이의 아버지는 폐하의 대신입니다."

"뭐라고? 대신이라고?"

왕은 곧 대신을 불러 뺨을 한 대 때리고 말했다.

"서둘러 이 아가씨를 교회로 데려가 두 사람이 결혼식을 올리도록 하라."

대신은 아가씨가 아름다울 뿐 아니라 그 아버지도 왕에 버금가는 부자였으므로 마다할 이유가 없었다. 대신과 첫째 딸은 그날 결혼식을 올리고 왕국을 떠났다.

그 다음으로 둘째 딸이 말했다.

"이 아이의 아버지는 폐하의 하인입니다."

왕은 하인을 불러 뺨을 한 대 때리고 말했다.

"어서 이 아가씨를 데리고 가 결혼하도록 하라."

이제 남은 건 셋째 딸이었다. 왕은 셋째 딸을 쳐다보지도 않고 물었다.

"그럼 네가 품고 있는 아이의 아버지는 누구더냐?"

"잊으셨습니까? 잘 보십시오."

왕은 그제서야 고개를 돌려 셋째 딸을 바라보았다.

"넌 누구냐?"

"저를 기억 못 하시겠습니까?"

화가 난 왕은 셋째 딸의 뺨을 때리고는 밖을 향해 소리쳤다.

"거기 아무도 없느냐. 이 여자를 끌고 가서 옥에 가둬라. 내가 뱃속에 있는 아이의 아비라니. 얼토당토않는 말을 하는 당돌한 계집이구나."

그렇게 해서 셋째 딸은 1년여 동안 감옥에 갇혀 있었다. 그 사이 손톱이 자라고 몸도 수척해져서 딸의 모습은 마치 고양이 몰골과 같았다. 왕은 셋째 딸에게 하루는 물을 주고 다음 날은 빵만 주라고 명령했다.

셋째 딸은 풀려날 기약이 없자 감옥을 탈출하기로 결심했다. 그녀는 어두컴컴해지면 감옥 바닥을 파기 시작했다. 그러기를 여러 날, 드디어 긴 터널이 만들어졌고, 셋째 딸은 밤마다 그곳을 통해 아버지를 만나러 갔다 해가 뜨기 전에 돌아왔다.

그러던 어느 날 왕이 나린베이라는 도시로 여행을 떠나게 되었다. 배를 타고 가는 곳마다 머무는 긴 여행이었다. 그 소식을 듣고 셋째 딸은 얼른 아버지에게 달려갔다.

"아버지, 어서 새 옷 한 벌 만들어 주세요."

셋째 딸은 왕이 알아보지 못하도록 머리 모양을 바꾸고 새 옷을 입었다. 그리고 주사위를 챙겨 왕이 머물 곳에 미리 가서 왕을 기다렸다.

셋째 딸은 왕이 도착하자마자 그에게 다가갔다.

"폐하, 이곳을 떠나시기 전에 저와 주사위 내기를 하시는 건 어떻습니까?"

"그래, 내가 이기면 어떻게 하겠느냐?"

"저를 가지십시오. 그리고 제가 이기면 폐하와 함께 여행하게 해 주십시오."

"그거 참 흥미롭겠구나."

왕은 주사위 내기에서 이겨 셋째 딸과 하룻밤을 보냈다. 그리고 셋째 딸이 임신한 것을 알고 기뻐하며 말했다.

"아이가 세례를 받을 때 이름을 나린베이라고 지어 주어라. 그리고 이 칼과 칼집을 받아 두었다가 아이가 크면 전해 주어라."

궁궐로 돌아온 왕은 감옥으로 찾아와 셋째 딸을 한껏 조롱했다.

"내가 이렇게 먹고 마시고 즐기는 동안 너는 이 차가운 감옥에서 썩고 있구나."

셋째 딸이 말했다.

"저는 폐하를 한 번 속였습니다. 앞으로 두 번 더 속일 것입니다."

셋째 딸은 열 달을 채운 뒤 아이를 낳아 아버지에게 맡기고 감옥으로 돌아갔다.

아이가 한 살 되는 날 왕은 트루베이로 여행을 떠났다. 셋째 딸은 아버지가 만들어 준 새 옷을 입고 머리 모양을 바꾼 뒤 다시 왕을 앞질러 가 주사위 내기를 청했다.

"폐하, 폐하께서 이기시면 저는 당신의 것이 될 것입니다."

그날도 왕이 이겼고, 두 사람은 하룻밤을 보냈다. 셋째 딸이 임신한 소식을 전하자 왕은 금으로 만든 허리띠를 주며 말했다.

"여자 아이를 낳으면 이 허리띠를 팔아 결혼 지참금으로 쓰고, 사내아이면 그것을 허리에 차고 다니게 하라."

여행에서 돌아온 왕은 또다시 셋째 딸을 찾아와 조롱했다.

"내가 이곳저곳을 여행하며 즐기는 동안 너는 어두컴컴한 감옥에서 썩고 있구나."

셋째 딸이 말했다.

"저는 폐하를 두 번 속였습니다. 앞으로 한 번 더 속일 것입니다."

셋째 딸은 사내아이를 낳았고, 이름을 트루베이라고 지었다. 첫째 아이가 세 살이 되고, 둘째 아이가 두 살이 되는 날 왕은 셀빈나사림이라는 도시로 여행을 떠났다.

셋째 딸은 아버지에게 마지막으로 옷 한 벌을 만들어 달라고 했다. 그리고 머리 모양을 바꾼 뒤 왕보다 먼저 셀빈나사림으로 가 주사위 내기를 청했다.

"폐하께서 이기시면 오늘 밤 저를 드리겠습니다."

내기에서 왕이 이겨 셋째 딸은 또다시 임신을 하게 되었다.

왕이 말했다.

"금으로 만든 이 나막신을 받아라. 여자 아이면 그걸 신으면 될 것이고, 사내아이면 그걸 팔아 쓰거라."

왕은 그 모든 여인이 한 사람이라는 것을 전혀 눈치 채지 못했다.

왕은 궁궐로 돌아오자마자 셋째 딸을 찾아갔다.

"내가 이렇게 인생을 즐기는 동안 너는 그곳에서 썩고 있구나."

그러자 셋째 딸이 말했다.

"저는 폐하를 세 번 속였습니다."

셀빈나사림에 머무는 동안, 왕은 왕족 출신의 여자를 알게 되었는데, 1년이 지난 뒤 그녀가 왕과 결혼하기 위해 가족들과 함께 왕국을 방문했다.

결혼식 날 셋째 딸이 왕에게 호소했다.

"저를 잠시 나가게 해주세요. 부엌에서 제가 할 수 있는 일이 있을 겁니다. 쌀은 씻을 수 있지 않겠습니까."

왕은 특별한 날인 만큼 너그러움을 베풀었다.

"오늘은 내 결혼식이 있는 날이니 이 여인을 풀어 주거라."

셋째 딸은 아버지를 찾아가 말했다.

"아버지, 아이들에게 옷을 입히세요. 나린베이에게는 칼을 주고, 트루베이에게는 금 허리띠를 채워 주세요. 그리고 셀빈나사림에게는 금으로 만든 나막신을 신겨서 궁궐로 데려오세요. 그리고 자기 이름을 큰 소리로 외치라고 하세요."

셋째 딸이 궁궐 부엌에서 쌀을 씻는 동안 아이들이 궁궐에 도착했다.

먼저 첫째가 소리쳤다.

"트루베이, 말 좀 보살피라고 셀빈나사림에게 말해."

결혼식에 참석한 사람들은 모두 아이들을 바라보며 말했다.

"참 희한한 이름을 가졌구나. 예쁘게 차려입은 저 아이들은 누구지?"

수많은 사람들이 아이들 주위에 몰려들어 호기심 어린 표정으로 바라보았다.

"네 이름이 무엇이냐?"

"나린베이입니다."

"그럼 네 이름은?"

"저는 트루베이입니다."

"그럼 너는?"

"셀빈나사림입니다."

"이 허리띠는 어디서 난 것이냐?"

"아버지께서 주신 겁니다."

"아버지라고? 네 아버지 이름이 무엇이냐?"

"모릅니다. 어머니만 알고 계십니다. 지금 부엌에서 쌀을 씻고 계세요."

그때 트루베이가 소리쳤다.

"나린베이, 셀빈나사림한테 말을 밟지 말라고 주의를 줘."

"알았어, 트루베이."

아이들이 큰 소리로 이름을 부를 때마다 사람들은 한마디씩 했다.

"정말 희한한 이름이야. 위대한 왕들이 방문하는 도시 이름이군."

사람들이 한곳에 모여 웅성거리는 것을 보고 왕은 무슨 일인지 궁금해 다가가 보았다. 왕이 아이에게 말했다.

"네 이름이 무엇이냐?"

"나린베이입니다."

"그럼 너는?"

"트루베이입니다."

"그럼 너는?"

"셀빈나사림입니다."

왕은 아이들이 몸에 지니고 있는 물건을 보고 깜짝 놀랐다.

"너희 어머니는 누구냐? 지금 어디 있느냐?"

아이들은 부엌에서 쌀을 씻고 있는 여자를 가리켰다. 여자의 얼굴을 자세히 살펴보고 왕은 그 자리에서 무릎을 꿇고 말았다.

"네 어미를 모욕할 뻔했구나. 이 아이들이 바로 내 아이들이구나. 내 아들이 나를 찾아오다니. 여봐라, 쌀을 씻고 있는 저 여인을 데려가 목욕을 시키고 신부 옷을 입혀 주어라. 내 자식을 버릴 수는 없는 일이다."

왕은 감격에 겨워 아이들을 껴안았다.

셋째 딸은 눈물을 끌썽이며 왕에게 말했다.

"이 모두가 당신을 사랑하기 때문에 한 일입니다."

그렇게 해서 왕과 셋째 딸은 결혼을 했고, 왕은 그녀에게 왕비의 왕관을 씌워 주었다.

집시들의 바이올린

집시들은 바이올린을 갖지 못하던 시절, 어느 마을에 아름답지만 정신이 온전하지 못한 소녀가 살았다. 그녀는 예쁘고 집안도 부유했지만 어떤 남자도 그녀에게 관심을 가지지 않았다.

소녀는 이웃집의 부지런하고 멋진 젊은이를 사랑했지만 그 남자는 그녀에게 조금도 관심을 보이지 않았다. 그녀에게 말을 걸지도 않았고, 춤을 추자고 손을 잡아끄는 일도 없었다.

그러던 어느 날 소녀가 숲을 산책하다가 젊은이를 생각하며 흐느끼는 목소리로 노래를 부르고 있을 때였다. 녹색 옷을 입고 타오르는 듯한 까만 눈동자를 가진 남자가 그녀 앞에 나타났다. 소녀는 그가 다가오는 것을 보지도 듣지도 못했다. 남자의 검은 머리 위로 작은 뿔 두 개가 솟아 있었고, 한쪽 발은 산양의 발톱과 같았다. 그는 다름 아니라 사람 모습을 한 악마였다.

악마가 소녀에게 다가와 말했다.

"울고 있구나. 이웃집 젊은이를 사랑하게 되었는데, 그 사람은 너를 사랑하지 않는구나. 나를 위해 작은 일을 하나 해준다면, 그

남자가 너를 자신의 목숨보다 더 사랑하게 만들어 너와 결혼하게
해주겠다."

소녀는 들뜬 목소리로 대답했다.

"그가 나를 사랑하게 된다면 어떤 일이라도 하겠어요."

"네 아버지와 어머니, 그리고 네 명의 형제를 나에게 바치거라.
그러면 네가 악기를 연주할 수 있게 해주마. 네가 연주하는 소리를
듣고 젊은이는 미친 듯이 너를 좋아하게 될 것이고, 네가 원하는 것
은 무엇이든 하려 들 것이다."

"그렇게 하겠어요. 그 남자와 결혼할 수만 있다면 당신에게 모든
것을 드리겠어요."

악마는 소녀의 아버지를 바이올린으로 만들고, 어머니는 활로<sup>하얀
머리카락으로 활 줄을 만들었다.</sup>, 네 명의 형제들로 4현을 만들었다. 그런 다음
소녀에게 바이올린 켜는 법을 가르쳐 주었다.

소녀가 바이올린을 켜면 달콤한 그 소리를 들으려고 날아가는 새
도 날갯짓을 멈추고, 나무는 가지를 칭칭 감으며 춤을 추었다. 소녀
가 연주하는 바이올린 소리를 들으면 가슴이 뭉클해지고 눈시울이
촉촉하게 젖었다. 그때까지 한 번도 들어 본 적 없는 소리였다.

이웃집 젊은이는 소녀의 바이올린 소리를 듣는 순간 모든 것을
잊고 그녀만을 생각했다.

그렇게 해서 젊은이는 소녀를 사랑하게 되었고, 두 사람은 결혼
해서 행복한 나날을 보냈다. 바이올린 선율이 온 집을 감쌌고, 슬픔
은 그들을 비켜 갔다.

그러던 어느 여름, 소녀와 젊은이가 숲 속을 거닐 때였다. 소녀는
마음을 녹이는 선율을 여러 곡 연주한 뒤 그만 바이올린을 놔둔 채
포도를 따러 갔다. 어둑해져서야 돌아와 보니 바이올린이 온데간데

없었다. 늙은 악마가 바이올린을 몰래 숨겨 놓은 것이다. 두 사람이 아무리 숲 속을 헤매 다녀 봐도 소용없었다.

악마가 네 마리 말이 끄는 마차를 타고 두 사람의 집을 찾아온 뒤로 사람들은 두 번 다시 그 부부를 보지 못했다.

바이올린은 이끼와 낙엽에 덮여 오랫동안 숲 속에 버려져 있었다.

어느 날 장작을 구하러 숲 속에 간 집시 아이들이 바이올린을 발견했다. 한 아이가 작대기로 줄 하나를 건드리자, 이제까지 들어 보지 못한 아름다운 소리가 흘러나왔다. 아이들은 깜짝 놀라 작대기를 내동댕이치고 달아났다. 그러나 아이들은 바이올린 소리를 잊을 수가 없어 다시 돌아와 이끼 더미와 마른 나뭇가지 밑에 숨겨진 바이올린과 활을 집어 들었다. 활을 켜자 신비한 소리가 흘러나왔다.

바이올린 소리가 울려 퍼지자 새들은 노래를 멈추고 바람도 잠잠해졌다. 슬픈 음악이 울려 퍼지면 사람들 모두 슬퍼했고, 즐거운 음악이 울려 퍼지면 모두 기뻐했다.

그 뒤부터 집시들은 바이올린을 만들어 배우기 시작했다. 그렇게 해서 오늘날 거의 모든 집시들이 바이올린을 켤 줄 알게 되었고 세상에서 가장 훌륭한 음악을 연주하게 되었다.

질투심 많은 남편

먼 옛날 아름다운 아내를 둔 부자 상인이 살고 있었다. 상인은 뭇 남자들이 아내를 탐할까 두려워 아내가 집 밖으로 나가는 것을 허락하지 않았다.

하루는 다른 상인과 배를 타고 도나우 강으로 여행을 떠났다가 그곳에서 하룻밤을 보내게 되었다.

이런저런 얘기를 하던 끝에 다른 상인이 물었다.

"당신 아내에게 딴 남자가 있지는 않소?"

상인은 단호하게 말했다.

"내 아내는 절대 그럴 리 없소."

"그럼 나와 내기합시다. 내가 당신 부인을 유혹할 수 있는지 없는지 말이오."

"좋소. 당신이 성공하면 내 재산을 모두 내놓겠소."

"그럼 내가 당신 부인을 유혹했다는 것을 어떻게 증명하면 되겠소?"

"그녀가 태어날 때 어떤 표시를 지니고 있었는지 말하고 그녀가 끼고 다니는 금반지를 가져오시오. 그러나 단언컨대 내 아내는 절대 당신한테 넘어갈 그런 여자가 아니오. 게다가 집 밖을 나오지 못하도록 하녀가 늘 감시하고 있거든."

"두고 보면 알 거 아니오."

상인은 질투심 많은 상인의 집으로 갔다. 그러나 부인에게 접근하기 힘들다는 것을 알고 마을의 한 노파를 찾아갔다.

"부인의 반지를 가져와야 하는데 어떻게 하면 좋겠소?"

"당신이 원하는 것을 내가 가져다 주면 뭘 주시겠소?"

"백 플로린을 주리다."

"밖을 볼 수 있도록 구멍을 뚫은 궤짝을 하나 구해 그 속에 들어가 안에서 자물쇠를 채우시오. 그러면 내가 부인 집 안으로 데려다 드리리다."

노파는 상인의 집 남 아래까지 궤짝을 끌고 가서 부인을 불러 말했다.

"부인, 다른 사람들이 훔쳐 갈까 봐 그러니 이 궤짝을 잠시 집 안에 들여놓아 주십시오."

"그렇게 하게. 저기 현관에 놔두면 되겠구려."

부인이 하녀를 부르려고 하자 노파가 나서서 말했다.

"부인, 제발 집 안에 들여놓게 해주십시오. 내일 아침에 찾으러 오겠습니다."

"알았네. 저기 구석에 놔두고 가게."

저녁이 되자 부인은 목욕을 하기 위해 옷을 벗고 반지를 빼내 탁자 위에 놓아두었다. 상인은 궤짝 구멍을 통해 부인의 오른쪽 유방 밑에 있는 점을 보았다.

목욕을 끝낸 부인은 반지를 탁자 위에 놔둔 채 촛불을 끄고 침대에 누웠다. 부인이 잠든 뒤 상인은 슬며시 나와 반지를 들고 다시 궤짝 속으로 들어갔다.

날이 밝자 노파가 궤짝을 가지고 집 밖으로 나왔고, 상인은 곧바로 부인의 남편을 찾아갔다.

"내 아내와 잠을 잤소?"

"물론이오."

"그녀가 태어날 때부터 가지고 있던 표시가 무엇인지 말해 보시오."

"오른쪽 유방 아래에 점이 하나 있소. 그리고 여기 반지도 가져왔소."

"내가 졌소. 내 배와 그 안에 실려 있는 것까지 모두 주겠소. 내가 가진 모든 것을 줄 테니 함께 집으로 갑시다."

상인은 아내에게 아무 말도 하지 않고 조그만 배에 태워 도나우 강으로 떠나보냈다.

"나한테 했던 일 때문이니, 도나우 강이 흘러가는 대로 가기를."

그는 모든 재산을 건네주고, 유대인 집에서 물 긷는 일을 하며 지냈다.

상인의 아내는 하루가 1년처럼 느껴질 만큼 천천히 도나우 강을 따라 흘러갔다. 그러다 한 노인이 그녀가 탄 배를 발견하고는 강에서 끌어내 자기 집으로 데려갔다. 부인은 3년 동안 노인과 함께 살았다. 물레질을 해서 번 돈을 모아 두었다가 옷 몇 벌을 사서 변장을 하고 남편이 살고 있는 도시로 향했다.

상인의 아내는 보리수 그늘 아래에서 잠시 쉬다가 깜박 잠이 들었다. 그때 부인은 왕이 보리수나무 구멍에 고인 물을 바르고 눈을 되찾는 꿈을 꾸었다.

잠에서 깨어 나무를 살펴보니 정말 구멍이 나 있는 게 아닌가. 부인은 병에 그 물을 담아 주머니에 넣고 다시 길을 떠났다. 도시에 도착한 부인은 주점에 들러 꼬냑 세 잔을 마시고 유대인 주인에게 말했다.

"이곳에 무슨 소식거리가 있습니까?"

"폐하가 장님이 되셨답니다. 눈을 되찾게 해주는 사람에게 왕위를 물려주겠다는군요."

"그래요? 그럼 내가 폐하의 눈을 고쳐 보겠습니다."

주점 주인이 왕에게 달려가 부인의 말을 전하자 왕은 자리에서 벌떡 일어나며 말했다.

"어서 그 여인을 데려오너라."

얼마 지나지 않아 병사들이 부인을 데려왔다.

왕은 일어나 부인을 맞아들이며 기대에 찬 목소리로 말했다.

"내 눈을 고칠 수 있다는 게 사실이냐? 그렇게 해주면 왕위를 너에게 물려주겠다."

부인은 병에 든 물을 조금 따라 황제의 눈에 발라 주었다. 잠시 후 조금씩 눈앞이 선명해지더니 왕은 시력을 되찾았다. 왕은 왕관을 벗어 부인에게 씌워 주고 그 자리에서 왕위를 물려주었다.

"이젠 네가 왕이다. 내가 원하는 것은 네 곁에 있는 것뿐이다."

그러고는 군대를 불러 북을 치도록 했다.

"여기 새로운 왕이 나타났다."

새로이 왕이 된 부인은 남편을 찾아 나섰다. 남편은 그 많은 재산을 잃고 유대인들을 위해 물 긷는 일을 하고 있었다. 변장을 한 부인은 남편을 모른 척하며 가까이 불러 말했다.

"가까이 오너라. 너는 옛날부터 가난했느냐?"

"아닙니다. 큰 배와 집을 가지고 있었지만 한 번의 내기로 전부 잃었습니다. 아내가 다른 남자와 정을 통해 가진 것을 모두 그 남자에게 주고 아내는 배에 태워 도나우 강으로 떠나보냈습니다."

부인은 내기에서 이긴 상인을 데려오라고 명령했다.

"너는 어떻게 해서 이자의 재산을 모두 가지게 되었느냐?"

"한 번의 내기 덕분입니다."

"어떤 내기였는지 말해 보라."

"그의 부인과 잠자리를 하는 것이었습니다."

"그래? 그럼 그의 부인과 하룻밤을 잤단 말이냐?"

"그렇습니다."

"그렇다면 그녀가 태어날 때부터 가지고 있던 표시를 말해 보거라."

"오른쪽 유방 아래에 점이 하나 있습니다."

"다시 보면 그것을 알아보겠느냐?"

"물론이지요."

그러자 부인은 옷을 벗어 가슴을 내보이며 소리쳤다.

"나하고 하룻밤을 보냈단 말이냐?"

상인은 고개를 들지 못하고 더듬거리며 말했다.

"아 아닙니다. 그런 일은 전혀 없었습니다."

부인은 벌떡 일어나 불호령을 내렸다.

"거짓말로 남의 재산을 가로채다니. 당장 이자를 끌어내 능지처참하라."

그러고는 남편을 돌아보며 말했다.

"그때 당신은 왜 나한테 물어보지 않았나요?"

남편은 그제서야 부인을 알아보았다.

"내가 잠시 질투에 사로잡혀 제정신이 아니었소."

부인은 병사들을 향해 말했다.

"지난 일을 반성하는 의미에서 이 사람에게 곤장 스무 대를 치거라."

그런 다음 부인은 옷을 벗어 남편에게 입혀 주었다.

"이제 당신이 왕이고 저는 왕비입니다."

바보와 마법의 나무

옛날 가난한 농부가 살고 있었다. 그에게는 아들이 셋 있었는데 둘은 똑똑했지만 나머지 하나는 머리가 조금 모자란 아이였다.

하루는 왕이 축제를 열어 부자든 가난한 사람이든 할 것 없이 온 백성들이 초대되었다. 영리한 두 형제는 동생을 남겨 두고 축제가 열리는 곳으로 갔다. 동생은 난로 옆에 웅크리고 앉아 있다가 어머니에게 축제에 보내 달라고 졸랐다.

"얘야, 형들이야 거기 가서 사람들과 이런저런 이야기를 하겠지만 넌 아무것도 모르잖니. 네가 무슨 이야기를 할 수 있단 말이냐?"

어머니가 말리는데도 아랑곳하지 않고 아들은 막무가내로 계속 졸라 댔다. 하지만 어머니는 끝내 허락하지 않았다. 아들은 마음속으로 생각했다.

'괜찮아! 어머니가 허락해 주지 않는다면 하느님이 도와주실 거야.'

어느 날은 왕이 탑을 세워 3층에 공주를 가뒀다. 그러고는 왕족과 귀족 중에 누구든 공주와 키스하는 사람을 그녀와 결혼시키겠다고 선언했다. 다른 나라 왕자와 귀족 자제들이 나섰지만 공주 가까이 다가가지도 못했다.

왕은 나라의 모든 사람들에게 기회를 주겠다고 공포했다. 이 소식을 들은 영리한 두 형제는 공주가 갇혀 있는 탑으로 갔다. 바보 동생은 물을 길어 오겠다며 슬쩍 집을 빠져나와 관목 숲으로 가서 몽둥이로 세 번 나무를 내려쳤다. 그러자 요정이 나타나 말했다.

"네가 원하는 걸 말해 보렴."

"은빛 말과 은으로 만든 옷, 그리고 많은 돈을 갖고 싶어."

바보 동생은 요정한테 세 가지를 얻어 공주가 갇혀 있는 탑으로 향했다. 한참을 달려가니 먼저 떠난 형들이 보였다.

바보가 형들에게 물었다.

"어딜 그리 급히 가시오?"

형들은 동생을 알아보지 못했다.

"탑에 공주를 가둬 놓고 그녀에게 키스하는 사람을 남편으로 맞아들인다기에 그곳으로 가는 중입니다."

그러자 바보는 말에서 내려 몽둥이로 형들을 때리고 3두카도씩 쥐어 주었다.

바보가 왕의 궁궐에 도착하자 왕족과 고관대작들은 은으로 만든 옷을 입고 은빛 준마를 탄 바보를 보고 입을 다물지 못했다. 바보는 공주와 키스할 수 있을 만큼 높이 뛰었다. 하지만 아무 말 없이 뒤돌아서 떠나 버렸다. 사람들은 저마다 한마디씩 하며 웅성거렸다.

"키스할 수 있었는데 왜 그냥 가는 거지?"

바보는 집으로 돌아와 관목 숲으로 가서 나무를 세 번 두드렸다. 요정이 다시 나타나 물었다.

"원하는 게 뭔지 말해 보렴."

●─집시 민담

바보는 말과 옷을 숨겨 달라고 말했다. 그리고 물통에 물을 채워 집으로 돌아왔다. 어머니가 어디 갔다 왔느냐고 묻자 바보는 밖에서 윗옷을 벗어 이를 잡고 있었다고 둘러댔다. 그러자 어머니는 별 말 없이 먹을 것을 가져다 아들에게 주었다.

형들이 돌아오자 어머니는 궁궐에 갔던 일이 어떻게 되었는지 물었다.

"궁궐로 가는 길에 은빛 준마를 탄 왕자를 만났어요. 은으로 만든 옷을 입고 있었는데 우리를 보더니 어디 가냐고 묻더라고요. 그래서 탑을 지어 그곳 3층에 공주를 가둬 두고 누구든 그녀와 키스하는 사람과 결혼시키겠다고 말한 왕이 사는 궁궐에 간다고 말했어요. 그랬더니 그 왕자가 말에서 훌쩍 뛰어내려 몽둥이로 우리를 두들기고는 3두카도씩 쥐어 주고 떠났어요."

가난한 어머니는 돈을 받았다는 말에 오히려 기뻐하며 아들들에게 그 돈을 받았다. 다음 날 두 형제가 집을 나간 뒤 어머니는 바보를 불렀다.

"어서 가서 물을 길어 오너라."

바보는 우물 옆에 물통을 놔두고 관목 숲으로 갔다. 나무를 세 번 때리자 요정이 나타났다.

"원하는 게 뭔지 말해 보렴."

"금빛 말과 금으로 만든 옷이 필요해."

요정은 금빛 말과 금으로 만든 옷과 함께 많은 돈을 주고 사라졌다. 바보가 궁궐로 가고 있을 때 또다시 형들을 만났다. 바보는 말에 탄 채로 몽둥이로 형들을 두들겨 패고는 10두카도씩 쥐어 주고 떠났다.

귀족들은 금으로 만든 옷을 입고 금빛 찬란한 말을 타고 나타난 바보를 감탄스러운 표정으로 바라보았다. 바보는 단번에 3층까지 뛰어올라 공주에게 키스했다. 사람들이 그를 잡으려고 했으나 그는 뒤돌아서서 바람처럼 사라졌다.

관목 숲으로 다시 돌아온 바보가 나무를 세 번 쳐서 요정을 불러냈다.

"원하는 게 뭔지 말해 보렴."

"내 말과 옷을 좀 숨겨 주렴."

바보는 남루한 옷으로 갈아입고 집으로 돌아왔다. 어머니가 물었다.

"어디 갔다 온 게냐?"

"햇볕을 쬐고 앉아 옷에 있는 벼룩을 잡았어요."

어머니는 별다른 대꾸를 하지 않고 먹을 것을 가져다 아들에게 주었다. 바보는 말없이 난롯가에 쭈그리고 앉아 음식을 먹었다.

형들이 돌아오자 어머니는 아들들의 얼굴을 보고 깜짝 놀랐다.

"누가 너희를 이렇게 만들었느냐? 얼굴에 피멍이 들다니."

"왕자를 또 만났어요. 이번에는 10두카도씩 주더라고요."

돈을 주었다는 말을 듣고도 어머니는 화를 누그러뜨리지 않았다.

"더 이상 너희를 보내서는 안 되겠구나."

그러자 형들이 말했다.

"어머니, 그 왕자가 공주에게 입을 맞추고 도망쳐 버려 병사들이 잡으러 다닌대요. 우리가 그 왕자를 잡을 거예요."

그러자 구석에 쪼그리고 있던 바보가 말했다.

"빠져나갈 속임수를 잘 알고 있을 텐데 어떻게 잡으려고?"

"너는 바보라서 잘 모를 거야. 하지만 우리는 틀림없이 잡을 거야."

형들은 의기양양하게 말했다.

사흘 뒤, 바보 동생을 남겨 두고 영리한 형들은 집을 나섰다. 어머니는 바보 아들에게 말했다.

"산에 가서 나무를 해 오너라."

바보는 관목 숲으로 가 나무를 세 번 쳐서 요정을 불러냈다.

"이번에는 다이아몬드로 만들어진 말과 옷을 주렴."

바보는 궁궐로 가는 길에 형들을 만났지만 그들을 때리지 않고 20두카도씩 건네주었다.

그가 궁궐에 도착하자 병사들이 그를 잡으려고 달려들었다. 바보는 3층까지 뛰어올라 자신에게 금반지를 건네주는 공주에게 두 번째 입맞춤을 했다. 모두 그를 붙잡으려고 했지만 소용없었다. 바보는 유유히 떠나면서 말했다.

"세상 어떤 기지로도 나를 잡을 수 없을 것이다."

바보는 바람처럼 관목 숲으로 날아가 나무를 세 번 두드렸다. 요정이 나타나자 말과 옷을 맡기고 나무를 조금 해서 집으로 돌아왔다. 어머니는 만족스러운 표정으로 말했다.

"우리 아들 착하지. 늘 그래야 한단다."

그러고는 먹을 것을 가져다 주었다.

바보가 다시 난롯가에 웅크리고 앉아 있을 때 형들이 돌아왔다.

어머니가 궁금해하며 이야기를 재촉하자 형들이 말했다.

"왕자를 잡을 수 있는 사람은 아무도 없을 것 같아요."

"너희한테 몽둥이질은 하지 않더냐?"

"오늘 그냥 20두카도씩 주고 가 버리던데요."

어머니는 걱정스러운 얼굴로 아들들을 쳐다보며 말했다.

"내일부터는 그곳에 가지 말거라."

아들들이 대답했다.

"이제 더 이상 가지 않겠어요."

왕은 공주의 남편 될 사람을 찾기 위해 널리 알렸다.

"모든 왕자들은 입궐하거라. 공주의 남편 될 사람이 누구인지 밝혀내야 하니 한 명도 빠짐없이 입궐하라."

축제는 나흘째 계속되었지만 공주의 남편 될 사람은 나타나지 않았다. 왕은 또다시 잔치를 열어 거지와 비천한 농부, 장님과 불구자까지 모두 초대했다.

잔치는 이레 동안 계속되었다. 그러나 공주의 신랑감은 모습을 드러내지 않았다.

왕은 마지막으로 집집마다 찾아다니며 공주의 반지를 손가락에 끼고 있는 남자가 있는지 확인하라고 명령했다.

"장님이든 불구자든 누구는 공주의 반지를 끼고 있는 자를 데려오너라."

병사들이 한 집 한 집 빠짐없이 들러 젊은이들의 손가락을 확인했다. 이레째 되는 날 마침내 병사들이 바보의 집을 방문했다. 병사들을 보자마자 바보는 난로 위에 올라갔다. 병사들은 바보에게 물었다.

"거기서 무얼 하고 있는 거냐?"

"내가 뭘 하는지 말해야 하나요?"

그러자 어머니가 말했다.

"나리, 저 아이는 머리가 조금 모자란 아이입니다. 개의치 마세요."

"바보든 장님이든 모든 남자들을 일일이 확인해야 합니다. 폐하께서 그리 명하셨습니다."

병사들은 바보를 가까이 불러 손을 확인했다. 바보의 손에는 공주의 반지가 끼워져 있었다.

"우리가 그렇게 찾아다니던 바로 그 사람이군."

병사들은 바보를 데리고 궁궐로 갔다. 바보는 남루한 옷과 닳고 구겨진 망토를 걸치고 왕 앞에 섰다.

"폐하, 여기 폐하께서 찾으시던 사람을 데려왔습니다."

"이자가 진정 그 사람이란 말이냐?"

왕이 믿을 수 없다는 표정으로 바라보자 병사가 바보의 손을 가리켰다. 왕은 그제서야 고개를 끄덕였다.

왕이 새로 지어 준 옷을 입자 바보는 어느새 우아한 사내가 되었다. 사람들의 축복 속에서 결혼식이 치러졌고 모두 행복하게 살았다.

그러던 어느 날 이웃의 왕이 공주가 자신의 아들과의 결혼을 거절했다는 이유로 전쟁을 선포했다.

왕에게는 아들이 둘 있었다. 왕자들이 먼저 전장으로 떠난 뒤 바보는 그들 뒤를 따라갔다. 바보는 왕자들이 지나가는 길목에 먼저 가서 아무 걱정 없는 사람처럼 개구리를 잡으며 앉아 있었다. 그를 보고 첫째 왕자가 말했다.

"아니, 두 나라가 전쟁 중인데 한가롭게 개구리를 잡으며 앉아 있다니요."

왕자들은 이상하다는 듯 바보를 쳐다보고 가던 길을 갔다. 그들이 떠난 뒤 바보는 관목 숲으로 가 나무를 세 번 두드렸다. 요정이 나타나 말했다.

"원하는 것을 말해 보렴."

"훌륭한 말과 멋진 갑옷을 구해 주고, 부대를 전멸할 수 있는 검을 구해다오."

바보는 요정이 가져다 준 갑옷을 입고 허리에 칼을 찼다. 그리고 쏜살같이 말을 달려 왕자들을 따라잡았다. 변장한 바보는 자신을 알아보지 못하는 왕자들에게 말했다.

"어디 가는 중이오?"

"전쟁터에 가는 중입니다."

"잘됐소. 나도 그곳으로 가던 중이니 함께 갑시다."

전쟁터에 도착하자 바보는 검을 휘둘러 적들을 모두 물리쳤다. 어느 한 사람도 그의 검을 피해 달아날 수 없었다.

바보는 전쟁에서 승리를 거둔 뒤 집으로 돌아와 몰래 말, 칼, 옷을 숨겼다.

한편 두 왕자는 뒤늦게 궁궐에 도착했다. 왕은 승리를 거두고 돌아온 왕자들을 기쁜 마음으로 맞이했다.

"전쟁은 어떻게 치렀느냐?"

"어떤 왕자가 나타나 적군을 모두 물리쳤습니다. 단 한 명도 도망치지 못하게 말입니다. 그런데 매형은 보이지 않더군요."

"전쟁터로 떠났는데 그곳에 없었다니 어떻게 된 일이냐?"

"전쟁터 가는 길에 만났는데 길가에서 개구리를 잡으며 놀고 있었습니다."

사위의 행동을 전해 듣고 화가 난 왕이 딸에게 말했다.

"한시가 급한 때에 한가롭게 개구리나 잡고 있는 사람과 결혼하다니. 한심한 일이로구나."

그러자 공주는 우물쭈물하며 말했다.

"그건 제 잘못이 아니에요. 하느님께서 그것을 원하셨고, 저는 단지 따랐을 뿐이에요."

다음 날 왕자들은 전쟁터에 가지 않았다. 대신 왕이 사위를 데리고 직접 나섰다. 바보는 말을 타고 먼저 떠났고, 왕은 한참 뒤에 전투가 벌어지는 곳에 도착했다.

왕이 도착했을 때는 이미 적군이 전멸한 뒤였다. 전쟁을 선포하고 다른 나라를 침략한 왕은 다시는 전쟁을 일으키지 않겠다고 약속했다.

전투를 치르는 동안 바보는 엄지발가락에 상처를 입었다. 왕은 자신의 이름이 수놓인 손수건으로 상처 부위를 감아 주었다.

왕보다 먼저 궁궐에 도착한 바보는 쉬기 위해 군화를 벗고 침대에 누웠다. 왕이 도착하자 왕자들이 물었다.

"아버지, 매형도 전쟁터에서 싸웠나요?"

"아니, 못 봤단다. 그런데 어떤 왕자가 나타나 적군을 전멸시키더구나. 그런 다음 더 이상 전쟁을 하지 않기로 약속했단다."

그 말을 듣고 있던 공주는 의아한 듯 말했다.

"그런데 지금 남편이 발에 아버지의 손수건을 감고 있어요."

왕은 바보가 누워 있는 침실로 가 보았다. 공주의 말대로 정말 엄지발가락에 자신의 손수건을 감고 있었다. 왕은 그제서야 깨달았다.

"바보인 줄만 알았던 이 사람이 흔적도 안 남기고 일을 해치웠구나."

왕과 공주는 무척 기뻐하며 다시 한 번 결혼식을 열었다. 그리고 모든 사람들은 하느님의 은총으로 행복하게 살았다.

금을 쏟아 내는 소녀

옛날 양친이 죽은 뒤 힘겹게 살아가는 남매가 있었다. 가진 것이라고는 하나도 없었던 남매는 매일 빵 조각을 구걸하러 이 마을 저 마을을 떠돌아다녀야 했다. 하루는 소년이 말했다.

"누나, 목이 말라 죽을 거 같아! 저기 조그만 웅덩이가 있네. 저 물이라도 좀 마셔야겠어."

소녀는 걱정스러운 눈빛으로 말했다.

"조금만 참아 봐. 아무래도 저 물을 마시면 나쁜 일이 일어날 것 같아."

하지만 소년은 너무 목이 마른 나머지 누나의 말을 무시하고 웅덩이 물을 마셨다. 그러자 소년은 사향노루로 변했다.

소녀는 눈을 동그랗게 뜨고 소리쳤다.

"대체 무슨 일이 일어난 거지? 웅덩이 물을 마시자마자 사향노루로 변하다니. 어떻게 된 일이지?"

집으로 돌아가는 동안 소녀에게도 이상한 일이 일어났다. 소녀가 웃을 때면 입에서 금화가 나오고, 울 때면 눈에서 다이아몬드가 떨어지는 것이었다.

시간이 지나 원래의 모습을 되찾은 소년은 누나를 집에 혼자 두고 왕의 마부가 되기 위해 궁궐로 들어갔다.

그런데 그곳에서도 이상한 일이 일어났다. 소년이 있을 때는 마구간에 촛불 하나 켜지 않았는데도 100개의 등불이 켜진 것처럼 빛이 났다. 그 광경을 보고 사람들은 놀라 입을 다물지 못했다. 왕은 소년에 대해 이야기를 듣고 그를 불렀다.

"그 빛이 어디서 나오는 것이냐? 지금 당장 말하지 않으면 머리를 베어 버리겠다."

소년이 대답했다.

"폐하, 그 빛은 제 누나의 머리카락에서 나옵니다."

"그래? 그럼 그 누나는 어디 있느냐?"

소년은 숲 속 조그만 초가에 있다고 말했다.

"누나가 웃으면 입에서 금화가 나오고, 울면 눈에서 다이아몬드가 나옵니다. 머리를 빗으면 금 머리카락이 떨어집니다."

왕은 당장 소년의 누나를 데려오라고 명령했다.

그러는 사이 마녀와 그 딸이 숲 속을 지나가다가 금 머리카락을 가진 소녀를 보고 달구지를 끌게 하여 데려갔다. 가던 길에 달구지가 나무에 부딪치자 마녀는 소녀의 눈을 뽑아 버렸다. 잠시 뒤 또다시 달구지가 부딪치자 마녀는 남은 눈마저 뽑아 버렸다. 세 번째로 부딪치자 마녀와 딸은 소녀를 웅덩이에 던져 버렸다.

마녀와 딸이 궁궐에 들어가자 왕을 비롯해 모든 사람들이 마녀의 딸을 소년의 누나라고 생각했다. 그런데 왕이 그녀에게 웃어 보라고 하자 그녀의 입에서 개구리가 나왔다. 이번에는 울어 보라고 하자 눈에서 도마뱀이 나왔다. 마지막으로 미리카락을 빗으니 머리에서 개구리와 뱀이 떨어졌다. 화가 난 왕은 소년을 감옥에 가두라고 불호령을 내렸다.

한편 마을의 노파가 숲 속에서 장작을 줍고 있는데, 나무 사이에서 여자의 목소리가 들려왔다.

"아아, 지금 나한테 무슨 짓을 하는 거예요? 나를 죽이려 들다니! 동생은 어디 있는 거죠?"

노파는 목소리가 나는 곳으로 다가가 말했다.

"아니, 얘야! 너는 누구냐? 왜 여기서 울고 있는 거냐?"

소녀를 불쌍하게 여긴 노파는 자신의 집으로 데려갔다. 소녀를 목욕시키고 머리를 빗어 주자 금 머리카락이 떨어졌다. 노파의 세 아들이 그녀를 웃게 하자 입에서 금화가 떨어졌다. 노파는 소녀에게 그동안 있었던 일을 말해 보라고 했다. 소녀는 모든 일을 이야기해 주었다.

노파가 소녀에게 밤, 배, 사과 등을 가져다 주자, 그녀는 그것들을 금으로 덮어 씌웠다. 노파는 그것들을 가지고 시장에 나갔다. 하루는 한 소녀가 노파에게 얼마냐고 물었다. 노파는 돈을 받고 파는 것이 아니라 눈과 바꾸려고 한다고 말했다. 그러자 소녀는 눈을 동그랗게 뜨고 말했다.

"어머니가 우리 집 천장에 매달아 둔 눈이 있는데 그걸 가져올게요."

잠시 뒤 소녀는 눈을 가져와 금으로 덮인 배와 바꿨다.

노파는 눈을 씻어 소녀의 얼굴에 집어넣어 주었다. 소녀는 눈물을 흘리며 말했다.

"오! 고맙습니다. 이제 다시 세상을 볼 수 있게 되었어요. 제 눈을 찾아 주시다니 정말 고맙습니다. 그런데 제 동생은 어디 있나요?"

 노파는 도시를 찾아 헤매다 감옥에서 소년을 발견해 집으로 데려왔다.

 그런데 그때 마녀가 나타나 커다란 칼로 소녀의 목을 베려 했다. 소년은 누나를 가로막으며 소리쳤다.

 "내 누나의 눈을 뽑아 버리고 웅덩이에 던져 버리더니 이젠 아예 죽이려 하는구나."

 소년은 누나를 왕에게 데려갔다. 왕은 소녀의 아름다운 모습에 넋을 잃을 지경이었다. 소녀를 웃게 하자 입에서 금화가 쏟아졌고 머리카락을 빗어 주자 사방에 금 머리카락이 떨어졌다. 소녀가 노파를 생각하며 흐느끼니 눈에서 다이아몬드가 떨어져 내렸다.

 "폐하, 저를 구해 주고 제 눈을 찾아준 할머니는 지금 어디 계실까요?"

 소녀는 애원하듯 왕을 쳐다보며 말했다.

 왕은 곧 병사를 풀었다. 병사들이 노파를 데려오자 왕은 성대한 잔치를 벌였다. 그리고 마녀를 능지처참한 뒤 불에 태워 재를 바람에 날려 버렸다.

집시와 동굴

아주 오랜 옛날 집시들이 마차를 타고 이 마을 저 마을을 떠돌아 다닐 때의 일이다. 그때 집시들은 집집마다 다니며 구걸을 하거나 점을 쳐 주고 그 대가로 먹을 것을 조금 얻어 근근이 살아가고 있었다.

집시들이 어느 도시에 이르렀을 때 사람들만 보면 싸우려고 달려드는 여자의 이웃에 사는 부인이 집시 노인에게 점을 봐 달라고 했다.

"앞으로 어떤 일이 일어날지 말해 주면 원하는 것을 주겠소."

그때 이웃집 여자가 부인에게 욕하는 몸짓을 하며 지나갔다. 그것을 보고 집시 노인이 말했다.

"당신은 아주 나쁜 이웃과 살고 있군요. 이 집에서는 잘되는 일이 없을 것입니다."

"어떻게 알았소? 정확히 맞추는구려! 그래, 당신이 원하는 게 무엇이오. 내 심장까지 주고 싶은 심정이오."

부인은 집시 노인에게 빵과 치즈, 그리고 돈을 조금 쥐어 주었다.

부인은 내일 다시 와 달라고 부탁하고 돌려보냈다.
 그날 저녁 도시 부근에는 천막을 칠 수 없었기에 집시들은 멀리 떨어진 곳에 천막을 치고 잠자리에 들었다. 다음 날 집시 노인이 도시를 향해 걸어가고 있는데, 갑자기 비가 양동이로 퍼붓듯 쏟아졌다. 3월이었는데도 마치 여름 소나기처럼 세차게 내렸다. 집시 노인은 비를 잠시 피하려고 동굴을 찾아 들어갔다. 그런데 그 안에는 잘 차려입고 좋은 신발을 신은 젊은이 열두 명이 모닥불 주위에 둘러앉아 있었다.
 집시 노인을 보고 젊은이들이 한목소리로 말했다.
 "어서 오세요, 할머니. 어디로 가시는 길이세요?"
 "도시로 가는 길에 소나기를 만났지 뭐요. 마침 동굴이 보이길래 들어왔소."
 "이렇게 춥고 눈이 오는 지긋지긋한 3월에 왜 이렇게 많은 비가 내리는지 아세요?"
 "그런 말 말게, 젊은이들. 3월은 아주 좋은 달이라네."
 "그게 무슨 말이죠?"
 "3월은 4월과 봄의 시작을 알리는 달이라네. 3월이 없다면 절대 봄이 찾아오지 않을 거야. 또 2월이 없으면 3월도 없지. 그러니 1년 열두 달 모두 좋은 의미를 가지고 있지."
 "그런데 도시에는 무슨 일로 가시는 거예요?"
 "먹을 것을 구해서 자식들 갖다 주려고 하오."
 그러자 젊은이들이 말했다.
 "할머니, 자루를 가져오세요."
 젊은이들은 자루에 무언가를 가득 채운 다음 입구를 꿰매 주었다.
 "이 자루를 가져가세요. 하지만 집에 도착할 때까지 절내 열어

봐서는 안 돼요."

집시 노인은 천막으로 돌아와 자식들에게 말했다.

"오늘은 구걸하러 못 갔단다. 동굴에서 젊은이 열두 명을 만났는데 자루에 뭔가를 채워 주더구나. 뭐가 들었는지 모르겠어. 한번 열어 볼까?"

자루를 열어 보니 금화가 가득 들어 있었다. 열두 명의 젊은이는 각각 열두 달이었다. 집시 노인이 열두 달 중 어느 달도 비난하지 않았기 때문에 보물을 준 것이다.

다음 날 집시 노인은 부인을 만나러 서둘러 도시로 갔다. 이미 많은 금화를 가지게 되었지만 집시 노인은 구걸을 계속하기로 했다.

부인의 집으로 들어가려 하자 이웃집 여자가 나타나 집시 노인을 붙잡았다.

"이웃집 여자가 준 섯보다 더 많이 줄 테니 원하는 것을 말해 보시오."

"하느님이 많은 것을 주셨기 때문에 더 이상 아무것도 원치 않습니다."

"하느님이 무얼 주셨단 말이오?"

집시 노인은 비를 피해 동굴에 들어갔던 얘기를 들려주었다.

"그 동굴이 어디 있단 말이오?"

이웃집 여자는 집시 노인이 가르쳐 준 동굴을 찾아가 추운 척하며 들어갔다.

젊은이들이 말했다.

"지금이 몇 월인데 그렇게 춥단 말입니까?"

"1년 중 가장 잔인하고 견디기 힘든 3월이지."

"그럼 2월은 어떤데요?"

"멍청하기 그지없는 달이지."

여자는 열두 달에 대해 단 한마디도 좋은 말을 하지 않았다.

젊은이들은 여자에게 자루를 달라고 해서 무언가를 가득 채운 다음 입구를 꿰매 주었다. 그러고는 집에 도착할 때까지 절대 열어 보지 말라고 당부했다.

여자는 자루 속에 금이 가득 들어 있을 거라고 생각하고 들뜬 걸음으로 걸어갔다. 그러나 집으로 돌아와 자루를 열자 뱀들이 수없이 쏟아져 나와 그녀를 삼켜 버렸다.

그것을 보고 이웃의 부인이 말했다.

"집시 노인은 모든 것을 알고 있었어. 정말 나쁜 여자였다는 걸 말이야. 그래서 집시 노인이 마법을 쓴 거야."

그 뒤부터 사람들은 집시들이 모든 것을 알고 있다고 생각했다.

마흔 명의 경망한 집시

오랜 옛날, 그러니까 700년이나 900년 전쯤 우리들의 고조 할아버지의 고조 할아버지가 살던 시절의 이야기다. 어느 도시의 시장이 교회 종무에 쓸 나무를 베는 일에 집시 마흔 명을 보내기로 했다. 시장이 집시 중 한 명에게 말했다.

"먼 숲으로 나가 나무를 베어 오너라. 지금부터 네가 대장이니 네가 나머지 서른아홉 명을 돌봐야 한다."

시장은 집시들에게 필요한 돈과 도끼, 작업복을 주었다.

마흔 명의 집시들은 왕이 준 돈을 각자 40그로스치아^{지금은 그라크마라고 부른다.}씩 나눠 가졌다. 그리고 각자 굵은 밧줄과 도끼를 들고 빵과 치즈와 기름을 자루에 넣어 하나씩 둘러맸다.

숲에 도착한 집시들은 우선 알맞은 나무를 찾았다. 그러나 날이 어두워질 때까지 찾지 못했다. 그때 마침 목동이 양떼 700마리를 몰고 지나가는 것을 보고 집시들이 그를 불러 세웠다.

사람들이 몰려 있는 것을 이상하게 여긴 목동이 다가와 말했다.

"예서 뭐하는 것이오?"

●──집시 민담   113

"요리해서 먹을 양을 몇 마리 샀으면 하오."

"그래요? 마다할 이유가 없소. 양들이 계곡을 건너야 하는데, 물에 빠지는 놈이 있으면, 그놈을 잡으시오."

양들이 하나둘 계곡을 뛰어 건너는데 다섯 마리가 비틀거리더니 물에 빠졌다. 집시들은 양 다섯 마리 값이 얼마냐고 물었다. 목동은 40그로스치아를 달라고 했다. 집시 중에 읽거나 셈을 할 줄 아는 사람이 없다고 생각했다.

"40그로스치아요? 좋소, 당신한테 각자 40그로스치아씩 줄 테니 양을 모두 파시오."

그렇게 해서 집시들은 양을 모두 사들이고 물에 빠진 다섯 마리를 요리해 먹었다. 저녁이 되어 잠자리에 들려고 하는데 곤란한 일이 생겼다. 그들 중 두 명은 양 끝에서 자야 하는데, 모두 그 자리를 마다했다. 양 끝에 잘 사람을 정하지 못한 채 서너 시간이 흘렀다. 집시들은 결국 가까운 곳에서 자고 있는 목동을 불렀다.

"무슨 일이오?"

"아무도 양쪽 끝자리에서 자려고 하지 않소. 당신이 이 문제를 해결해 주면 대가를 지불하겠소."

목동은 곰곰이 생각하더니 말했다.

"좋소, 같이 갑시다."

목동은 집시들을 큰 나무로 데려가 그 둘레에 두꺼운 밧줄로 한 명씩 묶었다. 그러자 마흔 명 모두 처음이나 맨 끝에서 자지 않아도 되었다. 그러나 나무 한쪽 면이 젖어 있는 데다 이불이나 깔개가 없어서 그쪽에서 잔 사람들은 몸이 축축했다. 집시들은 피로가 덜 풀린 채 잠에서 깨었다. 그들은 다시 목동을 불렀다.

"우리를 풀어 주시오."

"좋소. 그런데 이제 당신들에게는 돈이 없으니, 대신 밧줄과 도끼를 가져가겠소."

집시들은 가진 것을 모두 목동에게 주고 빈손으로 나무를 찾아 떠났다. 한참을 가니 교회 종루에 쓸 재목으로 안성맞춤인 나무가 하나 있었다. 그런데 그 나무는 벼랑 끝에 심어져 있었다.

도끼가 없었던 집시들은 몸무게로 눌러 나무를 부러뜨리기로 했다. 대장이 나무 위에 올라가고 나머지 사람들이 연이어 앞 사람의 다리를 붙잡았다. 그런데 앞에 있던 집시가 말했다.

"잠시만 꽉 잡아 봐. 손에 침을 좀 뱉어야겠어."

집시가 손을 떼는 순간 서른여덟 명이 그만 벼랑으로 떨어져 버렸다.

살아남은 집시 두 명은 그곳을 떠나 하염없이 걷고 또 걸었다. 허기가 시고 다리는 점점 지쳐 갔다. 그때 새 한 마리가 나무 위에 앉아 있는 것이 보였다. 대장은 다른 집시에게 새를 요리하려면 횃불이 필요하니 마을에 내려가 구해 오라고 일렀다.

대장 집시는 신발을 벗고 나무에 기어올라 갔다. 그러나 새를 향해 손을 뻗을 때마다 번번이 날아가고 말았다."

대장 집시는 화를 내며 소리쳤다.

"네가 그렇게 날아갔단 말이지? 나라고 못 할 줄 알아?"

그러고는 날아가는 시늉을 하며 나무에서 펄쩍 뛰어내렸다가 그만 바닥에 머리를 부딪쳐 죽고 말았다.

횃불을 가지고 온 집시는 땅바닥에 뻗어 있는 대장을 보고 새를 날것으로 먹어 버렸다고 생각했다.

"네가 새를 날로 먹어 버렸으니, 나는 횃불도 먹을 수 있을 것이다."

마지막으로 남은 집시는 계속 길을 가다가 다리가 나타나자 잠시 쉬어 가기로 했다. 그는 다리 아래로 흐르는 유리처럼 맑고 깊은 강물을 보며 말했다.

"내 평생 한 번도 내 치부를 본 적이 없어."

집시는 자신의 치부를 더 자세히 보기 위해 다리 난간으로 조금씩 다가가다 결국 강에 떨어져 죽고 말았다.

에라시모

옛날 에라시모라는 이름을 가진 집시 대장이 있었다. 에라시모는 할아버지에게 물려받은 돈과 재산으로 풍족한 생활을 하고 있었다.

하루는 에라시모가 어떤 집시에게 물었다.

"세상 모든 사람들이 들어갈 수 있는 커다란 도박장이 어디 있을까?"

집시는 부자들이 자주 가는 도박장을 에라시모에게 가르쳐 주었다.

도박장에는 적어도 1만 기니 이상 들고 가야 했다. 그것은 그 도박장의 규정이었다. 에라시모는 도박장에 들어가서 10만 기니를 꺼냈다. 사람들은 모두 놀라 입을 크게 벌리며 말했다.

"에라시모 씨, 당신이 제일 먼저 들어가십시오."

에라시모는 의기양양하게 도박장으로 들어갔다. 첫날 에라시모는 돈을 잃었다. 그리고 다음 주, 또 그 다음 주에도 계속 돈을 잃어 마침내 모든 재산을 카드놀이로 탕진하고 말았다.

거리에 나앉게 된 에라시모는 도시에서 멀리 떨어진 사막에서 살기로 마음먹었다.

　에라시모는 그곳에서 농사일을 시작했다. 먹을 것을 얻기 위해 밀과 옥수수를 조금 심었다. 계절이 바뀌자 콩과 토마토도 심었다. 그럭저럭 농사가 되자 예쁜 정원도 가꾸었고 밀짚과 나무로 예쁜 초가집도 지었다.

　그러던 어느 날 예수가 열두제자를 거느리고 에라시모의 집을 지나가게 되었다. 예수가 에라시모의 집 앞에서 주인을 불렀다. 에라시모는 낯선 사람들을 맞이하며 물었다.

　"무슨 일이십니까?"

　"지나가는 여행객입니다. 저녁이 되어 딱히 잘 곳이 없어 그러니 하룻밤 신세를 져도 되겠습니까?"

　"물론이지요. 누추하지만 들어오십시오."

　에라시모는 예수 일행에게 가장 좋은 먹을거리를 내오고 따뜻하게 잘 수 있도록 불을 피워 주었다. 예수와 열두제자는 친절한 에라시모를 칭찬했다.

　다음 날 아침 예수는 떠날 채비를 하고 에라시모에게 물었다.

　"어쩌다 아무도 없는 사막 한가운데서 혼자 살게 되었습니까?"

　"이제까지 당신 같은 사람을 기다리고 있었습니다. 왜냐하면 죽기 전에 내 이야기를 들려줄 사람이 필요했거든요."

　"당신 이야기를 들려주세요."

　에라시모는 천천히 말을 꺼냈다.

　"나는 집시 종족에서 태어났습니다. 집과 동생들과 누나, 그리고 사촌들도 있지요. 할아버지와 할머니가 돌아가시고, 그로부터 얼마 뒤 아버지와 어머니마저 돌아가셨습니다. 부모님의 모든 유산을 내가 물려받았지요. 그러나 그게 나를 이렇게 만들었습니다. 나는 돈을 벌지 않아도 충분히 먹고살았기 때문에 그 가치를 알지 못했습니다. 결국 그 많은 재산을 카드놀이로 탕진하고 말았지요. 돈도 잃고 가족도 떠난 뒤 혼자 이곳에 오게 되었습니다. 하지만 나는 지금 행복합니다. 좋아하는 음악도 있고 필요한 것을 모두 가졌으니까요."

예수가 말했다.

"당신이 하느님께 바라는 게 무엇입니까? 말씀해 보세요."

"이제는 내가 원하는 걸 얻을 수 없을 겁니다."

"가끔 희망이 이뤄지기도 하지요. 하느님이 당신 말을 듣고 계실지도 모르지 않습니까?"

에라시모는 조금 뜸을 들인 후 말했다.

"고향으로 돌아가 친구들과 친척들을 만나고 싶습니다. 살아가려면 많지는 않아도 돈이 조금 있어야겠지요. 그리고 마지막으로 항상 카드놀이에서 이기는 것입니다."

에라시모는 앞에 앉아 있는 사람이 예수라는 것을 전혀 눈치 채지 못했다.

그러자 예수가 말했다.

"에라시모, 네가 원하는 것을 갖게 될 것이다. 오늘 밤 길을 떠나 살던 곳으로 돌아가거라. 그리고 너는 항상 카드놀이에서 이길 것이다. 주머니 속을 들여다보거라."

말을 끝내자마자 예수와 열두제자는 하늘로 사라졌다.

에라시모는 깜짝 놀라 멍하니 하늘을 바라보았다. 이내 정신을 차린 에라시모는 주머니에 손을 넣어 보았다. 돈이 들어 있었다. 에라시모는 그제서야 전지전능한 힘이 있었다는 것을 알게 되었다.

에라시모는 10여 년 만에 고향으로 돌아왔다. 친구들은 새 모자와 새 옷을 차려입은 에라시모를 어리둥절한 표정으로 맞이했다. 에라시모는 친구들에게 이런저런 소식을 물었다.

"내가 자주 가던 도박장이 아직도 있니?"

"물론이지. 네 돈을 땄던 사람들이 아직도 그곳에서 카드놀이를 하고 있지."

"그렇구나."

에라시모는 알 수 없는 표정을 지었다.

"오늘 내가 한잔 살 테니 함께 가자."

그러자 친구들이 말했다.

"네가 무슨 돈이 있다고. 우리가 사야지."

"아니야, 하느님이 나에게 많은 것을 주셨어. 내 주머니는 절대로 비지 않아. 항상 돈이 들어 있지."

예수가 생선 세 마리로 5천 명이 먹을 양식을 만든 것처럼 에라시모가 주머니에서 돈을 꺼낼 때마다 열 장이 더 생겼다.

친구들과 술을 마신 뒤 에라시모는 도박장으로 갔다. 그가 안으로 들어가려 하자 문지기가 물었다.

"손님, 어디에 가십니까?"

"나를 모르겠는가?"

문지기는 어리둥절해하며 말했다.

"처음 뵙는 분입니다."

"여기 책임자에게 에라시모가 왔다고 전해라."

문지기는 책임자에게 전한 뒤 에라시모를 들여보냈다.

에라시모가 이곳에서 수백만 기니를 잃었으므로 이곳에서 그를 모르는 사람이 없었다. 에라시모가 계단을 올라가자 그를 아는 모든 사람들이 자리에서 일어났다.

에라시모가 사람들에게 말했다.

"이젠 나도 젊지 않으니 친구처럼 조용히 즐길 것이오. 세월이 많이 흘러 그 옛날 혈기는 사라진 지 오래요."

에라시모가 주머니에서 몇 기니를 꺼내 탁자 위에 올려놓자 바로 금화가 되었다. 그는 매번 이겼고 사람들은 모두 놀랐다. 마침내 그가 잃었던 돈을 모두 땄을 때 에라시모가 말했다.

"이젠 충분하다. 이 돈을 나 때문에 거리에 나앉아야 했던 가족에게 줄 것이다. 그리고 내 재산의 일부는 친척들과 가난한 사람들의 것이다."

에라시모는 집과 가축과 땅을 샀다. 그리고 모든 가난한 아가씨들에게 결혼 지참금으로 쓸 돈을 주었다.

이제 늙은 에라시모는 자신의 죽음을 예견하고 유언을 남겼다.

"내가 죽으면 관 속에 카드 한 벌을 함께 넣어 주어라."

죽은 후 40일 동안 에라시모의 영혼은 정처 없이 떠돌다 41일째 되는 날 지옥과 천당으로 갈라지는 문 앞에 도착했다.

천사장 미가엘이 에라시모에게 물었다.

"에라시모, 너는 어느 길로 가고 싶으냐?"

에라시모가 대답했다.

"당신들이 데려가는 대로 따라가겠습니다."

미가엘은 문을 열며 말했다.

"우리가 앞서 갈 테니 뒤따라 오너라. 너는 천국으로 갈 것이다."

문으로 들어서자 살아생전에 그를 알던 사람들이 그에게 달려왔다.

"에라시모, 우리를 데려가 줘. 여기 지옥은 있을 곳이 못 돼."

아홉 명이 에라시모를 따라왔다.

천국으로 향하는 문이 열리자 에라시모가 천사장에게 말했다.

"내가 사막에 살 때 내 초가집을 찾아온 어떤 사람이 내가 항상 카드놀이에서 이기게 될 것이라고 말했습니다. 카드놀이를 해서 내가 이기면 이들을 천당에 데려가고, 내가 지면 여기 남겨 두고 가겠습니다."

천사장은 한 인간에 지나지 않은 사람이 카드놀이에서 자신을 이길 수 없다고 생각했다.

"좋다, 한번 해보자."

그때 갑자기 예수가 나타났다. 열두제자를 거느리지 않고 혼자였다.

"어서 오너라, 에라시모."

에라시모가 말했다.

"그 모든 은혜를 베풀어 주신 분이 바로 당신이셨군요. 그때는 열두제자를 거느리고 오셨습니다. 지금 저를 따라오는 사람은 모두 아홉 명입니다."

예수는 온화한 미소를 지으며 말했다.

"에라시모, 네 친구들과 함께 하늘나라로 가거라."

그 뒤 사람들은 행복하게 살았다.

예순한 가지 재주

어느 나라에 슬하에 공주 하나를 둔 왕과 왕비가 살고 있었다.
하루는 왕이 공주에게 말했다.
"애야, 지금부터 예순한 가지 재주를 배우거라."
공주는 갑자기 아버지의 명령을 받고 어찌할 줄을 몰라 정원에 앉아 눈물을 흘렸다. 그때 어디선가 한 노인이 나타나 공주를 애처로운 눈길로 바라보며 물었다.
"예쁜 공주님이 왜 혼자 앉아 울고 있는 것입니까?"
공주는 노인을 올려다보며 눈물을 훔쳤다.
"아버지께서 예순한 가지나 되는 재주를 익히라고 명령하셨는데, 어찌해야 할지 모르겠습니다."
노인은 잠시 생각하고 나서 말했다.
"폐하께 가서 이 정원에 성을 하나 지어 달라고 말씀하세요. 안에서도 밖을 볼 수 있고 밖에서도 안을 볼 수 있도록 유리로 만들어야 합니다. 그러면 성 안에서 내가 예순한 가지 재주를 가르쳐 드리겠습니다."

공주는 눈물을 그치고 환한 얼굴로 아버지를 찾아가 예순한 가지 재주를 가르쳐 줄 사람이 나타났다고 말했다.

성이 만들어진 후 노인은 공주에게 재주를 한 가지씩 가르쳐 주었고, 마지막으로 비밀을 지키는 재주를 배우기만 하면 되었다.

그런데 그날 공주는 유리 성에서 노인이 어린아이를 토막 내어 먹는 광경을 보았다. 공주가 비명을 지르자 노인이 달려와 말했다.

"마리아, 네가 본 것을 말해 주렴."

"나는 아무것도 보지 못했어요."

"네가 본 것을 말해 주지 않으면 먼 나라로 데려가 실컷 몽둥이질을 할 테다."

"정말이에요. 저는 아무것도 보지 못했어요."

노인은 공주의 말을 믿지 않고 그녀를 다른 나라로 데려가 버렸다. 낯선 곳에 혼자 남겨진 공주는 마을을 찾아 헤맸다.

어느 개천에 이르렀을 때 그곳을 지나가던 남자가 공주를 발견하고 집으로 데려갔다. 남자는 공주가 무척 예뻤기 때문에 다른 남자들이 접근하지 못하도록 남장을 해서 자식처럼 대했다.

공주는 그곳에서 보석 만드는 일을 했다. 그러나 몹시 가난해 재료를 구할 수 없었다. 그러던 어느 날 그 나라 왕이 왕비의 귀고리 한쪽을 가지고 와서 똑같은 것을 만들어 달라고 했다. 공주는 모든 재료를 합쳐 똑같은 귀고리를 만들어 왕에게 보여 주었다. 왕은 흡족해하며 대가를 지불하려고 했으나 공주는 거절했다.

그러나 왕은 커다란 금괴를 공주에게 주었다. 그 후 공주는 귀고리와 팔찌, 반지 등을 만들어 내다 팔아 유럽 전역에서 유명한 보석상이 되었다.

그러던 어느 날 난데없이 노인이 나타나 공주에게 말했다.

"마리아, 네가 본 것을 말해 주렴."

"저는 아무것도 보지 못했어요."

노인은 다시 공주를 데리고 결혼하지 않은 왕자가 있는 나라로 갔다. 노인은 공주를 궁궐 정원에 내버려 두고 떠나 버렸다. 혼자 남은 공주는 정원 바닥에 자신이 기억하고 있는 중요한 일들을 쓰기로 마음먹었다.

한참을 쓰다가 잠시 나무 아래에서 잠이 들었을 때 산책 나온 왕자가 정원 바닥에 씌어진 글을 발견했다. 왕자는 곧 신하들을 불러 누가 이런 글을 썼는지 물었다.

신하 중 한 명이 말했다.

"누가 썼는지는 모르겠으나 아주 세련된 사람인 듯합니다."

정원을 둘러보던 왕자는 나무 밑에서 잠이 든 공주를 발견했다. 왕자는 공주를 살며시 흔들어 깨웠다.

"여기는 어떻게 들어왔느냐?"

공주는 모른다고 대답했다.

왕자는 공주가 남장을 했지만 생김새는 여자와 같다는 것을 깨닫고 이것저것 캐물었다. 그러자 공주는 그제서야 자신이 여자라는 것을 밝혔다.

공주의 아름다움에 반한 왕자는 청혼을 했다. 왕자와 공주가 결혼하고 몇 달이 지나 아들이 태어났다.

하루는 공주가 아이에게 젖을 먹이고 있을 때 노인이 나타났다.

"마리아, 네가 본 것을 말해 주렴."

"저는 아무것도 보지 못했어요."

"네가 본 것을 말하지 않으면 어미인 네가 네 아들을 먹어 버렸다고 소문낼 테다."

"그래도 저는 아무것도 보지 못했어요."

노인은 아이를 게걸스럽게 먹어 치우고 사라졌다. 공주는 비명을 지르며 소리쳤다.

"내 아들이 사라졌어요! 내 아들이 사라졌어요!"

그러나 궁궐에 있던 모든 사람들은 공주가 아들을 먹어 버렸다고 생각하고는 공포에 벌벌 떨었다.

왕은 왕자를 불러 말했다.

"아들아, 네 처가 사람을 먹는다니, 그녀를 살려 둬서는 안 된다."

그러나 왕자는 공주를 죽일 수 없었다. 왕자가 완강하게 반대하자 왕이 한 가지 제안을 했다.

"그러면 아들을 하나 더 낳아라. 그리고 그 아이까지 먹어 버리면 그때는 반드시 죽여야 한다."

몇 달 뒤 공주가 아이를 낳자 노인이 다시 나타났다.

"마리아, 네가 본 것을 말해 주렴."

"저는 아무것도 보지 못했어요."

"네가 본 것을 말하지 않으면 네 딸을 먹어 버릴 테다."

"그래도 소용없어요. 저는 아무것도 보지 못했으니까요."

노인은 아이를 게걸스럽게 먹어 치운 뒤 피투성이가 된 손을 공주의 입에 닦고 사라졌다. 공주가 비명을 지르자 사람들이 방으로 몰려왔다. 아이는 없어지고 공주의 입에 피가 잔뜩 묻어 있는 것을 보고 왕이 왕자에게 말했다.

"보거라. 네 처가 이번에도 제 자식을 먹어 버리지 않았느냐?"

공주는 아무 말도 하지 않았다.

왕자는 왕에게 말했다.

"성을 하나 만들어 성벽 사이에 그녀를 감금하고 먹지도, 마시지도, 도망치지도 못하게 하겠습니다. 고통받으며 서서히 죽어 가게 하겠습니다."

몇 달 후 왕은 며느리가 갇혀 있는 성 위에 올라갔다. 그런데 그곳에서 손자가 놀고 있는 것이 아닌가. 왕은 얼른 왕자를 불러 말했다.

"얘야, 이 아이를 보거라. 네 아들이 아니냐?"

왕자는 자신의 눈을 믿을 수 없었다. 하지만 그 아이는 분명 자신과 공주 사이에서 태어난 아이였다.

"아버지, 제가 꿈을 꾸고 있는 건 아니겠지요?"

왕과 왕자는 아이를 꼭 껴안고 눈물을 흘렸다.

왕자는 흐느끼며 말했다.

"아무 죄 없는 아내를 죽이다니, 가슴이 찢어지는 것 같습니다."

바로 그때 어디선가 노인이 나타나 말했다.

"마리아, 네 시험은 끝났다. 마지막으로 비밀을 지키는 능력을 보여 주었구나. 이제 너는 구원을 받을 것이다. 그리고 모든 이야기를 할 수 있을 것이다. 그 모든 것을 가르쳐 준 사람이 누구냐고 물으면 성벽을 가리키거라. 내가 십자가 위에 있을 것이다."

노인은 바로 하느님이었다.

사람들은 공주의 장례식을 치러 주기 위해 성벽을 허물었다. 공주의 시신이 손상되지 않도록 조심스럽게 돌을 들어내 보니 공주는 그때까지 살아 있었다. 어느 때보다 아름다운 모습의 공주를 보고 사람들은 기쁨의 환호성을 올렸다.

● ──집시 민담

악마가 어떻게 하느님을 도와 세상을 창조했는가

온 우주가 거대한 바다로 뒤덮이자 하느님은 새로운 세상을 만들어야 했다. 하지만 어디서부터 어떻게 시작해야 할지 몰랐다. 형제도 친구도 없었던 하느님은 혼자 고민에 빠져 구름 사이를 산책하다가 아무런 생각도 떠오르지 않자 그만 홧김에 짚고 다니던 지팡이를 물에 던져 버렸다.

지팡이가 물에 잠기자 뿌리가 자라더니 그 뿌리에서 거대한 나무가 자라났다. 그런데 나뭇가지에 사람 모습의 하얀 악마가 앉아 있었다. 악마가 웃으며 말했다.

"사랑하는 하느님! 나의 사랑하는 형제여! 형제도 친구도 없는 불쌍하신 하느님. 당신이 원하신다면 제가 친구이며 형제가 되어 드리겠습니다."

하느님이 대답했다.

"너는 내 형제가 될 수 없다. 그러나 내 친구는 될 수 있지."

그날로부터 아흐레가 지났을 때였다. 하느님은 여전히 세상을 창조하지 못하고 있었다. 악마는 시간이 흐를수록 하느님이 자신을 신뢰하지 않는다는 것을 깨닫고 말했다.

"사랑하는 하느님, 우리 사이가 너무 소원하군요. 다른 존재를 창조하시어 친절을 베풀어 주소서. 그러면 우리는 셋이 되는 것입니다."

"말하기는 쉬운 일. 할 수 있다면 네가 해보거라."

"저는 할 수 없습니다. 아름다운 세상을 만들어야 하는데 어디서부터 어떻게 시작해야 할지 모르겠습니다. 하지만 제가 이런 생각을 해봐야 무슨 소용이 있겠습니까?"

하느님은 뭔가를 기억해 내려는 듯 생각에 잠기더니 말했다.

"새로운 세상을 창조할 것이다. 나를 돕거라. 서둘러야 해. 시간을 허비할 수 없어. 물속 깊은 곳으로 들어가 모래 한 주먹을 가져오너라."

악마는 겉으로 놀란 척했다.

하느님이 말했다.

"내 이름을 말하면 모래는 지구가 될 것이다. 그럼 어서 서둘러 모래를 가져오도록!"

악마는 혼잣말을 하고는 물속으로 들어갔다.

"다른 사람이 세상을 창조하도록 내버려 둘 만큼 바보는 아니지. 내 이름을 불러 내가 세상을 창조할 테다."

악마는 물속에서 모래를 가져와 자신의 이름을 말했다. 그런데 모래에서 불이 타올랐다. 악마는 깜짝 놀라 모래를 던져 버리고는 하느님에게는 모래를 찾지 못했다고 말했다.

"계속 찾아보거라."

하느님은 단호하게 말했다. 그러나 악마는 아흐레째 되는 날까지

● ──집시 민담

모래를 찾지 못했다고 말했다. 악마는 스스로 세상을 창조하고자 끊임없이 모래를 움켜쥐고 자신의 이름을 말했다. 그러나 그때마다 모래가 불타올라 악마의 손은 점점 숯처럼 검게 변했다.

하느님은 무심한 눈길로 악마를 바라보며 말했다.

"손이 까맣게 변했구나. 어서 물속으로 들어가 모래를 가져오거라. 이번에는 네 이름을 불러서는 안 된다. 그리하면 모래가 너를 태워 버릴 것이다."

악마는 물속으로 들어가 모래를 가져왔다. 하느님은 모래를 손에 쥐고 자신의 이름을 불렀다. 세상이 만들어지자 악마는 기뻐하며 커다란 나무 그늘에 앉아 말했다.

"저는 이 나무 밑에서 살겠습니다. 그러니 하느님께서는 다른 곳을 찾아보세요."

악마의 교활한 행동에 분노한 하느님이 크게 호통을 쳤다.

"교활한 짓만 일삼는 못된 미물 같으니! 여기서 당장 사라지거라!"

바로 그때 무성한 덤불 사이에서 거대한 황소가 나타나 뿔로 나무를 한 번 들이받고 세상을 향해 달려갔다. 고통과 두려움으로 악마가 비명을 질렀고, 그때 나무에서 떨어진 나뭇잎은 인간이 되었다.

그렇게 하느님은 악마의 도움을 받아 세상을 만들고 사람들을 창조했다.

겁 없는 야나키스

하늘 아래 의지할 사람이라고는 단 한 명도 없는 혈혈단신의 남매가 마을의 커다란 집에서 살고 있었다. 오빠인 야나키스는 하루 종일 장작을 패고 산양을 돌보며 보냈다.

어느 날 오후, 그날따라 몹시 피곤했던 야나키스는 동생에게 산양을 지하실에 가둬 놓으라고 말했다. 그런데 두세 계단 내려가던 동생이 비명을 지르며 뛰어 올라왔다. 야나키스가 이유를 묻자 동생이 말했다.

"무서워! 무서워서 내려갈 수 없어."

야나키스는 동생의 말을 이해할 수 없었다. 그는 단 한 번도 무서움을 느낀 적이 없기 때문에 무섭다는 말조차 몰랐던 것이다.

다음 날도 동생은 두세 계단 내려가다 뛰어 올라왔다. 그러자 야나키스가 말했다.

"무섭다는 말을 할 때마다 몽둥이로 한 대씩 때리겠다."

2주일이 흘렀다. 피곤한 몸으로 들어온 야나키스는 산양에게 먹이를 주지 않은 것을 떠올리고 동생에게 말했다.

"산양한테 먹이 좀 주고 오렴."

누이는 두려운 표정으로 말했다.

"오빠, 나는 너무 무서워."

야나키스는 동생을 붙잡고 몽둥이로 한 대 때렸다.

"그 말을 한 번만 더 하면 여기를 떠나 다시는 너를 보지 않을 테다."

며칠 후 야나키스는 동생에게 산양을 지하실에 묶어 두라고 말했다. 동생은 지하실로 통하는 문 앞에서 계단을 내려가지 못하고 말했다.

"오빠, 너무 무서워서 못 하겠어."

야나키스는 굳은 표정으로 말했다.

"무섭다고? 좋아, 나는 내일 이곳을 떠나겠다. 넌 나를 두 번 다시 못 볼 거야."

다음 날 아침 야나키스는 작은 꾸러미를 메고 집을 떠났다.

한 달 내내 걸은 끝에 야나키스는 어떤 나라에 도착했다. 그곳 사람들은 매일 밤 8시만 되면 집으로 들어가 문과 창문을 모두 걸어 잠그고 아침이 될 때까지 나오지 않았다.

잠잘 곳을 찾아 헤매던 야나키스가 어느 집 문을 두드리며 외쳤다.

"누구 없어요? 문 좀 열어 주세요."

그러자 집 안에서 목소리가 들려왔다.

"썩 꺼지거라. 8시가 되면 문을 잠가야 해. 그러지 않으면 아침에 끔찍한 일이 벌어진단다."

야나키스는 찻집에 들러 아니제트^{아니스 술} 한 잔과 식사를 주문했다. 야나키스가 한창 먹고 있는데 8시를 알리는 종이 울리자 주인이 말했다.

"죄송합니다만 문을 닫아야겠습니다."

야나키스는 사정하듯 말했다.

"갈 곳이 없어 그럽니다. 여기 있게 해주십시오."

주인은 다음 날 아침 위험한 일이 일어날 거라고 말했다. 그곳에 머물렀던 모든 사람들이 아침에 관 속으로 들어갔다는 것이다. 하지만 야나키스는 사정을 해 그곳에 남았다.

주인이 문을 닫고 떠난 뒤 야나키스는 곰곰이 생각했다.

"사람들이 무서워하고 있다는데, 그 무서움이라는 게 뭘까? 동생이 말한 것과 같은 것일까? 저녁 8시부터 그렇게 무서워 모두 집에 틀어박혀 있다니."

야나키스는 중얼거리면서 토마토와 오이를 썰었다.

"무서움! 무서움이라는 게 뭘까?"

샐러드에 쓸 야채를 다 썰었을 때쯤 손목에 금팔찌를 찬 아름다운 여자가 창문으로 들어왔다. 여자가 야나키스의 이름을 부르자 그가 대답했다.

"그냥 놔둬!"

요정인 그 여자를 본 사람들은 하나같이 발작을 일으켰으나 야나키스는 전혀 놀라지 않았다.

"야나키스, 이리 와 들어 보렴."

야나키스는 가까이 다가가 말했다.

"이봐 아가씨, 그냥 가는 게 좋을걸. 너를 잡으면 머리카락 한 올도 남겨 놓지 않을 테니까."

야나키스가 전혀 무서워하지 않자 되레 요정이 놀랐다. 요정이 토마토와 오이를 섞어 버리자 야나키스는 그녀의 머리카락을 잡아챘다.

"마을 사람들을 괴롭히지 않겠다고 맹세해. 어서!"

야나키스는 요정이 사라지기 전에 건네준 금팔찌를 주머니에 집어넣었다.

샐러드를 다시 준비해 먹고 있는데, 다른 요정이 나타나 그의 이름을 불렀다.

야나키스가 말했다.

"바로 여기 있는데 안 보이느냐? 가까이 오너라."

요정이 토마토와 오이를 섞자 야나키스는 그녀의 팔을 잡아 비틀었다.

"원하는 게 뭐냐? 이곳 사람들을 다시는 괴롭히지 않겠다고 맹세하거라."

"어머니 이름을 걸고 맹세한다."

요정은 사라지기 전에 금반지를 건네주었다. 야나키스는 그것을 주머니에 넣고 토마토와 오이를 썰었다.

샐러드를 먹으려는 순간, 또 한 여자가 어린아이를 안고 나타났다. 너무나 아름다운 그녀는 긴 머리카락을 늘어뜨리고 있었다.

야나키스가 소리쳤다.

"원하는 게 뭐냐? 나를 괴롭히려고 왔느냐?"

"네가 먹고 있는 걸 나도 좀 먹을 수 있을까? 아이가 불쌍하지도 않니? 너와 함께 머물도록 허락해 주렴."

그러나 야나키스는 여자가 좋은 뜻으로 한 말이 아니라는 것을 알고 거절했다.

"아이는 불쌍하지만 당신은 아니야. 이곳 사람들을 더 이상 괴롭히지 않겠다고 맹세하거라."

"어머니 이름을 걸고 맹세한다."

여자는 떠나기 전에 손수건을 건네주었고 야나키스는 그것을 주머니에 넣었다. 야나키스는 샐러드를 다시 만들려고 토마토와 오이를 잘게 썰었다.

어느새 날이 서서히 밝아 왔다. 가게 주인은 야나키스가 죽은 줄 알고 신부를 만나 장례를 치러야 한다고 말하고 커다란 관까지 준비했다. 야나키스가 가게 문을 열자 주인은 유령인 줄 알고 깜짝 놀랐다.

야나키스는 밤새 일어난 일을 이야기해 주었다.

"내가 혼쭐을 내주었으니 앞으로는 사람들을 괴롭히지 않을 겁니다. 이젠 저녁 내내 집 밖에서 지내도 됩니다."

마을 사람들은 기뻐하며 야나키스를 껴안고 볼에 키스했다. 그리고 성대한 잔치를 열어 밤새도록 즐겼다.

그날 저녁 야나키스는 마을 사람들이 준 돈과 선물을 가지고 무서움을 모르는 사람을 찾아 떠났다.

커다란 강에 이르러 야나키스는 건너편으로 가는 배를 타게 되었다. 그 강에는 인어가 살고 있었는데 강을 건너려면 반드시 한 명을 제물로 바쳐야 했다. 야나키스가 탄 배가 중간쯤에 이르러 사공이 배를 멈췄다. 사람들은 누구를 희생양으로 삼을지 의논했다. 그중에 노인이 나서서 말했다.

"늙은 나를 이 강물에 던지시오. 당신들은 아직 젊으니."

영문을 모르는 야나키스가 무슨 일인지 물었다.

노인이 말했다.

"강을 건너기 위해서는 괴물한테 사람을 한 명 바쳐야 하네. 그러지 않으면 아무도 이 강을 건널 수 없어."

야나키스는 분노하며 소리쳤다.

"그럴 수 없습니다. 어느 누구도 희생양이 될 수 없어요. 내가 뛰어들겠습니다."

야나키스는 옷을 입은 채 물속에 뛰어들어 인어의 머리카락을 붙잡고 두들겨 패기 시작했다.

"이런 식으로 사람들을 괴롭히다니."

인어는 야나키스에게 키스해 달라고 말했다. 그러자 야나키스는 인어의 뺨을 때리고 그녀 위에 올라탔다.

"이제부터는 강을 건너는 사람들을 해코지하지 않겠다고 맹세하거라."

인어는 어머니의 이름을 걸고 맹세했다. 야나키스는 인어의 머리카락을 고삐처럼 휘어잡고 강가로 끌고 갔다.

야나키스가 인어를 모래밭에 던져 버리자 인어는 숨을 헐떡거리며 말했다.

"나한테 도전한 사람은 네가 처음이다. 네가 나를 이겼구나."

인어는 야나키스에게 키스하고 말했다.

"원하는 것을 말해 보거라. 내가 살고 있는 동굴에 함께 가지 않겠느냐? 네가 나를 무서워하지 않는 걸 보니 너는 분명 우리 종족일 것이다."

"아무것도 원하지 않는다."

야나키스는 무덤덤하게 말했다.

그러나 인어는 야나키스를 동굴로 데려가 원하는 것을 집으라고 말했다.

"아무것도 원하지 않는다."

인어가 거듭 말하자 야나키스는 동생에게 줄 팔찌 하나를 집어 팔목에 끼었다. 야나키스가 떠나기 전에 인어가 말했다.

"언제든 원하는 것이 있으면 동굴로 오너라."

야나키스가 말했다.

"네가 할 수 있다면 도시로 나를 데려다 줘."

도시에 도착한 야나키스는 혼자 걸어갔다. 야나키스는 어느 부잣집을 찾아가 문을 두드렸다.

"문 좀 열어 주십시오. 하룻밤 지낼 곳을 찾고 있습니다."

그때 마침 그 나라 왕은 새벽 3시경 공동묘지에서 제사 음식을 준비할 수 있는 사람이 있는지를 두고 대신들과 내기하고 있었다. 아흔 명에 이르는 사람들이 공동묘지로 갔지만 모두 아침에 죽은 채 발견되었다. 왕은 공동묘지에 사는 사탄을 물리치는 사람에게 자신이 가진 보물의 절반을 주겠다고 공포했다.

부자가 이야기를 들려주자 야나키스는 의아한 듯 말했다.

"사람들이 왜 그렇게 공동묘지를 무서워한단 말입니까?"

"그건 두렵기 때문이오."

"두렵다니, 그게 무슨 말입니까?"

한 번도 무서움을 느낀 적이 없고 두려움이 뭔지도 모르는 야나키스가 말했다.

"내가 가겠습니다. 내가 공동묘지에 가서 사탄을 물리치겠어요."

부자는 야나키스를 궁궐로 데려가 대신에게 말했다.

"공동묘지에서 제사 음식을 준비할 사람을 찾았습니다."

대신은 음식 재료와 그릇, 성냥과 냄비를 야나키스에게 주었다.

야나키스는 새벽 2시에 공동묘지를 향해 출발해 2시 30분부터 음식을 준비했다. 그는 먼저 무덤에 있던 나무 십자가를 몇 개 부숴 장작불을 피웠다. 불 위에 냄비를 올려놓고 큰 소리로 말했다.

"언제나 요리가 만들어질까?"

맛있는 냄새가 솔솔 풍기자 무덤에서 시체가 나와 말했다.

"나도 제사 음식을 먹고 싶은데."

야나키스는 숟가락으로 얼른 시체를 때리고는 말했다.

"귀찮게 하지 마라! 음식이 다 될 때까지 기다려. 그러면 맛보게 해주마."

그러나 시체는 야나키스를 밀치고 제사 음식을 달라고 말했다. 야나키스는 뜨거운 숟가락으로 시체의 다리를 지지며 말했다.

"준비될 때까지 기다리라니까. 그러면 다 줄 테니, 그때까지 얌전히 있거라."

야나키스는 시체가 음식을 달라고 조를 때마다 숟가락으로 때렸다.

밤새도록 옥신각신하던 끝에 야나키스가 시체를 물리쳤다.

사람들은 야나키스가 멀쩡하게 돌아오자 모두 눈을 휘둥그레 떴다.

야나키스는 왕이 준 보물을 들고 도시를 떠났다.

어느 가을 큰 강을 건너는데 인어가 나타나 야나키스를 초대했다. 아무것도 두려운 게 없었던 야나키스는 주저하지 않고 인어가 사는 동굴로 갔다.

그곳에는 어느 가게에서 만난 요정들과 공동묘지의 시체가 있었다. 모두 식탁에 둘러앉자 첫 번째 요정이 포도주 잔을 들며 말했다.

"나를 이기고 내 금팔찌를 빼앗아 간 야나키스를 위해 건배하자."

두 번째 요정이 말했다.

"나를 이기고 내 금반지를 가져간 야나키스를 위해 건배하자."

세 번째 요정이 말했다.

"나를 이기고 내 손수건을 가져간 야나키스를 위해 건배하자."

인어가 말했다.

"나를 이기고 도시로 데려다 달라고 한 야나키스를 위해 건배하자."

시체가 말했다.

"내 무덤 위에서 제사 음식을 준비했던 야나키스를 위해 건배하자."

그들은 날이 밝을 때까지 야나키스와 함께 춤을 추고 헤어졌다. 혼자 남은 야나키스는 그제서야 집에 있는 동생이 생각났다.

"이젠 집으로 돌아가야겠다."

야나키스는 집으로 돌아가 동생에게 보물과 돈을 주며 말했다.

"이제 우리는 부자가 되었어. 하지만 나는 아직도 두려움이 뭔지 모르겠어."

잠시 후 야나키스는 볼일을 보려고 나무 뒤에서 바지를 내리고 쪼그리고 앉았다. 바로 그때 황새가 나타나 야나키스의 엉덩이를 쪼기 시작했다. 깜짝 놀란 야나키스는 허겁지겁 집 안으로 들어오며 소리쳤다.

"아유, 무서워! 큰일 날 뻔했네."

야나키스는 비로소 두려움이 어떤 것인지 알게 되었다. 그러나 그때는 이미 어마어마한 부자가 되어 있었다.

산양 가죽 차

어느 집시 부부 사이에 사내아이 하나가 태어났는데 너무 병약한 나머지 부부는 늘 아이가 염려되었다. 부부는 한 노파를 불러 아이가 얼마나 살지 운명을 점쳐 달라고 했다. 노파는 아이를 한참 보더니 머리를 흔들면서 일찍 죽을 운명이라고 말했다.

아이의 아버지는 애원하며 말했다.

"죽지 않게 하려면 어떻게 해야 하죠?"

노파는 곰곰이 생각하더니 말했다.

"한 가지 방법밖에 없다오. 산양 가죽으로 만든 장화를 하나 구해 그 속에 홍차를 가득 채우시오. 그리고 진흙으로 거푸집을 만들어 그 속에 장화를 넣고 아이의 침대 밑에 두시오."

아이의 아버지가 그렇게 하자 아이는 건강하게 자라 힘센 청년이 되었다.

어느 날 아이의 가족들이 여행을 떠났을 때였다. 그들이 불모의 사막에 이르렀을 때 청년은 갈증을 견디지 못하고 앓아눕고 말았다. 그때 아버지는 아이의 침대 밑에 놓아두었던 거푸집을 떠올렸다. 그 속에는 홍차가 가득 든 산양 가죽 장화가 있었다.

그러나 장화는 너무 낡아 손가락 사이로 부서져 내렸고 홍차는 가루가 되어 바닥에 쏟아졌다.

결국 소년은 세상을 떠났고, 가족들은 울음을 터트렸다. 그런데 홍차가 쏟아진 바닥이 마르지 않고 계속 젖어 있었다. 집시 가족이 그곳을 파자 샘이 터져 나왔다.

시간이 흘러 그곳을 지나가는 여행객들은 그 샘물에 대해 이렇게 이야기했다.

"여기서 집시 한 명이 죽었는데, 그가 죽은 자리에서 모든 사람들이 마실 수 있는 샘물이 솟아났다."

붉은 왕과 마법사

옛날 어느 나라의 왕에게 이상한 일이 일어났다. 밤이면 10두카도어치 재료를 사서 요리한 음식을 선반 위에 올려 두었는데 아침이 되면 어김없이 접시가 비어 있는 것이었다. 병사가 음식을 지키고 있어도 소용없었다. 다음 날이면 그 큰 접시가 텅 비어 있었다.

왕은 온 나라 사람들에게 말했다.

"음식을 지키는 사람에게 내 왕국의 절반을 주겠노라."

왕의 세 아들 중 첫째가 생각했다.

'이상한 놈한테 왕국의 절반을 뺏겨서는 안 돼! 반드시 내가 맡아야 해.'

첫째 아들이 아버지를 찾아가 말했다.

"혈육이 아닌 사람에게 왕국을 물려줄 수는 없습니다. 제가 음식을 지키겠습니다."

"그렇게 하거라. 네가 놀라지 않기를 하느님께 청원할 뿐이다."

첫째 아들은 선반 옆 감시대에 올라가 베개에 머리를 기대고 날이 새기를 기다렸다. 그러나 산들바람이 불어오더니 이내 잠이 들고 말았다. 첫째 아들이 잠든 사이 선반 주위에 어린 여동생이 나타났다. 아이가 한 바퀴 돌자 손톱이 도끼로 변하고 이는 주걱이 되더니 선반에 있는 음식을 모두 먹어 치우고 다시 어린아이로 변해 돌아갔다.

　날이 밝아 왕이 선반 있는 곳으로 가 보니 접시가 텅 비어 있었다. 첫째 아들은 밤새 아무것도 보지 못했다고 말했다.
　"다른 사람에게 맡겨야겠구나."
　그러자 둘째 아들이 나서서 말했다.
　"오늘 저녁에 제가 선반을 지키겠습니다."
　"사랑하는 아들아, 남자로서 네가 한 말을 지키거라."
　둘째 아들은 선반 옆으로 가서 베개에 머리를 기댔다. 10시가 가까워 오자 산들바람이 불더니 둘째 아들은 이내 잠이 들었다. 그때 어린 동생이 나타나 기저귀를 떼더니 한 번 뛰어올랐다. 그러자 아이의 이는 주걱처럼 커졌고 손톱은 도끼가 되어 선반 위에 있는 음식을 모두 먹어 치우고 사라졌다.

　날이 밝아 왕이 선반 있는 곳으로 와 보니 그날도 어김없이 접시가 비어 있었다. 둘째 아들도 첫째 아들과 마찬가지로 아무것도 보지 못했다고 말했다.

　그러자 이번에는 셋째 아들이 나서서 말했다.
　"아버지, 저에게도 선반을 지킬 기회를 주세요."
　"그렇게 하거라. 다만 네가 놀라지 않기만을 바랄 뿐이다."
　셋째 아들은 바닥에 바늘 네 개를 꽂고 베개에 머리를 기댔다. 졸음이 쏟아지자 셋째 아들은 바늘에 머리를 기대고 10시가 되기를 기다렸다. 괘종시계가 10시를 알리자 여동생이 나타났다. 여동생이 무시무시한 괴물로 변신해 그 많은 음식을 먹어 치우는 것을 보고 셋째 아들은 넋이 나가고 말았다.

다음 날 아침 왕이 셋째 아들에게 물었다.

"페드로, 너는 간밤에 일어난 일을 보았느냐?"

"보았는지 못 보았는지 모르겠습니다. 아버지. 결혼할 여자를 찾아 떠날 것이니, 돈과 말 한 마리를 주십시오."

왕은 금화가 가득 든 자루 두 개와 말 한 마리를 주었다. 페드로는 상자에 돈을 넣어 도시 외곽에 구멍을 하나 파고 그 속에 묻은 다음 돌 십자가를 세워 놓고 떠났다.

여행을 떠난 지 여드레째 되는 날 모든 새들의 여왕이 나타나 페드로에게 말했다.

"페드로, 어디를 가고 있느냐?"

"죽음도 늙음도 존재하지 않는 곳으로 아내감을 찾으러 간답니다."

"여기가 바로 죽음도 늙음도 존재하지 않는 곳이란다."

"어떻게 그럴 수 있지요?"

"이 숲의 모든 나무들이 죽을 때 비로소 죽음이 나를 부를 것이다."

"그럼 늙음과 죽음이 어느 날 나도 데려가겠군요."

또다시 여드레가 지나고 페드로는 구리로 만들어진 왕궁에 도착했다. 한 아가씨가 왕궁 문을 나오더니 그에게 키스하고 말했다.

"오랫동안 당신을 기다렸습니다."

페드로는 아가씨가 안내해 준 마구간에서 그날 밤을 보냈다. 다음 날 아침 페드로가 말안장을 정리하고 있을 때 아가씨가 나타나 말했다.

"페드로, 어디로 가세요?"

"늙음도 죽음도 존재하지 않는 곳으로 간답니다."

"이곳이야말로 늙음도 죽음도 존재하지 않는 곳이랍니다."

"어떻게 그럴 수 있지요?"

"산과 숲이 완전히 벗겨지는 그때 죽음이 찾아올 것입니다."

"그러면 이곳은 내가 머물 곳이 아닙니다."

페드로는 다시 길을 떠났다.

그때 그의 말이 말했다.

"주인님, 우리는 '고뇌의 평원'을 지나왔습니다. 그러니 저를 네 번 세게 채찍질하고, 주인님 자신에게도 두 번 채찍질하세요. 고뇌가 주인님을 사로잡을 것입니다. 그러니 서둘러 탈출하세요."

페드로는 열 살짜리 소년이 살고 있는 오두막에 도착했다. 소년이 말했다.

"페드로, 여기서 뭘 찾고 있나요?"

"죽음도 늙음도 없는 곳을 찾고 있단다."

"바로 이곳이 죽음도 늙음도 없는 그런 곳입니다. 왜냐하면 나는 바람이기 때문입니다."

그러자 페드로가 말했다.

"그러면 나는 영원히 이곳에 머물겠다."

페드로는 늙지도 않고 오두막에서 백만 년을 살면서 '금과 은으로 만들어진 산'으로 사냥을 하러 나가곤 했다.

그러던 어느 날 바람이 말했다.

"페드로, 당신은 '금과 은으로 만들어진 산'을 돌아다녀도 괜찮습니다. 그러나 절대로 '고뇌의 평원'과 '슬픔의 계곡'에는 가지 마세요. 고통이 당신을 사로잡아, 당신의 눈은 눈물로 가득 찰 것입니다."

그러자 페드로가 말했다.

"이곳을 떠나 아버지가 계신 곳으로 돌아가겠다."

바람이 말했다.

"가지 마세요. 당신의 아버지는 이미 돌아가셨고 형제들은 집에 없습니다. 백만 년이 흘렀으니 궁궐도 사라진 지 오래입니다. 왕궁이 있던 자리에는 멜론 밭이 들어섰습니다."

바람이 말리는 것도 뿌리치고 소년은 그곳을 떠났다. 구리로 만들어진 왕궁이 있던 곳에 도착해 보니 거대한 숲이 있던 자리에 나무 둥치만 덩그러니 남아 있었다. 아가씨는 모든 나무를 잘라 버렸고 노파가 되어 있었다. 페드로가 도착했을 때 아가씨는 마지막 몸통마저 떨어져 죽고 말았다. 페드로는 그녀를 묻어 주고 길을 떠났다. 새들의 여왕을 만났던 그 옛날 숲에는 조그만 나무 한 그루만 남아 있었다. 페드로를 보고 여왕이 말했다.

"페드로, 너는 아직도 젊구나."

그리고는 마지막 남은 나무를 꺾어 그 자리에서 죽었다.

왕궁에 도착한 페드로는 놀라 입을 다물 수가 없었다. 그곳은 텅 빈 벌판이었다.

"하느님 맙소사! 어떻게 된 일인가? 그 웅장했던 왕궁이 흔적도 없이 사라지다니."

남은 것이라고는 우물과 그의 여동생뿐이었다. 마녀가 된 동생은 페드로를 보고 음흉한 미소를 지었다.

"오빠를 얼마나 오랫동안 기다렸는지 몰라."

동생이 덮치는 순간 페드로가 성호를 긋자 동생은 그 자리에서 쓰러져 죽었다.

페드로는 그곳을 지나가던 노인을 붙들고 말했다.

"어르신, 붉은 왕의 왕궁은 어디 있습니까? 제가 그 왕의 아들입니다."

노인은 무슨 말을 하는지 모르겠다는 듯 눈을 동그랗게 뜨고 말했다.

"내 선조들이 붉은 왕에 대해 말해 주셨지. 왕궁은 더 이상 존재하지 않아. 이곳을 봐라. 모두 사라지고 없지 않니. 그런데 네가 붉은 왕의 아들이라는 것을 어떻게 믿는단 말이냐?"

"이곳을 떠난 지 200년밖에 안 되었습니다. 저를 못 믿겠다면 따라오세요."

백만 년이 흘렀지만 페드로는 그렇게 많은 세월이 흘렀는지 알지 못했다.

페드로는 돌 십자가가 꽂혀 있는 곳으로 갔다. 흙이 너무 많이 쌓여 땅을 파는 데 이틀이 길렸다. 마침내 상자를 꺼내 열자, 한쪽에는 죽음이, 다른 쪽에는 노령이 신음 소리를 내며 앉아 있었다.

노령이 죽음에게 말했다.

"죽음아, 네가 그를 데려가거라."

그러자 죽음이 말했다.

"노령아, 네가 데려가거라."

노령이 페드로를 앞에서 잡고 죽음이 뒤에서 잡자 그는 그 자리에서 죽고 말았다. 노인은 기독교의 예를 갖춰 페드로의 시신을 묻고 그 옆에 십자가를 세운 뒤 돈과 말을 가지고 떠났다.

집시와 암탉

아주아주 먼 옛날, 슬하에 딸을 둔 왕이 살고 있었다. 하루는 마녀가 사과를 훔치려고 왕의 정원으로 몰래 들어왔다. 산책을 하다 마녀를 본 공주는 비명을 지르고는 소리쳤다.

"늙은 마녀야, 어서 썩 꺼지거라!"

그러자 마녀는 공주에게 저주를 퍼부었다.

"암탉처럼 꽥꽥거리다니 너를 암탉으로 만들어 버리겠다. 어느 날 집시가 와서 너를 잡을 때까지 암탉으로 살아야 할 것이다. 그런 뒤에 너를 잡아먹거나 아니면 너와 결혼할 것이야."

마녀가 사라진 뒤 공주는 암탉으로 변해 다른 닭들과 함께 정원에서 살아야 했다.

그러던 어느 날 집시들이 마차를 타고 그 나라를 지나가게 되었다. 그중 잘생긴 젊은이가 하나 있었는데, 뭇여자들이 그와 결혼하기를 바랐다. 하지만 젊은이는 어느 누구에게도 관심을 두지 않았다.

그곳에서 며칠 머물기로 한 집시들은 먹을 것을 구하려고 도시를 돌아다녔다. 젊은이는 왕의 정원을 지나가다 그곳에서 있는 닭 열두 마리를 잡아갔다. 그중에는 마법에 걸린 공주도 있었다.

닭으로 변한 공주가 젊은이에게 말했다.

"당신 아내가 될 테니 제발 저를 죽이지 마세요."

젊은이는 어이없다는 듯 말했다.

"내 마누라가 된다고? 예쁜 아가씨들 놔두고 닭을 아내로 삼으라니? 그런 바보 같은 말이 어디 있느냐?"

공주는 애원하며 말했다.

"제발 저를 잡아먹지 말고, 제 말대로 해주세요."

이유를 알 수는 없었지만 젊은이는 닭의 말을 믿기로 했다.

숙소로 돌아간 젊은이는 어머니에게 말했다.

"이 닭은 죽이지 말고 놔두세요."

"왜 죽이지 말란 말이냐?"

"이 닭과 결혼하려고요."

어머니는 걱정스러운 눈빛으로 말했다.

"얘야, 그게 무슨 말이냐? 사람이 어찌 닭하고 결혼한단 말이냐?"

어머니는 아들이 미쳤다고 생각하고 남편에게 이 사실을 알렸다.

"여보, 우리 아들이 이상해요. 머리가 어떻게 되었나 봐요. 글쎄 닭하고 결혼하겠다지 뭐예요?"

그때 젊은이가 문을 벌컥 열고 말했다.

"어머니, 전 미치지 않았어요. 멀쩡하다고요."

젊은이는 결혼식을 올리기 위해 닭을 광주리에 담아 교회로 갔다.

젊은이가 닭을 데리고 온 것을 보고 신부는 깜짝 놀랐다.

"하느님 맙소사! 닭하고 결혼하겠단 말이오? 그럴 수는 없소."

젊은이는 애원하며 말했다.

"이 닭하고 결혼할 수 없다면, 저는 이 닭을 죽여야 해요. 제발 결혼식을 올려 주세요."

신부는 내키지 않았지만 젊은이가 간곡하게 부탁해 어쩔 수 없었다.

신부가 젊은이와 닭에게 반지를 끼워 주고 기도를 할 때였다. 갑자기 암탉이 세상에서 가장 아름다운 여인으로 변했다.

젊은이는 너무 놀라 그만 광주리를 떨어뜨리고 말았다. 광주리는 바닥에 부딪치자마자 우아한 마차로 변했다. 결혼식을 올린 젊은이와 공주는 마차를 타고 피로연이 열리는 곳으로 떠났다.

집시의 기원

　예수가 하늘로 올라가기 전 어느 광장에 사람들을 불러 모아 말했다.
　"내일이면 나는 하늘나라로 떠날 것이다. 내가 너희들을 여기에 부른 것은 떠나기 전에 너희에게 직업을 한 가지씩 주기 위함이다."
　그 나라에는 몹시 게으른 집시가 두 명 있었는데 그중 한 명이 말했다.
　"이보게, 예수님이 하늘나라로 올라가시는데, 그 전에 사람들이 자신의 운명을 알기 위해 광장에 모였다네. 우리도 어서 가세. 아무래도 늦겠어."
　두 사람은 광장을 향해 뛰기 시작했다. 그러나 이들이 도착했을 때 예수는 이미 하늘나라로 올라가고 없었다. 두 사람은 하늘을 우러러보며 말했다.
　"예수님, 세상 모든 사람들에게는 직업을 하나씩 주시면서 왜 우리 집시에게는 아무것도 안 주시는 겁니까?"
　그러자 하늘에서 예수의 목소리가 들려왔다.

"너희가 할 수 있는 것을 하거라."

그때부터 집시들은 정해진 일자리 없이 그들이 할 수 있는 것을 하며 살아갔다.

요술 허리띠

하루는 사냥꾼이 짐승을 한 마리도 잡지 못하고 빈손으로 돌아오자 먹을거리가 없었던 부인이 자신의 가슴을 잘라 저녁 식사를 준비했다.

남편은 맛있게 식사를 한 뒤 아내에게 말했다.

"고기가 아주 맛있소. 오늘은 사냥감이 없었는데 어디서 난 것이오?"

아내는 우물쭈물하다가 대답했다.

"사실 그 고기는 제 가슴살이에요."

"사람 고기가 이렇게 맛있단 말이오?"

"그런가 봐요."

"그렇다면 아이들을 잡아먹어야겠군."

그 말을 듣고 아내는 파랗게 질린 채 그 자리에서 기절하고 말았다.

다음 날 사냥꾼은 사냥을 나가지 않고 자식들을 잡아먹기 위해 불을 피우고 커다란 솥을 걸어 물을 끓였다.

사냥꾼이 아이들을 솥에 집어넣기 전에 잠시 자리를 비운 사이 아내는 아이들에게 바늘과 빗을 주면서 아버지가 그들을 잡아먹으려 하니 아버지를 보거든 바늘을 던지라고 말했다. 그러면 관통하는 데 40년이 걸리는 산이 그들 사이를 가로막을 것이라고 했다. 40년이 지난 후에 아버지를 다시 만나게 되면 이번에는 빗을 던지라고 했다. 그러면 건너는 데 40년이 걸리는 커다란 바다가 가로놓일 거라고 말했다.

아이들이 도망가자 아버지가 그들을 뒤쫓았다. 아이들이 아버지를 향해 바늘을 던지자 거대한 산이 나타났다.

40년 후 누더기를 걸친 늙은 아버지는 여전히 아이들을 뒤쫓고 있었다. 아버지가 산을 통과하자 아이들은 빗을 던졌다. 그러자 아버지와 아이들 사이에 바다가 펼쳐졌다. 아버지는 40년이 걸려 바다를 건넜으나 그때는 이미 자식들이 멀리 떠난 뒤였다.

한편 사냥꾼의 자식들은 아버지를 피해 달아나다 어느 곳에 이르렀다. 아들이 말했다.

"흙하고 물을 가지고 반죽을 만들자. 화톳불을 피우는 데 쓸 수 있을 거야."

그때 하늘에서 그들을 지켜보던 하느님이 온몸에 혹이 나 있고 지팡이를 든 노인의 모습으로 나타났다.

젊은이가 노인에게 말했다.

"이리 와서 저희와 함께 드시지요."

"고맙소, 젊은이. 하지만 내가 먹을 게 없구려."

노인이 못마땅한 누이동생은 낮은 목소리로 말했다.

"저 노인을 왜 불렀어. 혹이 저렇게 많이 나 있는 걸 보면 병이 있을지도 모르잖아. 저 노인을 보고 있으려니 속이 메스꺼워 한 입도 못 먹겠어."

젊은이는 타이르듯 말했다.

"그냥 노인일 뿐이잖아. 너도 나이 먹으면 저렇게 되는 거야."

노인은 음식을 조금 먹고 나서 말했다.

"젊은이들, 씻는 것 좀 도와주어야겠네. 물을 끓여 세숫대야에 담고 맏이인 자네가 나를 좀 씻겨 주게."

젊은이가 노인을 씻겨 주는 동안, 누이동생은 옷을 꿰매고 잠자리를 마련했다. 그런데 다음 날 노인이 씻은 세숫대야가 금으로 바뀌어 번쩍거렸다.

누이동생은 고개를 갸우뚱하며 중얼거렸다.

"대체 저 노인은 어떤 사람이지?"

노인은 떠나기 전에 젊은이에게 금을 건네주었다. 그러나 젊은이는 일을 해서 벌기를 원했으므로 그것을 받지 않았다. 노인은 한사코 거절하는 젊은이에게 금을 남겨 주고 떠났다. 젊은이는 일거리를 찾을 때까지 끼니를 마련할 돈만 가지고 나머지는 조그만 동굴에 숨겨 놓았다.

젊은이는 금을 돈으로 바꿔 빵을 샀다. 그리고 남은 돈으로 집을 지으니 동전 몇 개만 남게 되었다.

하느님은 남매를 다시 찾아와 말했다.

"너희가 배고플 때 이 허리띠를 잡고 식탁을 한 번 두드리면 10년 이상 먹을 식량이 나타날 것이다. 이 띠를 다시 팔에 찰 때까지 잔치는 계속되리라."

젊은이는 감격에 겨워 말했다.

"하느님 감사합니다."

하느님은 떠나기 전에 젊은이에게 한 가지를 당부했다.

"한 가지 명심할 것이 있다. 이 허리띠를 누이동생에게 주어서는 안 된다. 그녀가 네 눈을 빼 버리고, 토막을 내 우물에 던져 버릴 것이다."

하루는 누이동생이 말쑥한 남자를 알게 되었다. 만난 지 12일쯤 지났을 때 누이동생은 남자에게 하느님이 주신 허리띠에 대해 이야기했다. 그러자 남자가 말했다.

"셔츠 속에 마카로니를 한 뭉치 넣어 두고 아픈 척해."

누이동생이 침대 위에서 몸을 돌릴 때마다 마카로니가 삐걱거렸다. 몇 번을 그렇게 하더니 오빠에게 말했다.

"내가 아픈 것 안 보이세요? 몸이 좋아져야 할 텐데……. 허리띠 좀 주세요. 나중에 돌려드릴게요."

젊은이는 허리띠를 주겠다고 말하면서도 차일피일 미루면서 정작 주지 않았다. 그러던 어느 날 누이동생은 허리띠를 훔쳐 남자의 집으로 달아났다. 두 사람은 허리띠를 가지고 40일 밤낮을 먹고 마시며 즐겼다.

그동안 젊은이는 호수로 수영하러 나갔다가 목욕하고 있는 예쁜 세 자매를 보았다. 사실 이들은 요정이었다. 젊은이는 장난을 칠 생각으로 여자들의 옷을 숨겨 두었다. 세 자매는 옷이 없어진 걸 알고 몹시 당황했다. 그러나 곧 젊은이가 나타나 옷을 돌려주었다.

옷을 받아 든 세 자매가 말했다.

"우리 옷을 네가 집었으니 너는 우리 형제란다."

세 자매와 젊은이는 예쁜 집에서 함께 살았다. 젊은이는 예쁜 말과 충성스러운 개를 키우며 행복하게 살았다. 그런데 하느님이 경고한 일이 일어났다. 누이동생이 오빠의 눈을 빼 버리고 몸을 조각내 우물에 던져 버린 것이다. 그리고 누이동생의 남편이 사람들에게 들키지 않으려고 우물을 덮어 놓았다.

하루는 젊은이가 기르던 개와 말이 물을 마시러 우물가를 서성거리는 것을 보고 요정 하나가 함지박에 물을 퍼 담아 개와 말에게 주었다. 개와 말은 우물물에서 피 냄새가 나는 것을 알아챘다.

개가 말했다.

"사람의 피 냄새야. 사랑하는 우리 주인님 냄새다."

그날부터 개와 말은 우물 주위를 지켰다. 그러고는 젊은이의 피와 살과 정맥 등을 모두 모아 요정들에게 가져갔다.

요정들은 밀가루와 침을 가지고 젊은이를 만들었다. 다른 곳은 예전 모습 그대로인데 다만 눈이 조금 찡그려졌다.

젊은이는 반지며 팔찌 같은 걸 길에 내다 팔며 지내다가 몇 주가 지나 어둑어둑해질 무렵 누이동생의 집으로 갔다. 누이동생은 오빠를 알아보지 못했다.

"여기서 하룻밤 묵게 해주시면 이 보석을 전부 드리겠습니다. 그냥 쉴 공간만 있으면 됩니다."

누이동생은 반지와 팔찌, 목걸이를 고르며 남편이 반대하는데도 젊은이를 집 안으로 들였다. 누이동생과 남편은 곧 잠이 들었지만 젊은이는 벽에 걸린 허리띠를 보며 자는 척만 했다. 누이동생 부부가 깊이 잠들자 커다란 탁자를 조심스럽게 움직여 그 위로 올라가 허리띠를 잡았다. 이젠 하느님의 권능이 그의 손에 쥐어 있었다.

젊은이는 잠자고 있는 누이동생에게 다가가 말했다.

"이제 충분히 잤으니 그만 눈을 뜨거라."

누이동생은 깜짝 놀라 눈을 휘둥그렇게 떴다.

"내가 바로 네가 조각내 우물에 던져 버린 오빠다. 내 개와 말이 나를 구해 주었다. 일어나거라. 말 마흔 마리와 칼 마흔 자루 중에

●──집시 민담

어떤 것을 선택하겠느냐?"

누이동생은 선물을 고르라는 줄 알고 말했다.

"말을 가질게."

젊은이는 말에 동생을 묶고 말했다.

"네가 마흔 마리 말을 원했으니 이 말들이 너를 끌고 다니면서 화톳불 위를 지나갈 것이다."

그렇게 해서 누이동생은 화톳불에 타 죽었다. 하느님의 권능을 가진 젊은이는 그가 옷을 숨겼던 요정 중 한 명과 결혼해서 자식을 낳고 행복하게 살았다.

새

 옛날 이 마을 저 마을 떠돌아다니던 집시 부부가 있었다. 그들은 어느 마을에서 대장간을 차려 정착하게 되었는데, 하루는 옷을 잘 차려입은 기사가 찾아와 말했다.
 "내 장화에 부착할 굽을 하나 만들어 주시오."
 집시는 곧바로 구리 굽을 만들어 주었다. 기사는 만족해하며 말했다.
 "다른 사람들한테 삽과 곡괭이를 만들어 파는 것보다 더 많은 돈을 줄 테니 내 농장에서 일하는 게 어떻소?"
 집시는 그해 마지막 날까지 농장에서 일하기로 하고 기사의 집으로 들어갔다.
 12월 마지막 날, 기사는 일한 대가로 돈 조금, 포도주 한 단지, 그리고 옥수수를 조금 주었다. 농장 일을 마친 집시는 아내와 식사를 하며 포도주를 마시고 잠자리에 들었다.
 깊은 밤 집시 부부와 기사는 어떤 소리에 놀라 잠에서 깨었다. 새 한 마리가 날개를 퍼득이며 나타나 말했다.

"기사님, 들어 보세요. 집시님 들어 보세요. 오늘 저녁 부인들이 임신을 하게 될 것입니다. 집시님은 아들을, 기사님은 딸을 낳을 것입니다. 그 둘의 얼굴은 닮을 것이며 훗날 부부가 될 것입니다."

집시는 새의 말을 믿지 않고 웃음을 터트렸다. 그러나 기사는 밤새도록 눈을 붙일 수가 없었다.

아침 일찍 일어난 기사는 나이가 가장 많은 하인을 불러 집시가 농장 일을 계속하도록 필요한 모든 것을 주라고 일렀다.

가난한 집시는 기사가 새의 예언을 듣지 못했다고 생각했고 자신 또한 잊어버렸다. 그러나 기사는 집시의 아들이 사위가 된다는 예언 때문에 하루하루 고민에 빠졌다. 속내와 달리 기사는 날마다 집시에게 더 많은 것을 베풀었다.

집시가 기사의 농장을 떠나려 하자 더 많은 돈을 주겠다고 설득해 계속 곁에 두었다.

마침내 두 아이가 태어날 저녁이 되었다. 기사는 도시에서 가장 솜씨 좋은 산파 둘을 불러, 한 명은 집시 부인의 침실로, 다른 한 명은 부인의 침실로 보냈다. 아이들은 같은 시간에 태어났다. 산파가 집시의 침실을 나오자마자 기사는 아이를 보러 달려갔다. 새가 말한 대로 사내아이는 자신의 딸과 너무나 닮아 있었다.

이틀 후 기사는 남자 아이와 여자 아이를 같은 요람에서 재우는 것이 좋겠다고 생각했다. 집시는 내심 놀랐지만 기사의 말을 따랐다. 집시는 새의 예언을 완전히 잊고 있었다.

한 달 후 집시는 기사에게 농장을 떠나겠다고 말했다. 기사는 아들을 두고 떠나면 원하는 것을 주겠다고 말했다. 그때 집시는 새의 예언을 떠올리고 완곡하게 거절했다.

그러나 기사는 고집을 꺾지 않았다. 집시 부인에게 금화가 가득 든 주머니 두 개를 주자 부인은 더 이상 거절할 수 없었다.

"여보. 아이를 여기 남겨 두는 게 낫겠어요. 여기서 자라면 나중에 중요한 일을 하는 사람이 될 수 있잖아요. 그리고 우리도 더 편하게 살 수 있고요. 자식은 또 낳으면 되잖아요."

그러나 집시는 아들을 포기할 수 없었다. 기사가 금화를 가득 채운 주머니 네 개를 건네자 집시는 결국 아들을 남겨 둔 채 눈물을 머금고 떠났다.

다음 날 기사는 가장 충실한 하인에게 사내아이를 숲 속 깊은 곳으로 데려가 죽인 다음 묻어 버리라고 명령했다.

하인은 가장 훌륭한 말을 타고 아이와 함께 숲으로 떠났다. 그러나 기지개를 켜고 재롱을 떠는 아이를 보니 마음이 약해졌다. 그래서 아이를 죽이지 않고 숲에 버리기로 했다.

"사람으로서 못 할 짓이야. 이 아이가 어떤 운명을 타고났든 사람을 죽이는 건 분명 씻지 못할 죄이지."

하인은 아이를 나무 아래 놓아두고 집으로 돌아왔다. 그가 숲을 떠날 때는 눈이 포근히 내리더니 이내 눈이 그치고 해가 나타나 아이 위에 쌓였던 눈이 녹아내렸다.

땔감을 찾으러 나갔던 농부가 그곳을 지나가다가 나무 밑에서 칭얼대는 아이를 발견했다. 가난하지도 그렇다고 부자도 아닌 농부는 하느님이 아이를 보내 주었다고 믿고 모포로 감싸 집으로 데려왔다.

농부는 기사의 농장에서 멀리 떨어진 어느 마을에 살았다. 농부와 부인은 갑자기 아이를 얻고 기뻐 어쩔 줄을 몰랐다.

아이는 시금치처럼 쑥쑥 자랐다. 다른 아이들이 한 달 클 키가 한 시간 만에 자랐다. 아이는 언제나 밝았고, 항상 깨어 있었으며, 뭐

●──집시 민담

든지 쉽게 익혔다.

아이가 학교에 들어갈 나이가 되었다. 자신이 사는 마을이나 기사가 사는 마을에는 학교가 없었기 때문에 농부는 다른 마을의 학교로 아이를 보냈다.

아이가 학교 마당을 들어서자 한 여자 아이가 눈에 들어왔다. 그 아이는 기사의 딸이었다. 이 아이 둘은 공부를 쉽게 배우고 빨리 끝냈다. 처음 본 순간 서로 좋아하게 된 그들은 일분일초도 떨어질 수 없는 사이가 되었다.

그러던 어느 날 여자 아이가 말했다.

"이오니케, 너 없이는 살 수 없어. 나와 결혼해 줄래?"

"부모님께 말씀 드렸니?"

"그래, 우리 부모님은 네가 청혼하기만을 기다리셔."

"그럼 부모님을 뵈러 가자."

이오니케는 결혼 승낙을 얻기 위해 소녀의 집으로 갔다. 그를 본 순간 기사는 치밀어 오르는 화를 이기지 못하고 그만 그 자리에 쓰러져 숨을 거뒀다. 이오니케와 소녀는 아버지가 기쁨에 겨워 흥분한 나머지 죽었다고 생각했다. 결혼식은 사흘 밤낮 계속되었다.

결혼식이 끝난 뒤 사내아이를 숲에 버렸던 하인은 이오니케에게 기사가 그를 보자마자 숨을 거둔 이유와 친아버지가 누구인지 말해 주었다. 이오니케는 아내에게 그 모든 것을 이야기해 주었다. 아내와 그의 어머니는 마침내 하느님께서 그 잔인한 사람을 데려가셨다며 오히려 기뻐했다.

이오니케는 친부모를 찾아 다시 한 번 결혼식을 올렸다.

바디아 이야기

폴란드 어느 마을에서 있었던 일이다.

바디아는 도시에서 열리는 큰 장에 내다 팔려고 말 세 마리를 끌고 집을 나섰다. 장이 열리는 곳은 15킬로미터 정도 떨어진 거리에 있었다. 말 한 마리는 타고 다른 두 마리는 고삐를 매고 천천히 달렸다. 그 뒤로 강하고 늠름한 볼로라는 검정개가 따랐다.

저녁 무렵 바디아는 좋은 값을 받고 두 마리를 판 뒤 허기를 채우려고 주점으로 갔다.

바디아가 주점을 나설 때는 이미 어둑어둑한 저녁이었다. 1미터 앞도 보이지 않을 만큼 캄캄했다. 그가 말에 올라타려는데 주점 주인이 문턱에 서서 그에게 물었다.

"멀리 가시렵니까?"

"아니요, 이 길을 따라 15킬로미터쯤 떨어진 마을에 갑니다."

"다리를 건너시렵니까?"

"다른 길이 없는 것 같은데요."

"그러면 여기서 하룻밤 묵고 내일 떠나시지요."

"무슨 일로 그러십니까?"

"그 다리에 대해 전혀 들은 게 없소?"

바디아는 알 수 없다는 표정을 지으며 주인을 바라보았다.

"올해 들어 매주 장이 서는 날 그 다리에서 사람이 한 명씩 사라져 버렸답니다."

이야기를 듣고 바디아는 웃음을 터트렸다. 그는 오히려 주막에서 묵는 것이 더 위험하다고 생각했다. 주막 주인이 자신이 큰돈을 가진 것을 알고 그것을 노리고 하는 말이라고 생각한 것이다.

"제 걱정 마세요. 말이 있으니 누구도 쫓아오지 못할 겁니다. 누군가 나를 공격하면 볼로가 물리쳐 줄 거요. 어느 누구도 볼로를 이길 수 없거든요. 다음에 봅시다!"

바디아는 말을 타고 볼로 뒤를 따라 조용히 걸어갔다. 30분쯤 걸었으나 아직 아무 일도 일어나지 않았다.

달이 뜨자 바디아는 길에서 멀어졌다는 것을 깨달았다. 주위를 둘러보았으나 길을 찾을 수가 없었다. 바디아는 말을 멈추고 살펴보았다. 그제서야 앞으로 펼쳐진 길을 구분할 수 있었다. 길 양옆을 달빛이 비추고 있었다. 바디아는 넘어지지 않으려고 조심조심 천천히 길을 갔다.

두려움이 밀려들어 바디아는 볼로를 불렀다.

"볼로!"

개는 컹컹 짖었으나 말 앞으로 나아가려 하지 않았다. 바디아는 볼로가 두려워하고 있는 듯하자 소리쳤다.

"볼로, 잡아!"

볼로는 사납게 짖어 대며 마치 보이지 않는 적을 찾는 듯 길 양옆을 뛰어다니며 킁킁거렸다. 바디아는 결국 길을 잃고 주점으로 돌아가기로 마음먹었다. 그러나 말이 발길을 돌리려 하지 않았다. 박차를 가하고 채찍으로 때렸지만 말은 꿈쩍도 하지 않았다.

바디아는 말을 나무에 묶은 뒤 볼로를 쫓아 100미터쯤 갔으나 아무 소리도 들리지 않았다. 바디아는 말을 묶어 둔 곳으로 돌아와 채찍을 가해 보았다. 그러나 말은 왔던 길을 되돌아가려 하지 않았다.

동물은 사람보다 위험을 더 잘 감지하는 법이었다. 말이 도시로 돌아가려 하지 않는 것을 보고 바디아는 주점에 위험이 도사리고 있다는 것을 깨달았다.

바디아가 포기하자 말은 길을 아는 것처럼 앞으로 걸어갔다. 말은 마치 보이지 않는 손에 이끌려 가는 듯했다. 오싹한 소름이 돋는 순간 바디아는 칼을 꺼냈다. 말이 이끄는 곳을 따라가니 그토록 찾아 헤매던 다리가 나타났다.

바니아는 장이 서는 날 한 명씩 사라진다는 나무다리 위에 섰다. 말은 발굽 소리를 내며 다리를 건넜다. 중간쯤 건넜을 때 갑자기 말이 앞다리를 쳐들어 그 위에 타고 있던 바디아는 하마터면 물에 빠질 뻔했다.

그때 앞쪽으로 이상한 물체가 보였다. 너무 커서 머리는 어둠 속에 가려 보이지 않았다. 거인이 다리를 가로막고 있었던 것이다.

바디아는 얼른 말을 돌렸다. 그런데 그 뒤에 또 다른 거인이 나타났고 앞에 있던 거인은 사라졌다. 다시 말을 돌리자 거인도 다시 나타났다.

바디아는 거인이 단 한 명이라고 생각했다. 한 놈이 아주 빠르게 옮겨 다니는 것이었다. 그렇게 빨리 다리를 왔다 갔다 하는 걸 보면 물속으로 움직이는 게 분명했다.

바디아는 십자가를 그어 보았지만 아무 소용 없었다. 거인은 계속 거기에 있었다. 바디아가 소리쳤다.

"볼로, 달려들어!"

충실한 개는 거인을 향해 달려들었다. 바디아가 박차를 가해 달리는 동안 등 뒤에서 잔혹한 싸움이 벌어졌다.

바디아는 낮에 장이 섰던 도시에 도착했다. 그러나 말은 움직이려 하지 않았고 바디아는 지쳐 있었다. 바디아는 하룻밤 묵을 곳을 찾아야 했다.

그때 어느 집에서 희미한 불빛이 흘러나왔다. 바디아는 달려가 문을 두드렸다. 아무런 대답도 들리지 않았다. 커튼이 쳐진 창문으로는 아무것도 볼 수 없었다. 다시 세차게 두드리자 문이 스르륵 열렸다. 바디아는 집 안으로 들어갔다.

그런데 두 개의 의자 사이에 관이 기대어 있었고 그 안에 시체가 놓여 있었다. 화환도 없이 촛불 두 개만 켜져 있었다.

바디아는 두려워하지 않고 시체를 쳐다보았다. 마흔 살쯤 되어 보이는 시신은 농부 옷을 입고 있었다. 자는 듯 평온해 보였다. 가슴에 손을 포개고 예수의 수난상을 쥐고 있었다. 바로 그날 죽었을 것이다. 하지만 아무도 시신을 지키지 않는 것이 이상했다. 아마 친구나 가족이 없는 사람인 듯했다.

바디아는 모자를 벗고 관 뒤에 놓인 의자에 앉았다. 살아 움직이는 주검에 의해 쫓기는 것보다 진짜 주검과 함께 있는 것이 훨씬 낫다고 생각했다. 주막에서 하룻밤을 지내지 않는 것만으로 다행이었다.

12시를 알리는 종소리가 울렸다. 다리에서 만난 거인을 생각하던 바디아는 말 울음소리를 듣고 상념에서 빠져나왔다. 말은 울부짖고 있었다. 그러나 바디아는 일어날 용기가 없었다. 귀신이 먼지 않은 곳에 있다는 것을 알고 있었던 바디아는 볼로를 포기한 것처럼 말을 포기해야 했다.

그러나 곧 마치 번개가 흔드는 것처럼 문이 난폭하게 열리더니 거인이 문지방 너머에 나타났다. 그가 들어오기에는 집 안이 너무 좁았다.

바디아가 벌벌 떨면서 의자에 앉아 있는 동안 관 속에 누워 있던 주검이 마치 산 사람처럼 일어나 거인에게 말했다.

"여기서 뭘 찾고 있는 게냐?"

거인이 말했다.

"저 사람은 내 것이다."

"안 된다. 저 사람은 나를 위해 함께 밤을 지샐 사람이다. 어서 썩 꺼지거라."

시체는 거인을 가로막고 서서 조금도 물러나지 않았다.

두 시간쯤 지나 닭 울음소리가 들려오자 시체와 거인은 싸움을 멈췄다. 해가 떠오르자 거인은 다리로 돌아갈 틈도 없이, 그리고 시체는 관 속으로 들어갈 틈도 없이 그대로 굳어 버렸다.

바디아는 관 속에 누워 있던, 알지도 못하는 주검 덕분에 거인으로부터 달아날 수 있었다. 거인과 시체는 문을 가로막고 서로 붙잡은 채 서 있었다. 밤새 공포에 떨던 바디아는 창문으로 나올 생각도 하지 못하고 누군가 꺼내 주기만을 기다리며 그곳에 그대로 있었다.

30분쯤 지나 길을 가던 농부가 거인과 시체를 발견했다. 농부는 교회로 달려가 신부를 불렀다. 신부가 교회 종을 치자 마을 사람들이 달려왔다.

사람들이 기도를 하자 문이 열리더니 바디아가 나왔다. 신부가 그의 축복을 빌 때까지 아무도 그를 만지려 하지 않았다.

바디아는 그날 저녁 일어났던 일을 사람들에게 이야기해 주었다. 거인과 시체를 보고서도 한 농부가 볼로의 시체를 찾기 전까지는 아무도 그의 말을 믿으려 하지 않았다.

사람들은 거인과 시체를 공동묘지에 묻어 주었고, 농부는 바디아를 가엾이 여겨 그를 집까지 데려다 주었다.

그 뒤 바디아는 두려움에 떨다 병에 걸려 석 달 동안 몸져누운 끝에 숨을 거두었다.

아시펠트

깊은 산골짜기에 노부부가 살고 있었다. 부부에게는 자식이 열두 명 있었는데, 그중 막내의 이름이 아시펠트였다.

형들은 말을 하지도 듣지도 못하는 아시펠트를 좋아하기는커녕 몹시 싫어했다. 그래서 아시펠트는 화톳불 밑에 있는 구멍에 들어가 하루를 보내곤 했는데, 그럴 때면 형들은 화톳불 위에 침을 뱉고 지나갔다. 열한 명의 형제들은 일주일 내내 나무를 하러 나갔다가 토요일이면 꽤 많은 돈을 가지고 집으로 돌아왔다.

어느 토요일 부인이 남편에게 말했다.

"존, 당신하고 남은 일생 동안 쓰고도 남을 만큼 돈을 모았어요. 그러니 오늘 저녁 자식들에게 이렇게 말합시다."

부인은 나무를 하러 나갔던 자식들이 돌아오자 한자리에 모아 놓고 말했다.

"오늘 모병관이 우리 집에 건장한 청년 열한 명이 있다는 소문을 듣고 군인을 징집하러 왔더구나. 너희가 징집되지 않으려면 밀짚 밑에 숨는 방법밖에 없단다."

그러고는 부인은 눈물을 흘렸다.

자식들이 밀짚 속에 숨은 뒤 부인이 남편에게 말했다.

"아이들이 잠들면 12시에 불을 질러 태워 버립시다. 그리고 나중에 아시펠트도 그렇게 처리하는 거예요."

화톳불 구멍에 들어가 있던 아시펠트는 어머니의 말을 엿듣고 말았다. 11시쯤 되어 아시펠트는 곳간으로 가서 형들을 한 명씩 꺼내기 시작했다.

영문을 모르는 형들이 소리쳤다.

"대체 누구냐?"

아시펠트는 나직한 목소리로 말했다.

"나는 형들의 동생 아시펠트예요."

잠이 덜 깬 형들이 화를 내자 아시펠트가 다급하게 말했다.

"어머니와 아버지가 형들이 자고 있는 곳간에 불을 지르려고 해요. 형들을 죽이려고 곳간에 숨으라고 한 거예요. 저하고 저기 계단으로 가서 정말 곳간이 불에 타는지 지켜봐요."

형제들은 모두 계단 뒤에 숨었다. 12시쯤 되자 부부는 횃불을 가지고 나와 곳간에 불을 질렀다.

형들은 자신들의 목숨을 구해 준 아시펠트에게 진심으로 고마워했다. 형제들은 부모를 해치지 않고 말없이 집을 떠났다.

조금 걸어가자 열두 개의 갈림길이 나왔다. 형들은 길을 하나씩 골라 각자 떠났다가 열두 달이 지난 후 이곳에서 다시 만나기로 했다. 화톳불 구멍에서 나와 본 적이 없는 아시펠트는 그날 더운 날씨에 지쳐 그만 잠이 들고 말았다.

아시펠트가 잠든 사이 형들은 모두 각자 선택한 길로 떠났다. 그러나 그들이 떠난 길에 어떤 표시도 남겨 두지 않았다. 잠에서 깬 아시펠트가 주위를 둘러보니 걸으면 진흙이 무릎까지 차오르는 험한 오솔길만 남아 있었다.

아시펠트는 걸어가는 동안 진흙에 넘어지고 또 넘어졌다. 게다가 오솔길 양쪽으로 커다란 찔레나무 가지가 하늘을 뒤덮고 있었다. 아시펠트는 온몸을 긁히면서 닭 울음소리와 사냥꾼의 뿔피리 소리도 들리지 않는 깊은 계곡을 따라 높은 산으로 올라갔다.

그렇게 걷고 또 걸어 어느 성에 도착한 아시펠트는 새로 지은 집을 찾아가 일자리를 구했다.

"일자리를 줄 수는 있소만, 당신이 할 수 있는 일이 무엇이오?"

"시키는 일이면 뭐든지 하겠습니다."

"좋소. 저 성에서 잠을 자면 50리라와 좋은 옷을 한 벌 주겠소. 그리고 성에서 밤을 지새는 동안 먹을 땅콩과, 필요한 만큼의 담배와 따뜻한 불을 주겠소."

밤이 되자 남자는 아시펠트를 성에 데리고 가 문을 열어 주었다.

아시펠트는 불 옆에 앉았다. 그런데 12시쯤 다른 방에서 큰 소리가 들려 뒤를 돌아보니, 문 옆에 벌거벗은 사람이 서 있었다.

아시펠트가 그에게 말했다.

"이리 와서 몸 좀 녹이시지요."

그러나 귀신이었던 그 사람은 불 가까이 오지 않으려 했다. 아시펠트가 그를 끌고 와서 담배와 땅콩을 권했다.

그러자 귀신이 아시펠트가 가지고 있던 담배와 땅콩을 모두 먹어 치웠다.

새벽 2시쯤 귀신이 사라진 뒤 아시펠트는 불 옆에 혼자 남아 잠이 들었다.

다음 날 아침 남자가 그를 불러 말했다.

●──집시 민담

"아시펠트, 살아 있소?"

"그럼요, 살아 있고말고요. 벌거벗은 사람이 나타났기에 불을 쬐라고 했더니 가까이 오지 않더라고요. 그래서 땅콩과 담배를 권했더니 내가 가지고 있던 것을 죄다 먹어 버리지 뭡니까."

그러자 남자는 놀란 표정을 지으며 말했다.

"아시펠트, 어서 가서 요기를 합시다. 그리고 하룻밤 더 머물면 50리라를 더 주겠소."

"그렇게 하죠. 어제저녁에 봤던 것과 같은 것을 한 번도 본 적이 없어요. 나는 항상 화톳불 밑에서 살았기 때문에 귀신이 뭔지도 몰라요."

아시펠트는 저녁이 될 때까지 과수원에서 귤을 팔았다. 저녁이 되자 남자가 말했다.

"이제 다시 성으로 들어갑시다."

남자는 반 파운드 분량의 담배와 어제보다 훨씬 많은 양의 땅콩을 아시펠트에게 주었다. 그날 밤에 다섯 명의 귀신이 나타났다. 그리고 구석진 곳에 해골 모습의 다른 영혼도 있었다. 귀신들은 쉬익쉬익 소리를 내며 방을 위에서 아래로 뛰어다녔다.

아시펠트는 귀신들에게 말했다.

"불 가까이 와서 몸을 좀 녹이세요. 그렇게 옷을 벗고 다니다가 얼어 죽겠어요. 담배하고 파이프가 있으니 원하시면 좀 피우시죠."

그리고 구석진 자리에 있던 혼령에게 말했다.

"당신도 이리 오세요. 뼈밖에 안 남아 몹시 추워 보이네요."

혼령은 꿈쩍도 하지 않았다. 아시펠트가 그를 불 가까이 데려오려고 다가가 목을 만지자 조각조각 부서져 내렸다.

그것을 보고 귀신 중 한 명이 말했다.

"원래대로 해놓지 않으면 너를 잡아먹어 버릴 테다."

아시펠트는 뼈 위에 다른 뼈를 쌓고 그 위에 다시 뼈를 쌓았다. 그러나 뼈는 쌓자마자 허물어져 버렸다. 아시펠트는 2시가 되어서야 뼈를 원래대로 다 붙였다. 한숨 돌리고 담배를 피우려고 했으나 귀신들이 다 피우고 하나도 남지 않았다.

아시펠트는 실망하며 말했다.

"탐욕스러운 놈들 같으니라고. 어제저녁보다 더 나쁜 놈들이로군."

귀신들이 사라진 뒤 아시펠트는 불 옆에 앉아 잠이 들었다.

다음 날 아침 6시에 남자가 아시펠트를 불렀다.

"아시펠트, 아직 살아 있소?"

"그럼요, 여기 살아 있어요."

"어제저녁에 무슨 소리 못 들었소?"

"탐욕스러운 놈들이 떼로 몰려와 내 담배하고 땅콩을 전부 먹어 버렸어요."

남자는 아시펠트를 집으로 데려가 아침을 대접하고 말했다.

"오늘 저녁 성에서 하룻밤을 더 지새면 50리라를 더 주겠소."

남자는 아시펠트에게 담배와 땅콩을 어제보다 더 많이 주고 성으로 들여보냈다.

아시펠트는 의자에 편안하게 앉아 담배를 조금 피웠다. 조금 있으니 한 번도 들어보지 못한 무시무시한 소리가 들렸다. 누군가를 죽이려 할 때 지르는 비명 소리 같았다. 그런데도 아무도 보이지 않았다.

12시쯤 되자 갑자기 문이 열리면서 목이 잘린 사람이 들어왔다.

아시펠트는 그에게 다가가 담배를 권했다.

그러자 목이 잘린 사람이 말했다.

"넌 참 겁이 없구나. 나하고 같이 가면 내가 어디 누워 있는지 알려 주겠다. 동생이 나를 죽였단다. 이곳에서 저녁을 보내라고 돈을 준 사람이 바로 내 동생이란다. 아시펠트, 계단 밑으로 따라오너라."

아시펠트는 계단을 계속 내려갔다. 계단 밑은 너무 어두워 보이지 않았다. 계단 아래에 도착하니 활활 타오르는 불빛이 보였다.

"아시펠트, 나를 따라오너라. 네가 조각조각 허물어뜨린 혼령이 바로 나란다. 나를 위해 한 가지 일을 해주면 너를 기사로 만들어 주겠다. 이리 오너라. 그 깃발을 들거라."

아시펠트가 깃발을 들려고 했으나 깃발은 꿈쩍도 하지 않았다. 아시펠트가 도움을 청하자 혼령이 말했다.

"깃발 밑에 손을 넣고 다시 들어 보거라."

시키는 대로 하자 깃발이 금세 들렸다. 그리고 그 아래에는 금화가 가득 든 커다란 냄비가 있었다.

"아시펠트, 이리 와서 다른 깃발을 들어 보거라."

아시펠트가 다른 깃발을 들어 올리자, 그 밑에 해골이 관 속에 누워 있었다. 그곳이 바로 혼령이 죽은 곳이었다. 어느 날 누가 성 주인인지를 놓고 형제 간에 다툼이 있었는데, 결국 동생이 형을 죽여 그곳에 묻어 버린 것이다.

"아시펠트, 나를 위해 한 가지 일을 해주면 더 이상 너를 괴롭히지 않겠다. 성에서 살더라도 아무도 너를 괴롭히지 않을 거야. 아침에 동생이 너를 데리러 와 어제저녁에 무슨 일이 있었냐고 물으면, '아무 일도 없었어요. 땅콩을 먹고 담배만 피웠어요.' 라고 대답하거라. 그러고 나서 길을 떠나 처음 도착하는 도시에서 그가 자기 형을 죽였다고 신고해 주렴. 재판관이 증인을 부르면 내가 나타나겠다. 그러면 성은 내 것도 동생 것도 아닌, 네 것이 될 것이다."

아시펠트는 가장 가까운 도시로 달려가 판사에게 신고했다. 판사는 병사들을 성으로 보냈다.

병사들은 형을 죽인 혐의로 동생을 데려가 재판정에 세웠다.

12시가 되어 재판관이 증인을 부르자 목이 잘린 형이 나타났다. 동생은 20년형에 처해졌지만, 감옥에 갇힌 지 얼마 안 되어 병으로 죽고 말았다.

아시펠트는 하인 두 명을 데리고 성에서 살았다. 그러던 어느 날 아시펠트는 형들과 약속한 날이 다가오고 있다는 것을 떠올리고 성을 떠날 준비를 했다. 말 두 마리와 마차, 그리고 형들이 입을 옷 열한 벌을 마련했다.

아시펠트가 열두 갈래 길에 도착했을 때 형들은 그곳에서 잠을 자고 있었다. 아시펠트는 형들을 깨워 물었다.

"젊은이들, 여기 누워서 뭘 하고 있는 것이오?"

"우리는 아시펠트라는 이름을 가진 동생을 기다리고 있소."

아시펠트가 또 물었다.

"그렇다면 그를 알아볼 수 있겠소?"

"물론이오. 우리는 헤어진 지 1년째 되는 날 이곳에서 만나기로 했소."

그러자 아시펠트가 말했다.

"내가 바로 아시펠트예요."

형들은 모두 그를 쳐다보았다.

"당신이 정말 아시펠트라면 팔을 보여 주시오. 아시펠트의 팔에는 우리만 알고 있는 표시가 있소."

아시펠트가 팔에 있는 표시를 보여 주자 형들은 서로 부둥켜안고 뛸 듯이 기뻐했다.

아시펠트는 형들에게 옷을 나눠 주고 말했다.

"이젠 부모님에게 돌아가야 합니다. 우리가 나타나면 어떻게 할지, 그리고 어떻게 변했는지 보아야 합니다. 형들이 집 밖에 있으면, 내가 어머니를 만나 열한 명의 아들들이 어떻게 되었느냐고 물어보겠습니다."

집 앞에 도착한 아시펠트는 혼자 안으로 들어갔다.

"안녕하세요, 할머니. 열한 명이나 되는 자식들은 모두 어떻게 되었습니까?"

노인은 힘없는 목소리로 말했다.

"전부 군인이 되었다네."

아시펠트는 열한 명의 형들을 불러 어머니에게 말했다.

"저기 밀짚에다 열한 명의 형들을 태워 죽이려고 하지 않았나요? 모병관이 그들을 찾으러 올거라고 꾸미고 짚에 불을 질렀잖아요."

"아니야. 그런 게 아니야……. 그때 그 일은……."

그렇게 해서 모든 것이 밝혀졌다.

냄비 장수 부부

옛날 욕심 많은 냄비 장수 부부가 돈을 빨리 벌기 위해 잘사는 나라를 찾아갔다. 그리고 빈집으로 들어가 맥주 한 통을 놓고 지나가는 사람들에게 팔기로 했다. 냄비 장수는 아내에게 일주일 동안 맥주 파는 일을 맡기고 자신은 다른 일을 찾으러 나갔다.

하루는 젊은이가 그 집으로 들어와 냄비 장수 부인에게 말을 걸었다.

"참 덥군요. 그렇지 않으세요?"

냄비 장수 부인은 의아한 듯 말했다.

"오히려 너무 추운데요."

"무거운 짐을 지고 다녀서 그런지 겨울인데도 땀이 나네요."

냄비 장수 부인은 잘됐다 싶어 말했다.

"더우시면 이 맥주로 목을 좀 축이시지요. 그럼 시원해질 텐데요."

젊은이가 말했다.

"하느님의 축복이 있으시길. 이 돈을 받으시고 한 잔만 주십시오."

 젊은이가 준 돈은 이제까지 부인이 한 번도 본 적 없는 큰 동화(銅貨)였다. 그러자 부인은 맥주를 통째로 꺼내 주고, 진열대 위에 놓인 대야에 돈을 집어넣었다. 젊은이는 맥주통을 다 비울 때까지 그곳에서 사흘 동안 마셨다.

 일주일 후에 냄비 장수가 돌아왔다.

 "여보, 맥주 파는 일은 잘되었소?"

 "그럼요, 아주 잘됐어요. 한 방울도 안 남기고 다 팔아 버렸거든요."

 "잘했소. 한 통 더 사서 팔아 보는 게 좋겠군. 그럼 어디 얼마나 벌었는지 보여 주구려."

 부인은 동화가 든 대야째로 남편에게 건네주며 의기양양하게 말했다.

 "당신이 맥주를 팔아서 가능한 한 큰돈을 벌라고 말했잖아요."

 냄비 장수는 돈을 세려고 대야를 탁자 위에 엎었다. 그런데 이게 웬일인가. 탁자에 쏟아진 건 달랑 동화 하나였다.

 냄비 장수는 화를 내며 말했다.

 "당신, 지금 망하려고 작정했소?"

 부인은 당황하며 말했다.

 "여보, 큰돈을 벌라면서요. 이것보다 더 큰돈을 본 적 있어요?"

 "안 되겠군. 맥주 파는 일은 잘 못하는구려. 이번에는 돼지를 한 마리 사서 돈을 한번 벌어 봐야겠소. 돼지가 먹고 살찔 수 있는 양배추가 채소밭에 널려 있군. 좋아, 잘 들어요. 양배추마다 조그만 막대기를 박아 두었다가 정육점 주인이 돼지를 잡으면 막대기 수만큼 돼지고기를 잘라 구워 팔면 많은 돈을 벌 수 있을 거야."

부인은 정육점 주인이 돼지를 잡자 고기를 잘라서 양배추와 돼지고기를 작은 막대기에 꽂았다. 며칠 후 남편이 돌아왔다.

"여보, 돼지는 어떻게 됐소?"

"당신이 시킨 대로 했어요. 양배추와 함께 작은 막대기에 돼지고기를 꽂아 구웠어요."

"정말 미치겠군. 돼지고기가 다 타 버렸는데 누가 그걸 사 먹겠소? 이곳에 더 있다가는 완전히 망하겠어. 숯불을 빼서 당신 뒤에 있는 문으로 던져 버려요."

부인은 빨갛게 달궈진 숯불을 전부 끄집어내 앞치마에 담아 문으로 던졌다. 그런데 문이 너무 낡아 경첩이 빠지면서 그만 부인의 등 뒤에 붙고 말았다.

화가 머리끝까지 난 남편은 흥분한 나머지 부인이 문을 등에 붙이고 있는 것도 알아채지 못했다.

부부는 그 나라를 떠났다. 날이 어두워질 때쯤 속이 텅 빈 나무 아래에서 걸음을 멈췄다.

"오늘 저녁은 이곳에서 지냅시다."

부부는 나무 꼭대기로 올라갔다. 그런데 잠시 후 도둑 무리가 그곳에 나타났다.

냄비 장수가 낮은 소리로 투덜거렸다.

"하느님 맙소사, 되는 일이 없군. 조용히 하구려. 이들은 보초 서는 놈들인가 보군."

도둑들은 고기 요리를 하려는데 불이 없는지 서로를 탓하며 투덜거렸다.

그때 부인이 냄비 장수에게 말했다.

"여보, 숯불 좀 던져 줘야겠어요. 뜨거워 죽겠어요."

냄비 장수는 부인의 앞치마에 담아 가지고 온 숯불을 던졌다. 숯불은 도둑 앞에 떨어졌다.

도둑들은 하늘에서 숯불이 떨어지자 깜짝 놀랐다.

"이것 좀 봐라. 하느님의 선물인가 보군."

숯불을 가지고 요리하던 도둑이 혼잣말을 중얼거렸다.

"하느님께서 식초를 조금만 보내 주셨으면……."

그때 냄비 장수 부인은 남편에게 투덜거리면서 말했다.

"여보, 이젠 문을 던져야겠어요."

남편은 짜증스러운 목소리로 말했다.

"뭘 던진다고 했소?"

"문을 던진다고요. 줄 때문에 사람 죽겠어요."

냄비 장수는 나무 밑으로 문을 떨어뜨렸다. 도둑들은 하늘에서 큼지막한 것이 떨어지자 악마가 나타났다고 생각하고 한걸음에 도망쳤다.

냄비 장수 부인은 나무에서 내려와 도둑들이 서둘러 도망치다 두고 간 주머니를 집어 들었다. 그 안에는 금이 가득 들어 있었다.

그런데 도망치던 도둑 가운데 벙어리 도둑이 무슨 일이 일어났는지 알아보려고 나무 있는 곳으로 돌아왔다. 그는 잡목 사이에 숨어 지켜보다가 부인이 금 주머니를 들고 있는 것을 보았다.

벙어리 도둑은 "아아아."라고 말을 더듬으면서 냄비 장수 부인에게 다가갔다.

부인은 도둑을 보고 침착하게 말했다.

"이리 오세요. 내가 다시 말할 수 있게 해줄 테니."

그러고는 혀를 내밀어 따라해 보라고 말했다. 도둑이 혀를 내밀자 부인은 칼로 그 혀를 반으로 잘라 버렸다.

벙어리 도둑은 비명을 지르며 다른 도둑들 뒤를 쫓아갔다. 도둑들은 누군가가 입에서 피를 흘리며 쫓아오는 것을 보고 악마가 틀림없다고 생각했다.

그 후로 냄비 장수와 그의 부인, 그리고 도둑 무리를 본 사람은 아무도 없었다. 다만 알 수 있는 것은 냄비 장수 부부가 돈이 부족해 어려운 일은 없었다는 것이다.

하느님의 가족은 몇 명인가

신부와 집시가 교리문답을 하고 있었다.
신부가 물었다.
"하느님은 모두 몇 분이십니까?"
집시가 주저하지 않고 대답했다.
"일곱 명입니다."
신부는 의아해하며 물었다.
"그렇다면 누구누구인지 말해 보십시오."
"교리에 의하면 성부, 성자, 성령 세 분이시지요. 그리고 세 명이 더 있고, 진짜 하느님이 한 분 계시지요."
"불쌍한 사람 같으니. 당신이 말하는 모든 사람들이 유일한 하느님이라는 것을 모르고 있군요."
그러자 집시는 혼란스러운 듯 말했다.
"그러면 식구가 줄어드는데요. 불쌍한 가족 같으니라고!"

어떤 사람의 죽음

 집시 후디케는 몸을 깨끗이 씻은 다음 새 옷을 차려입고 고해성사를 하기 위해 신부를 찾아갔다. 신부는 집시가 교리에 대해 얼마나 알고 있는지 보려고 몇 가지 질문을 했다. 그러나 집시는 한마디도 대답하지 못했다.
 마지막으로 신부가 물었다.
 "예수의 수난과 죽음에 대해 아는 것이 있습니까?"
 "아는 것이 아무것도 없습니다."
 집시는 자신의 무지를 인정하며 공손히 말했다.
 그러자 신부는 조금 화를 내며 말했다.
 "앞으로 교리를 배울 때까지 교회에 오지 마십시오."
 집시는 영문을 모른 채 교회 문을 나서다 대부를 만났다. 대부가 고해성사를 하러 왔다고 하자 집시가 말했다.
 "대부님, 조심하세요. 신부님이 어떤 사람의 죽음에 대해 조사하고 있거든요."

경 험

그라나다에 있는 트리운포라는 시장에 집시 후안 찰리나가 일곱 살 먹은 앵무새보다 더 늙고 비쩍 마른 노새를 팔고 있었다.

후안은 노새에 대해 이렇게 말했다.

"이 노새는 보기보다 훨씬 좋은 놈입니다. 짐을 실을 수도 있고 수레를 끌기도 하지요. 모든 일을 다 할 수 있습니다."

그러자 어떤 사람이 의심스러운 듯 말했다.

"내가 보기에는 아무 쓸모 없어 보이는데."

"왜 그렇게 생각하시오?"

"이 노새는 너무 늙었잖소."

그러자 후안 찰리나가 말했다.

"이 노새는 용감하기까지 하답니다. 그리고 늙은 노새가 경험이 더 많다는 것도 모르십니까?"

절름발이 당나귀

한 시골뜨기가 당나귀를 사려고 시장에 갔다. 시골뜨기는 윤기가 흐르고 좋아 보이는 당나귀를 발견하고 주인인 집시에게 물었다.
"이 당나귀는 얼마나 합니까?"
"얼마 안 합니다. 거저나 마찬가지지요."
"그래요? 그런데 건강하기는 합니까?"
"물론입니다. 몇십 리는 단번에 갈 수 있지요."
"그럼 한번 보여 주십시오."
그런데 시골뜨기가 보기에 당나귀가 다리를 절고 있는 것 같았다. 시골뜨기는 고개를 저으며 말했다.
"됐습니다. 다리를 절고 있잖습니까?"
"다리를 절다니요. 당치도 않습니다. 이 당나귀는 너무 똑똑해서 사람을 골려 주려고 다리를 저는 척하는 겁니다."

가난해도 정조는 지키다

　세비야에서 부활절 기간 동안 거리 행렬을 벌일 때의 일이다. 예수님 조각상은 금실을 비롯해 다른 화려한 것으로 장식되었는데, 마리아 조각상은 소박하고 보잘것없는 천으로 장식되어 있어서 예수님 조각상하고 대조되었다. 이 두 개의 조각상은 집시 신도들이 만든 것이었다.
　너무 대조되는 두 개의 조각상을 보고 지나가던 외국인들이 말했다.
　"아들한테는 저렇게 많은 돈을 쓰는데, 그 어머니는 저렇게 초라하다니."
　그 말을 들은 집시 신도가 신념에 찬 목소리로 말했다.
　"이보시오, 마리아가 가난한 것은 사실이지만, 그래도 정조는 지켰어요."

장모 죽이기

프라스키도는 멍에를 멘 소마냥 사나운 집시였다. 그는 늘 교회를 찾아 참회를 하고 고해성사도 자주 했다. 하루는 프라스키도가 망치로 벼룩을 죽이고 신부를 찾아갔다.

"신부님, 오늘 저는 벼룩을 망치로 때려 죽였습니다."

그러자 신부가 말했다.

"형제이시여, 그건 죄가 아닙니다."

프라스키도는 주저하며 말을 이었다.

"신부님, 그 벼룩이 다름 아닌 제 장모님 머리 위에……."

신부는 깜짝 놀라 큰 소리로 말했다.

"그러면 사람을 죽였단 말입니까? 씻지 못할 큰 죄를 지었군요."

프라스키도는 어리둥절한 표정을 지으며 말했다.

"뭐라고요? 장모님을 죽인 게 죄라고요?"

신부는 사람인가

코르도바 출신의 초테코는 세탁소에서 일하는 사람이었다. 하루는 고해성사를 하러 간 그에게 신부가 물었다.

"삼위일체는 몇 사람입니까?"

"열네 명입니다. 제 어머니가 그 사람들 옷을 전부 세탁해 드렸거든요."

신부는 어이없는 표정을 지으며 말했다.

"그 사람들은 삼위일체 교단의 신부들입니다."

초테코는 태연하게 대꾸했다.

"신부님, 그럼 신부님들은 사람이 아니라는 말씀이십니까?"

집시의 선서

한 집시가 나귀 한 마리를 훔친 혐의를 받고 재판정에 서게 되었다.

재판관이 말했다.

"피고는 이름을 말하시오."

"저는 쿠로라고 합니다."

재판관은 위엄 있는 목소리로 심문했다.

"쿠로, 당신은 당나귀를 훔쳤습니까?"

쿠로는 죄를 부인하며 말했다.

"재판관님, 저는 당나귀를 훔치지 않았다고 하느님께 맹세할 수 있습니다."

재판관은 조금 큰 소리로 말했다.

"피고는 지금 자신이 한 짓을 부정하는 것이오? 포졸이 당나귀에 타고 있는 당신을 붙잡았는데도 발뺌할 셈이오?"

쿠로는 억울하다는 듯 말했다.

"제가 당나귀를 타고 있었던 것은 사실입니다. 그러나 제가 훔친 것은 당나귀가 아니라……."
 쿠로가 말을 흐리자 재판관이 재촉했다.
 "그래, 당신이 훔친 것이 무엇이오?"
 쿠로는 잠시 뜸을 들이더니 말했다.
 "올리브 나무에 올라가 열매를 훔치고 있는데 나무 아래로 당나귀가 지나가고 있었습니다. 그때 마침 제가 나무에서 미끄러져 당나귀 위에 떨어진 것입니다."

정부가 하는 일은 전부 나쁘다

어떤 남자가 집시 안토니오에게 물었다.
"이 세상을 누가 만들었는지 아시오?"
그러자 안토니오는 당연히 알고 있다는 듯 곧바로 대답했다.
"아직도 그걸 모르십니까? 너무 오래된 일이라 잊어버리셨군요."
남자는 뜻밖의 대답에 고개를 갸우뚱했다.
"그래서 누가 만들었단 말이오?"
"누가 만들다니요. 정부 아닙니까. 정부가 하는 일이라고는 나쁜 일뿐이라는 걸 보면 뻔하지 않습니까."

●──집시 민담

장미

    어느 날 산 베르나르도 마을 출신의 집시 투우사 파코가 못생긴 아가씨를 보고 문득 호기심이 생겨 말을 걸었다.
    "아가씨, 이름이 무엇입니까?"
    아가씨는 낯선 남자를 보고 조금 경계하며 말했다.
    "그건 왜 물으시죠?"
    파코는 조금 계면쩍어하며 말했다.
    "그저 궁금해서 그럽니다."
    "그렇군요. 제 이름은 '장미' 입니다."
    아가씨의 이름을 듣는 순간 파코는 놀란 목소리로 대꾸했다.
    "장미라고요? 봄에도 시든 장미가 있다니……."

기사님이 잠자리에 드신다

 한 기사가 시장 어느 가게 앞에서 그만 발을 헛디뎌 미끄러지고 말았다. 기사는 넓죽 뒤로 넘어지면서 '하느님 아버지'라고 외쳤다. 사람들 앞에서 바보스러운 모습을 보이고 창피함을 느낀 기사는 그 순간이 너무나 길게 느껴졌다.
 그때 집시 아가씨가 다른 아가씨에게 그녀들이 즐겨 쓰는 말을 큰 소리로 외쳤다.
 "미카엘라, 불 꺼라. 기사님이 잠자리에 드신다."

후각이 예민한 말

안톤 마야는 간교하고 못된 짓을 일삼는 집시였다. 마야는 사람들에게 형편없는 말을 그럴듯하게 갖다 붙여 괜찮은 값에 팔곤 했다.

어느 날 안톤은 어떤 사람에게 늙고 삐쩍 마른 말을 팔려고 했다. 그러나 아무리 애써 봐도 말이 몇 발자국밖에 걷지 않자 마지막으로 이렇게 말했다.

"맞은편에서 바람이 불어오는군요. 그런데 이 말은 후각이 무척 예민하답니다."

녹색 안경

하타 대부는 영리하고 간교하기로 소문난 집시였다. 하지만 그린 그에게도 곤궁은 닥치게 마련이었다. 어느 날 말들이 굶어 죽을 지경인데도 건초를 사 먹일 돈조차 없게 된 것이다. 4월 축제일에 윤기 흐르는 말을 사람들한테 선보이려고 했는데 그럴 수 없게 되었다.

하타는 궁리하던 끝에 말에 녹색 안경을 씌웠다.

사람들은 하타의 집 마당에서 말들을 구경하며 물었다.

"하타, 녹색 안경은 왜 씌운 거요?"

하타는 짐짓 진지한 표정을 지으며 말했다.

"이 녹색 안경을 쓰면 말이오, 말들은 밀짚과 건초를 같은 색으로 보고 더 잘 먹게 된단 말이오."

부활의 신비

  코르도바 출신의 집시 플란톤은 몹시 게으른 신도였다. 어느 날 신부는 그가 교리를 얼마나 많이 공부했는지 시험하려고 몇 가지 질문을 해보았다.
  "부활의 신비에 대해 말해 보시오?"
  플란톤은 계면쩍어하며 말했다.
  "신부님, 나무를 예로 들면 저는 나무에 대해 아무것도 모릅니다."
  신부는 당연하다는 듯 말했다.
  "그걸 안다면 세상의 모든……."
  그러자 플란톤이 웃으며 말했다.
  "그런데 신비라니요!"

따귀 한 대

한밤중에 가리호라는 집시가 술에 취해 길거리에서 야간 순찰관을 붙잡고 물었다.
"지금 몇 시나 됐습니까?"
순찰관은 귀찮아하며 말했다.
"길거리서 헤매지 말고 어서 집으로 돌아가시오."
가리호는 순찰관의 팔을 잡아끌며 계속 귀찮게 했다.
"이보시오, 지금이 몇 시나 됐는지 말해 주시오."
참다못한 순찰관이 화를 내며 소리쳤다.
"이거 놓으시오. 한 대 치기 전에."
그러자 가리호가 말했다.
"1시면 좋을 텐데, 12시면 열두 대를 맞을 테니까."

곱사등이

옛날 세비야에 창피한 것을 모르는 카로파라는 집시가 살고 있었다. 어느 해 부활절 축제일에 카로파는 축제를 보러 온 곱사등이에게 물었다.

"아저씨, 세비야로 올 때 어느 길로 왔습니까?"

곱사등이가 말했다.

"저는 제가 사는 마을에서부터 서서 왔습니다."

그러자 카로파는 깜짝 놀라며 말했다.

"뭐라고요! 그런데 지금 왜 그렇게 변했죠?"

잭과 금 담뱃갑

옛날 노부부가 잭이라는 이름을 가진 아들과 함께 숲 속에서 살고 있었다. 잭은 부모님 말고 다른 사람을 단 한 명도 본 적 없었다. 그러나 책을 많이 읽은 잭은 세상에 많은 사람들이 있다는 것을 알고 있었다.

하루는 아버지가 장작을 구하러 나갔을 때 잭이 어머니에게 말했다.

"어머니, 다른 나라에 가서 사람들을 많이 만나고 싶어요. 숲 속에서 보는 것이라고는 커다란 나무뿐이에요. 나무만 보고 살 수는 없잖아요."

잭이 간곡하게 말하자 어머니는 말릴 수 없었다.

"네 마음 이 어미도 안다. 그러려무나. 네가 그렇게 원한다면 가는 것이 좋겠지. 하느님께서 너를 보호해 주실 거다."

그러고는 어머니가 덧붙였다.

"그런데 애야, 축복받은 작은 케이크를 가져갈 테냐, 아니면 저주받은 커다란 케이크를 가져갈 테냐?"

잭은 머뭇거리지 않고 대답했다.

"커다란 케이크를 구워 주세요. 먼 길 떠나다 보면 배고플 테니까요."

어머니는 커다란 케이크를 하나 만들어 잭에게 주고 집에서 가장 높은 곳에 올라가 잭이 보이지 않을 때까지 저주를 퍼부었다.

가는 길에 잭은 아버지를 만났다.

"잭, 지금 어디 가는 거냐?"

잭은 많은 사람들을 만나기 위해 길을 떠난다고 말했다.

아버지는 아들을 껴안고 나서 말했다.

"그래, 네가 떠난다니 마음이 아프구나. 하지만 결정했으니 떠나야지."

그렇게 해서 잭은 아버지와 헤어져 길을 떠났다. 그런데 몇 걸음 가지 않았을 때 아버지가 잭을 불러 주머니에서 금으로 만든 담뱃갑을 꺼내 주었다.

"이 담뱃갑을 주머니에 넣고 다니거라. 다만 네 생명이 위험할 때까지는 절대 열어봐서는 안 된다."

잭은 하루 종일 쉬지 않고 걸었다. 어머니가 준 케이크는 해가 지기도 전에 다 먹어 치웠다. 저녁이 되어 캄캄한 어둠 속을 걸어가던 잭은 마침내 멀리서 불빛이 반짝이는 것을 보았다.

불빛 있는 곳으로 걸음을 재촉해 가니 집이 한 채 있었다. 잭이 뒷문을 두들기자 하녀가 나타났다.

"무슨 일이시오?"

"하룻밤 묵을 곳을 찾고 있습니다."

하녀는 선뜻 들어오라고 하고는 고기와 빵, 맥주를 주었다.

잭이 난롯가에 앉아 음식을 먹고 있을 때 마침 그 집에 사는 아가씨가 부엌으로 들어왔다. 잭과 아가씨는 서로를 보는 순간 사랑에 빠졌다.

아가씨는 얼른 아버지인 기사에게 달려가 낯선 젊은이가 집에 있다고 말했다. 기사는 곧 잭을 불렀다.

"젊은이는 무슨 일을 하는 사람이오?"

잭은 머뭇거리며 말했다.

"아무 일이나 할 수 있습니다. 이 집에서 필요한 일이라면 어떤 것이든 할 수 있습니다."

그러자 기사는 젊은이를 지긋이 바라보며 말했다.

"그거 잘됐군. 내일 아침 8시 정각이 되기 전에 집 앞에 호수를 만들어 커다란 배 몇 척을 띄워야 하네. 배 한 척에서 예포를 쏘아 마지막 포단이 딸아이가 자고 있는 침대 다리를 부숴야 할 것이야. 그렇게 하지 못하면 자네 목숨을 내놓아야 하네."

잭은 주저하지 않고 알겠다고 대답했다.

그날 밤 잭은 잠자리에 들기 전에 조용히 기도를 올렸다.

아침에 잭이 깨어났을 때는 이미 8시가 다 된 시각이었다. 잭은 어떻게 해야 할지 생각할 겨를도 없었다. 바로 그때 아버지가 준 금 담뱃갑이 떠올랐다.

'생명이 위급할 때만 꺼내라고 말씀하셨지. 그래, 지금이 바로 그 순간이야.'

잭이 담뱃갑을 열자 그 속에서 붉은 난쟁이 셋이 나왔다.

"주인님, 원하시는 것을 말씀해 보십시오."

"이 집 앞에 세상에서 가장 큰 배가 떠다닐 수 있는 커다란 호수를 만들고 배를 띄워 예포를 발사하거라. 그리고 마지막 포탄이 이 집의 젊은 아가씨가 자고 있는 침대 다리 하나를 맞춰야 해."

"좋습니다. 주인님은 침대로 돌아가세요."

난쟁이들이 호수를 만들고 배를 띄워 한 척에서 예포를 발사했다. 그 소리를 듣고 잭은 침대에서 일어나 창문으로 뛰어갔다. 부모님과 숲에서만 살았던 그는 태어나서 처음 보는 광경이었다.

잭은 아침 기도를 올린 뒤 우쭐한 표정으로 내려왔다.

기사가 잭을 보고 말했다.

"좋아, 젊은이. 자네가 대단한 사람이라는 것을 인정해야겠군. 하지만 내 딸과 결혼하기 전에 두 가지를 더 완수해야 하네. 우선 아침 식사부터 하게."

잭은 아침 식사를 하는 동안 젊은 아가씨에게서 눈을 떼지 않았다. 아가씨도 마찬가지였다.

아침 식사를 끝낸 다음 기사가 말했다.

"다음 날 8시 정각이 되기 전에 집에서 수킬로미터 떨어진 곳에 있는 나무를 잘라 오너라."

이 일도 해내자 기사가 마지막 명령을 내렸다.

"마지막으로 완벽하게 훈련된 군인들이 지키는 열두 개의 금 기둥 위에 커다란 성을 지어라. 군인들 중 대장이 내일 아침 8시 정각에 차렷 호령을 해야 한다."

잭은 다음 날 아침 8시에 기사가 내린 마지막 임무를 마치고 기사의 딸과 결혼했다.

그러나 잭 앞에는 최악의 사건이 기다리고 있었다.

어느 날 기사는 새로운 성에서 사냥 대회를 열어 수많은 기사들을 초대했다. 잭 역시 그들과 함께 사냥을 나가기로 했다.

그날 아침, 시종이 잭의 옷을 챙기다 우연히 조끼 주머니에 손을 집어넣었다. 무언가 잡히는 것이 있어 꺼내 보니 금으로 만든 담뱃갑이었다. 호기심이 생긴 시종이 담뱃갑을 여니 붉은 난쟁이 셋이 나타나 원하는 것을 말하라고 말했다.

시종은 들뜬 목소리로 말했다.

"그러면 이 성을 바다 건너편으로 옮겨 주게."

난쟁이가 말했다.

"분부대로 하겠습니다. 주인님도 함께 가시겠습니까?"

시종은 그러겠다고 말했다.

잠시 후 성은 통째로 바다 건너편으로 옮겨졌다.

사람들이 사냥에서 돌아와 보니 열두 개의 금 기둥이 받치고 있는 성이 있던 자리가 텅 비어 있었다. 성이 사라지고 없자 기사는 잭에게 성을 다시 만들지 못하면 딸을 데려오겠다고 협박했다. 잭은 1년하고 하루 안에 성을 찾아오겠다고 약속했다.

잭은 훌륭한 말과 돈을 가지고 떠났다.

잭은 사라진 성을 찾아 언덕을 넘고 숲을 지나 내를 건넜으며, 계곡과 산을 찾아 헤맸다.

그러던 어느 날 잭은 생쥐들의 나라에 도착했다.

잭은 생쥐들의 왕을 만나기 위해 궁궐로 찾아갔다. 궁궐 문 앞에서 보초병에게 왕을 알현하러 왔다고 말하자 생쥐 한 마리가 왕이 있는 곳으로 잭을 데리고 갔다.

생쥐들의 왕은 낯선 사람을 보고 호기심이 생겼다.

"자네는 누구이며, 무슨 일로 나를 만나자고 했는가?"

잭은 커다란 성이 하루아침에 사라졌는데, 1년하고 하루 안에 그 성을 찾아야 한다고 말했다.

"왕께서 혹여 그 성에 대해 아는 것이 있으실까 해서 이렇게 찾아왔습니다."

생쥐들의 왕은 참으로 이상한 일이라고 생각했다.

"유감스럽게도 나는 아는 것이 없네. 그러나 내일 다른 생쥐들에게 물어보겠네. 그들 중 누군가 봤을 수도 있지."

생쥐들의 왕은 잭에게 음식과 잠자리를 마련해 주었다.

다음 날 아침 생쥐 왕과 잭은 들판으로 나갔다. 왕은 세상의 모든 생쥐들을 한자리에 불러 열두 개의 기둥이 받치고 있는 아름다운 성을 보지 못했느냐고 물었다. 그리고 나서 생쥐들의 왕이 잭에게 말했다.

"나에게는 형제 두 명이 있다네. 한 명은 모든 개구리들의 왕이고, 다른 하나는 모든 새들의 왕이라네. 내가 일러둘 테니 그들을 찾아가 보게. 그들이 사라진 성에 대해 뭔가 알고 있을지도 모르니. 자네의 말은 여기 두고 내가 가진 가장 훌륭한 말을 타고 가게. 이 케이크를 형에게 보여 주면, 내가 보냈다는 것을 알 것이네. 형들을 만나면 나는 잘 지내고 있고, 무척 보고 싶어 한다고 전해 주게."

생쥐들의 왕은 잭과 악수를 나눴다. 잭이 왕궁 문을 나설 때 생쥐 보초병이 동행해도 되겠냐고 물었다.

잭은 왕의 허락 없이 그의 부하를 데려갈 수 없어 완곡하게 거절했다. 그러나 생쥐는 물러나지 않고 말했다.

"나중에 내가 필요할 테니 같이 가는 게 낫겠어."

잭은 마지못해 받아들였다.

조그만 생쥐는 말 다리를 타고 말등에 올라갔다. 잭은 말을 달리기 전에 생쥐를 주머니에 집어넣었다.

몇 날 며칠을 달린 끝에 그들은 개구리 나라에 도착했다. 어깨에 총을 멘 보초병 개구리가 잭을 멈춰 세웠다. 잭이 개구리들의 왕을 만나러 왔다고 하자 개구리는 순순히 들여보내 주었다.

개구리들의 왕을 만난 잭은 모든 이야기를 들려주었다.

다음 날 아침 개구리들의 왕은 모든 개구리들을 한자리에 불러 모아 열두 개의 금 기둥이 받치고 있는 성을 본 적이 있느냐고 물었다. 개구리들은 꾸룩꾸룩 이상한 소리를 내며 보지 못했다고 말했다.

개구리 나라에서 아무것도 얻지 못한 잭은 다른 말과 다른 케이크를 가지고 모든 새들의 왕을 만나러 떠나야 했다. 왕궁 문을 나서는데 보초병 개구리가 동행하기를 원하느냐고 물었다. 처음에는 그의 제안을 거절했지만, 결국 잭은 주머니에 개구리를 넣고 떠났다.

다시 긴 여행이 시작되었다. 개구리 나라로 왔을 때보다 더 먼 길이었다. 잭은 밤낮으로 말을 달려 새들의 나라에 도착했다.

잭은 성문 앞에서 보초를 서던 예쁜 새를 그냥 지나쳐 왕이 있는 방으로 갔다. 잭은 새들의 왕에게 동생의 안부를 전하고, 사라진 성에 대해 물었다.

새들의 왕은 다음 날 아침 모든 새들에게 물어보겠다고 말했다.

성에서 하룻밤을 보낸 잭은 다음 날 아침, 새들의 왕과 함께 평지로 나갔다. 왕이 이상한 소리를 내자 모든 새들이 모여들었다. 그들에게 성을 보았느냐고 물었더니, 아무도 못 보았다고 대답했다.

마지막으로 새들의 왕은 새 두 마리에게 가능한 가장 높은 곳으로 날아가 독수리를 불러오라고 명령했다. 몇 시간 뒤 독수리가 날아왔다. 왕이 커다란 성을 보았느냐고 묻자 독수리가 말했다.

"지금 그 성에서 오는 길입니다."

왕은 미소 지으며 말했다.

"이 기사가 그 성을 찾고 있으니, 그곳까지 네가 데려다 주어야겠다."

새들의 왕은 도둑 한 명을 죽여 바다를 횡단하는 독수리에게 좋은 먹을거리가 되도록 가장 좋은 부위를 주었다. 잭이 올라타자 독수리는 날개를 몇 번 퍼득거리더니 하늘로 날아올랐다.

마침내 잭은 열두 개의 금 기둥이 받치고 있는 성에 도착했다. 그러나 금 담뱃갑을 찾을 방법이 떠오르지 않았다. 잭이 생각에 잠겨 있을 때 생쥐가 나서서 말했다.

"나를 내려줘. 내가 담뱃갑을 집어 올 테니."

생쥐는 성으로 들어가 담뱃갑을 훔쳐 왔다. 계단을 내려오다가 넘어지는 바람에 붙잡힐 뻔했지만 다행히 도망칠 수 있었다.

잭은 성을 뒤로하고 출발했다. 그런데 바다 위를 날아가는 동안 담뱃갑을 찾는 데 누가 더 큰 도움을 줬는지를 두고 논쟁이 벌어졌다. 담뱃갑을 가지고 서로 옥신각신하던 끝에 불행하게도 담뱃갑을 바다에 떨어뜨렸다.

그러자 개구리가 얼른 말했다.

"내가 어떻게 해야 하는지 알고 있지."

그러고는 물속으로 들어갔다. 개구리는 하루를 꼬박 물속에서 헤매다가 물 위로 떠올랐다. 개구리는 잠시 숨을 쉬고 나서 다시 잠수했다. 사흘 밤낮을 찾아 헤맨 개구리는 마침내 담뱃갑을 물고 나타났다.

잭 일행은 여러 날을 달려 새들의 왕이 사는 궁궐에 도착했다.

왕은 무척 기뻐하며 그들을 맞이했다. 그리고 오랫동안 그들의 모험에 대해 이야기했다.

잭은 담뱃갑을 열어 세 명의 붉은 난쟁이한테 성을 가져오라고 명령했다.

세 명의 난쟁이들은 성이 있는 곳으로 갔다. 그러나 난쟁이들은 곧바로 성을 가져오지 않고 사람들이 춤추러 궁궐을 나갈 때까지 기다렸다. 난쟁이들은 요리사와 하녀들만 남았을 때 성으로 들어갔다.

바로 그날 가난한 집시가 요리사를 찾아와 음식을 조금 주면 점을 쳐 주겠다고 말했다. 난쟁이들은 집시를 보고 자신들과 함께 가겠느냐고 물었다. 집시는 기꺼이 가겠다고 말했다.

성을 가지고 떠난 지 아흐레 되는 날 난쟁이 일행은 새들의 왕이 사는 궁궐에 도착했다. 새들의 왕이 금으로 휘감긴 계단을 올라가자 그곳에 집시 여인이 있었다.

새들의 왕은 집시 여인에게 집시들에 대해 이야기해 달라고 했다. 집시 여인은 자신의 가족 중 몇 명은 기억할 수 없는 다른 곳에서 태어났다고 말했다.

새들의 왕은 집시 여인과 더 많은 이야기를 나누고 싶었지만 잭이 성을 되놀려 주기로 약속한 1년하고 하루가 다가왔다.

잭은 다음 날 아침 8시 정각에 개구리들의 왕이 있는 나라로 가 하룻밤을 묵은 뒤 생쥐들의 왕이 있는 나라에 성을 맡겨 두기로 했다.

생쥐들의 왕이 있는 나라에 도착한 잭은 그곳에 맡겨 둔 그의 말을 타고 기사가 있는 나라로 떠났다. 새들의 왕과 마찬가지로 집시 여인을 좋아한 생쥐들의 왕은 잭이 그녀를 다시 찾아올 때까지 그곳에 머물도록 했다.

잭은 성을 남겨 두고 난쟁이들을 따라 집으로 돌아갔다. 마침내 피곤에 찌든 몸으로 도착했을 때, 그를 맞이하는 사람은 단 한 명도 없었다. 성은 물론 젊고 아름다운 부인도 데려오지 않았기 때문이다.

그러나 곧 잭과 난쟁이는 생쥐들의 왕이 있는 성으로 돌아갔다. 그곳에 도착했을 때 그들을 처음 본 사람은 성 주위에서 장작을 찾고 있던 집시 여인이었다. 그녀는 잭의 휘파람 소리를 듣고 그에게 달려왔다.

난쟁이들이 집시 여인에게 말했다.

"우리는 성을 가져가기 위해 왔다. 너는 여기 머물고 싶으냐, 아니면 우리와 함께 가기를 원하느냐?"

집시 여인은 주저하지 않고 말했다.

"너희와 함께 가겠어."

잭이 말했다.

"불쌍한 자매여, 그럼 우리와 함께 떠나자."

생쥐들의 왕은 잭의 손을 잡고 진심으로 환대했다. 그러나 왕은 집시 여인이 그곳에 머문다고 할 때까지 성을 억류하려고 했다. 그 마음을 알아챈 잭은 왕에게 집시 여인을 보모로 쓸 것이라고 말했다. 그러자 생쥐들의 왕은 집시 여인을 기꺼이 보내 주었다.

생쥐들의 나라를 떠난 잭은 얼마 지나지 않아 아내와 갓난아기가 기다리는 곳에 도착했다.

성을 되돌려 놓은 뒤 잭은 가난한 집시 여인에게 한 가지 선물을 주기로 했다. 그는 장인의 거대한 배 한 척을 빌려 세 명의 난쟁이들에게 그녀의 가족을 찾아오라고 했다.

멀고 긴 여행을 한 후 난쟁이들은 집시 여인의 가족을 성으로 데려왔다. 잭은 집시 여인의 가족들을 풍경 좋은 강가에 머물도록 해 주었다. 그리고 집시 가족들은 잭의 아이들의 보모가 되었다.

영리한 여우

 어느 날 쟁기질을 하던 두 마리 황소 중 한 마리가 갑자기 고삐를 풀고 달아났다. 농부한테서 멀리 달아나 넓은 초원을 찾은 황소는 그곳에서 한가로이 풀을 뜯고 있었다. 그때 여우 아부 하산이 다가와 말했다.
 "황소야, 내가 너라면 여기 있지 않겠다. 이 초원은 표범의 것이야. 너를 발견하면 잡아먹어 버릴걸."
 황소는 아무런 대꾸도 하지 않고 계속 풀만 뜯었다.
 황소가 자신의 말을 무시하자 화가 난 아부 하산은 표범을 찾아가 말했다.
 "네 초원에서 황소 한 마리가 풀을 뜯고 있단다."
 표범은 황소에게 다가가 말했다.
 "넌 뭐 하는 놈이길래 남의 초원에 들어와 풀을 뜯고 있는 거냐?"
 그러자 황소가 대답했다.
 "쟁기 끄는 것에 싫증이 나서 이곳으로 도망쳐 왔어. 너무 배가

고파 잠시 허기를 채우고 있었단다."

황소의 사연을 들은 표범은 별다른 말을 하지 않고 가 버렸다. 열흘 동안 표범의 초원에서 풀만 뜯은 황소는 낙타만큼 덩치가 커졌다. 그때 아부 하산이 황소 앞에 나타나 말했다.

"표범은 네가 살이 찔 때까지 기다렸다가 너를 잡아먹으려는 거야. 표범이 나타나면 뚫어지게 쳐다보다가 뿔로 받아 죽여 버려라."

그러고 나서 아부 하산은 표범에게 말했다.

"네 초원에 있는 황소 말이야. 열흘 동안 풀을 뜯더니 힘도 세지고 아주 사나워졌단다. 아마 너를 보자마자 죽이려 들걸."

여우의 말을 듣고 표범은 울부짖더니 초원으로 달려갔다. 황소는 달려오는 표범을 뚫어져라 쳐다보다가 뿔로 받았고, 그와 동시에 표범도 황소를 발로 할퀴었다. 그러고는 표범과 황소는 그 자리에서 쓰러져 죽었다.

아부 하산은 아내와 자식들을 불러 황소와 표범을 뼈다귀 하나 남기지 않고 먹어 치웠다.

아부 하산은 새로운 먹을거리를 찾아 나섰다. 나무 몇 그루가 서 있는 들판에서 양가죽을 발견하고 그것을 어깨 위에 걸친 뒤 죽은 표범의 언니가 살고 있는 동굴로 들어갔다. 표범이 여우에게 물었다.

"아부 하산, 왜 내 동생을 죽였느냐?"

아부 하산이 대답했다.

"네 동생을 죽인 건 내가 아니라 황소다."

"그래도 싸움을 부추긴 건 네가 아니냐?"

표범은 아부 하산의 어깨 위에 걸쳐 있는 양가죽을 보았다.

"나를 이 양가죽처럼 만들려고 하느냐?"

아부 하산은 고개를 서으며 말했다.

"표범아, 양 네 마리를 죽여 가지고 오면 양가죽을 만들어 주겠다."

표범이 양 네 마리를 갖다 주자 아부 하산과 그의 가족들은 양고기를 뜯어 먹고 가죽은 작은 구덩이에 던져 버렸다.

며칠이 지났는데도 양가죽을 가져오지 않자 표범이 여우를 찾아갔다.

"아부 하산, 네가 만들어 준다고 한 양가죽은 어디 있느냐?"

아부 하산은 시치미를 떼고 말했다.

"이거 미안하게 됐군. 네 마리로는 부족해서 말이야. 몇 마리 더 있어야겠어."

표범이 양 몇 마리를 더 갖다 주자 아부 하산은 양을 재빨리 먹어 치우고 가죽을 작은 구덩이에 던져 버렸다. 잠시 후에 표범이 다시 나타났다.

"아부 하산, 양가죽은 아직 멀었느냐?"

여우는 대답하지 않고 도망치기 시작했다. 표범은 그 뒤를 쫓아갔다. 아부 하산은 작은 구덩이로 피했지만, 표범이 꼬리를 물고 질겅질겅 씹어 버렸다.

표범이 소리쳤다.

"아부 하산, 이제 너를 쉽게 구분할 수 있겠다. 너는 이제 꼬리 없는 여우다."

호시탐탐 노리는 표범에게서 벗어나기 위해 아부 하산은 한 가지 묘책을 생각해 냈다. 아부 하산은 주위를 둘러보다가 잘 익은 포도 알갱이가 잔뜩 열린 포도나무를 발견하고, 다른 여우들에게 말했다.

"배에 꼬리를 묶으면 너희에게 잘 익은 포도가 어디 있는지 가르쳐 줄게."

그렇게 하자 여우들은 모두 꼬리가 없는 것처럼 보였다. 아부 하산은 여우들을 포도가 주렁주렁 달린 포도나무로 데려다 주었다. 그런 다음 아부 하산은 표범을 찾아갔다.

표범은 여우를 보자마자 으르렁거렸다.

"아부 하산, 나를 속이고 내가 가져다 준 양을 다 먹어 치우다니 너를 가만두지 않겠다."

그러자 아부 하산이 말했다.

"그건 내가 아니야. 다른 여우였을 거야."

"넌 꼬리가 없으니 아부 하산이 분명해."

아부 하산은 자신을 노리고 있는 표범 앞에서 여유 있게 말했다.

"아니야, 내 친구들은 모두 나처럼 꼬리가 없어."

표범은 의심스러운 듯 말했다.

"어디 네 친구들을 데려와 보거라."

아부 하산은 여우들을 모두 불렀다. 여우들은 꼬리가 배에 묶여 있었기 때문에 꼬리가 없는 것처럼 보였다. 표범은 양을 먹어 치운 아부 하산을 찾을 수가 없었다.

그날 저녁 아부 하산은 깊은 구덩이를 예쁜 양탄자로 덮어 두고 표범을 초대했다. 표범이 도착하자 여우는 그를 반기며 말했다.

"너를 위해 양탄자를 깔아 뒀어. 여기 앉으렴."

양탄자 위에 앉는 순간 표범은 구덩이로 떨어졌고, 그 순간 아부 하산을 물어뜯었다. 바닥에 떨어진 표범은 그 자리에서 죽었다. 그러나 표범 위에 떨어진 아부 하산은 상처 하나 입지 않았다. 아부 하산은 표범을 먹어 치웠지만 구덩이가 너무 깊어 올라올 수 없었다.

병아리를 광주리에 담아 시장에 내다 팔러 가던 여자들이 아부 하산이 빠진 구덩이 주위를 지나가게 되었다. 그곳에서 하룻밤을 지내게 된 여자들은 여우들로부터 병아리를 보호하기 위해 끈을 묶어 구덩이 속에 바구니를 넣어 두었다.

다음 날 아침에 여자들이 광주리를 올려 보니 병아리가 온데간데 없이 사라져 버렸다. 아부 하산이 병아리를 다 먹어 치운 것이다.

병아리를 잃어버린 여자들은 울부짖으며 뛰어갔다. 그 모습을 보고 아부 하산은 그제서야 자신의 잘못을 깨닫고 말했다.

"저 여인들이 저렇게 슬퍼하다니, 더 이상 죄를 지어서는 안 되겠다."

그렇게 해서 아부 하산은 수도원으로 들어가 수도사가 되었다.

알리피와 달리피

아주 먼 옛날 어느 나라에 몰린이라 불리는 솥장수 집시가 살고 있었다. 부자도 아니었고 자식도 없었던 몰린은 궁궐 근처 조그만 마을에서 겨울을 보내곤 했다.

자식이 없는 것은 그 나라 왕도 마찬가지였다. 부족한 것 없는 왕에게 단 하나 고민거리가 있다면 왕위를 계승할 사람이 없는 것이었다. 반면 몰린은 결혼 지참금을 받을 수 있는 딸 하나를 갖고 싶었으나 자식운이 없어서인지 여러 해가 지나도록 아이가 생기지 않았다.

어느 날 저녁 왕은 적적함을 달래려고 몰린을 궁궐로 불렀다. 몰린은 왕이 초대한 것을 이상하게 여겼지만, 사실 두 사람은 친구 같은 사이였다.

두 사람은 서로 자식이 없는 것을 한탄했다. 왕은 왕위를 계승할 아들을 원했고, 몰린은 딸을 원했다.

그날 밤 몰린과 왕은 똑같은 꿈을 꾸었다. 숲 속으로 들어가 길을 잃었다가 뜻밖에 자식을 얻는 꿈이었다.

날이 밝자마자 왕은 부인에게 아무 말도 하지 않고 하얀 말을 타고 숲 속으로 들어갔다. 같은 꿈을 꾼 몰린은 빨강색 말을 타고 숲 속으로 들어갔다. 왕과 몰린은 길을 잃을 때까지 걷고 또 걸어 어느 산에 이르렀을 때 마주쳤다. 왕이 몰린을 보고 놀라 말했다.

"여기서 뭘 하고 있는 것이냐?"

몰린은 대답하지 않고 되물었다.

"폐하, 그러는 폐하께서는 이 험한 곳까지 어쩐 일이십니까?"

그러자 왕이 말했다.

"내가 먼저 물었느니라. 어서 말해 보거라."

몰린은 간밤에 꾼 꿈 이야기를 들려주었다.

왕은 깜짝 놀라 큰 소리로 말했다.

"하느님 맙소사, 나도 같은 꿈을 꾸었느니라."

그때였다. 그들 앞에 예수를 닮은, 길고 아름다운 수염을 가진 노인이 나타났다. 두 사람은 그가 예수라고 생각했다. 사실 두 사람 눈에는 나무 사이에서 말하는 그림자밖에 보이지 않았다.

노인의 목소리가 들렸다.

"잘 왔느니라. 이제 너희가 무엇을 해야 할지 말해 주겠다."

숲 속에는 다른 사람의 흔적이 없었다. 사람들의 발길이 한 번도 닿지 않은 깊은 곳이었다. 노인은 손으로 가지 몇 개를 꺾어 왕을 가리켰다.

"오른쪽 길로 가거라. 관목에 붙은 하얀 잎사귀를 하나 발견할 것이다. 그것을 꺾어 집으로 가져가 즙을 내어라. 네가 먼저 마신 다음 네 부인이 마시도록 하거라. 그러면 열 달 뒤에 딸을 낳을 것이다."

그러나 왕은 자식을 낳을 거라는 말을 듣고도 기뻐하지 않았다.

왕이 원한 것은 딸이 아니라 아들이었기 때문이다. 왕의 마음을 읽은 듯 노인이 말했다.

"너는 항상 후손을 갖게 해달라고 기도했다. 그러니 너한테 주어지는 것을 기쁜 마음으로 받아들이거라."

그런 다음 몰린을 가리키며 말했다.

"왼쪽 길로 가거라. 아주 긴 나뭇잎을 발견하면 그것을 꺾어 집으로 가져가거라. 즙을 내어 너와 부인이 나눠 먹으면 아들을 갖게 될 것이다."

몰린은 딸을 원했지만 어쩔 수 없었다. 원하는 것을 모두 얻을 수는 없는 일이었다. 하느님의 뜻에 따라야 했다.

마지막으로 노인이 말했다.

"두 아이가 태어나면 내가 이름을 지어 주고 세례를 해준 뒤 대부가 되어 줄 것이다."

왕과 몰린은 각각 나뭇잎으로 즙을 내어 아내와 함께 마셨다. 그리고 열 달 뒤 왕은 딸을 낳았고, 집시는 아들을 낳았다. 그러나 원하는 자식을 얻지 못했기 때문에 두 사람은 기쁘지 않았다.

아이들이 태어난 지 1년째 되는 날 숲에서 만났던 노인이 나타나 세례를 해주었다. 그리고 남자 아이에게는 알리피라는 이름을 지어 주고, 여자 아이에게는 달리피라는 이름을 지어 주었다.

세월이 흘러 두 아이가 여덟 살 되던 해에 왕은 뭇남자들로부터 보호하기 위해 공주를 마흔여덟 개의 창문이 있는 아주 커다란 방에 가두었다. 아무도 그녀를 볼 수 없었고, 그래서 그녀를 능욕할 수도 없었다. 공주가 물을 마시려면 마흔여덟 명의 하녀들이 차례로 물 컵을 건네주어야 했다. 왕은 공주가 성인이 될 때까지 그곳에 가둬 두기로 했다. 방에 홀로 앉아 공주가 할 수 있는 것이라고는 수놓는 일뿐이었다.

한편 몰린은 결혼할 때 많은 돈이 드는 아들이 태어날 때부터 마땅치 않았다. 아들이 악기를 하나 사 달라고 조르면 몰린은 차갑게 말했다.

"조용히 하거라! 나한테 어떤 것도 요구하지 마라. 먹고 잘 수 있는 것만으로 만족해야 한다. 그리고 이제 너도 자랄 만큼 자랐으니 일을 해서 돈을 벌거라."

아들이 반항할수록 몰린은 더욱 엄하게 대했다. 아들을 걱정한 아내가 몰린에게 말해 보았지만 늘 똑같은 말뿐이었다.

"다 자식을 위해 그러는 거요. 그 아이는 당신 아들이기도 하지만 내 아들이기도 하오."

몰린은 자신의 행동이 좀 지나치다는 생각이 들었지만 막상 아들을 보면 화가 치밀었다. 그러던 어느 날 아들은 아버지와 심하게 다툰 뒤 그가 여행을 떠난 사이에 집을 나왔다.

소년의 나이는 겨우 열 살밖에 되지 않았다. 하루 종일 걸어간 소년은 어느 조그만 마을에 이르러 어느 집 계단 밑에서 잠이 들었다. 그곳은 오랫동안 자식을 얻지 못한 어느 부잣집이었다.

집주인은 아침 일찍 문을 열고 나오다 소년을 발견했다. 검정색 곱슬머리를 가진 소년은 누더기를 걸치고 있었지만 너무나 예뻤다.

주인은 소년을 집으로 데려가 부인을 불러 먹을 것을 주고 새 옷으로 갈아입혔다.

남편이 아내에게 말했다.

"하느님께서 우리에게 아이가 없는 것을 알고 보내 주셨나 보오."

그러고는 소년에게 말했다.

"애야, 집이 어디냐? 부모님은 안 계시냐?"

소년은 집시라는 것을 말하지 않기로 했다. 집시라고 하면 받아 주지 않을 것을 알고 있었기 때문이다. 소년은 그냥 모른다고만 대답했다.

집주인은 잠시 생각하더니 말했다.

"애야, 우리와 같이 살고 싶으냐? 네가 원하면 우리는 너와 함께 살고 싶구나."

그러자 소년은 대뜸 말했다.

"기타 하나만 사 주시면 같이 살게요."

부부는 기뻐하며 말했다.

"그럼 사 주고말고, 열 개인들 못 사 주겠느냐?"

집주인은 곧바로 도시에서 가장 좋은 기타를 사서 소년에게 주었다. 부부는 소년을 친아들처럼 대했다. 부부의 눈에 소년은 마냥 자랑스럽게만 보였다.

기타를 얻은 소년은 의자에 앉아 아무도 들어 본 적 없는 아름다운 곡을 연주했다. 스물네 개의 줄은 스물네 개의 음색을 가지고 있었다. 소년이 연주할 때마다 머리 위에 장미 화관과 하얀 비둘기가 나타났다가 연주를 멈추면 사라졌다. 집주인 부부는 그 광경을 보고 소년을 천사라고 생각했다.

소년이 열다섯 살 되던 해 어느 날 왕은 근심 걱정을 잊게 해주는 곡을 노래하거나 연주하는 사람에게 왕국의 절반을 주겠다고 공포했다. 장님이든 손발이 불편한 사람이든 상관없었다. 그러나 곡이 마음에 들지 않으면, 연주자를 사형에 처하겠다고 했다.

그 소식을 듣고 소년은 왕 앞에서 기타를 연주해 보겠다고 양부모에게 말했다. 그러나 양부모는 한사코 말렸다.

"애야, 만약 왕이 네 곡을 마음에 들어 하지 않으면 너는 죽고 말 것이다. 우리는 네가 그곳에 가도록 내버려 둘 수 없구나. 왕에게는 아들이 없으니 너를 보면 아들처럼 곁에 두려 할 거다. 네가 원하는 것이라면 무엇이든 해주겠다. 왕국의 절반이 무슨 필요 있겠느냐? 내가 가진 모든 것을 네게 주마. 우리는 너를 사랑한단다. 너를 처음 보았을 때 우리는 얼마나 행복했는지 모른다. 네가 있기 때문에 우리가 살아가는 것이다. 그런데 이제 네가 우리를 버리려 하느냐? 제발 가지 말고 여기 머물러라."

그러나 소년은 고집을 꺾지 않았다.

"제 친아버지는 제가 원하는 것을 사 주시지 않았지만, 아버지는 그것을 사 주셨어요. 제가 아들이기를 원하신다면 제발 가도록 허락해 주세요. 제 친아버지처럼 되지 않기를 바랍니다. 돌아오겠다고 약속할게요. 왕이라 할지라도 제 허락 없이 저를 묶어 둘 수는 없어요. 제가 그곳에 머문다 해도 아무도 제가 연주하는 곡을 들을 수 없을 거예요."

아버지는 더 이상 소년을 붙잡을 수 없었다.

"네가 무슨 말을 하는지 알겠다. 네가 누구냐? 너의 말은 신성한 것이다. 아무도 너를 잡을 수 없을 것이다."

소년은 아버지의 말을 이해할 수 없었다.

"아버지, 왜 그런 말씀을 하세요? 저는 아버지의 아들입니다. 아버지가 원치 않으시면, 왕인들 저를 가둘 수 없습니다."

아버지는 마음을 가라앉히고 말했다.

"애야, 네 생각이 정 그렇다면 가거라. 다시는 너를 볼 수 없다는 것을 알고 있다. 나는 이젠 젊지 않다. 그래도 네가 가야 한다면 떠나거라. 너를 세상 모든 것보다 더 사랑한단다."

소년은 갑자기 아버지가 애처롭게 느껴졌다.

"그럼 아버지, 저와 함께 가지 않으시겠어요?"

"아니다. 나 혼자 돌아와야 한다는 것을 잘 알기에 가지 않겠다. 가슴이 터질 것 같구나. 이제 내 삶도 얼마 남지 않았다. 이제까지 네 연주를 들은 사람은 오직 나뿐이란다. 떠나되 조심하거라."

그렇게 해서 소년은 양부모를 떠나 왕이 있는 궁궐로 갔다.

궁궐 앞에는 많은 사람들이 왕 앞에서 연주하려고 모여 있었다. 소년은 사람들을 비집고 앞으로 나갔다. 그러나 궁궐 문 앞에 도착했을 때 보초병들이 소년을 밀쳐 버렸다. 너무 어리다는 것이었다.

소년은 소리쳤다.

"왕께서는 연주만 할 줄 알면 장님이든 귀머거리든 불구자든 상관없다고 하셨습니다. 그런데 왜 저를 쫓아내십니까?"

"꼬마야, 들어가 봐야 네 목덜미만 잘릴 뿐이란다. 모두 왕을 즐겁게 해주지 못할까 두려워한단다."

"상관없어요. 들어가게만 해주세요."

그때 마침 왕이 보초병과 실랑이를 벌이고 있는 소년을 보고 다가왔다.

"거기 무슨 일이냐?"

소년은 왕 앞으로 한 발짝 나아가 말했다.

"폐하, 폐하께서는 장님이든 귀머거리거든 불구자든 악기만 연주할 줄 알면 된다고 하지 않으셨습니까? 왕국의 절반을 주지 않으셔도 됩니다. 제 아버지도 폐하 못지않은 부자이십니다. 다만 저는 사람들 앞에서 연주하고 싶을 뿐입니다."

왕은 모인 사람들에게 조용히 하라고 이르고 소년의 손을 잡고 무대 위로 데려갔다. 소년은 기타를 꺼내 의자에 앉았다. 왕은 근엄하게 말했다.

"나를 기쁘게 하지 못한다면 네 목을 자를 것이다. 그 점을 명심하거라."

소년이 말했다.

"알고 있습니다. 제 곡이 마음에 들지 않으시면 저를 죽여도 좋습니다."

"좋다, 그럼 시작하거라."

소년이 각기 다른 음색을 가진 스물네 줄의 기타를 연주하자 그의 머리 위에 장미 화관과 하얀 비둘기가 나타났다.

왕은 눈앞에 펼쳐진 광경을 믿을 수가 없었다. 왕은 모든 사람들을 돌려보낸 뒤 소년에게 말했다.

"내 너를 아들로 삼고 왕위를 물려주겠다."

왕은 소년을 궁궐로 데려가 함께 지내며 틈틈이 소년의 연주를 들었다.

그러던 어느 날 왕이 말을 타고 산책을 나갔을 때 소년은 기타를 꺼내 연주했다.

공주를 지키고 있던 마흔여덟 명의 하녀들이 소년의 연주를 듣고 돌처럼 굳어 버렸다. 그 사이 공주는 음악 소리에 이끌려 밖으로 나왔다. 소년과 공주는 서로를 보자마자 사랑에 빠졌다.

공주는 소년에게 아버지를 위해 9년 동안 수놓은 손수건을 건네주며 이름을 물었다. 소년이 이름을 말하자 공주는 깜짝 놀랐다. 그가 바로 자신과 같은 날 태어난 아이였기 때문이었다. 며칠 후 왕이 돌아와 맨 먼저 소년을 찾았다.

"아들아, 시원한 물 한 잔 가져다 주겠느냐?"

소년이 자리에서 일어났을 때 손이 허리를 스치면서 공주가 준 손수건이 바닥에 떨어졌다. 당시에는 손수건을 주머니에 넣어 다니지 않고 허리에 묶어 다녔다. 왕이 손수건을 주우려고 엎드리자 소년이 재빨리 말했다.

"폐하, 제 것입니다."

"그렇겠지! 하지만 네가 여기 오기 전까지는 내 것이었다. 이젠 내 딸이 너에게 주었으니 네 것이다."

그제서야 왕은 소년에게 이름을 물었다. 소년이 알리피라고 말하자 왕은 깜짝 놀랐다. 몰린의 아들이었기 때문이다. 왕은 자신이 궁궐에 사악한 집시를 들여놓았다는 사실을 수치스럽게 여겼다.

왕은 신임하는 병사 하나를 몰래 불러 소년을 숲으로 데려가 죽인 뒤 소년의 눈과 심장을 꺼내고 손수건을 피로 적셔 가져오라고 했다. 그리고 나서 공주를 찾아가 말했다.

"내 말을 듣거라. 그때 그런 꿈을 꾸지 않았어야 했는데! 네가 태어나지 말았어야 했는데! 네가 태어났을 때 불명예스러운 일이 일어날 것을 늘 염려했단다. 나는 너를 열여덟 살이 될 때까지 이 방에 가둬 두려 했단다. 그러나 너는 나의 명예를 더럽히고 말았구나. 나에게 줬던 손수건을 누구인지도 어디서 온지도 모르는 사악한 집시에게 줘 버리다니. 너는 스물한 살이 될 때까지 이 방에 있어야 할 것이다."

소녀는 흐느껴 울었다. 하지만 화가 난 왕은 공주를 더욱 꾸짖고 하얀 말을 타고 먼 여행을 떠났다.

공주는 왕이 멀어지는 것을 보고 마흔여덟 개의 창문을 열어 병사가 소년과 함께 나타나기를 기다렸다. 두 사람이 공주가 있는 곳을 지나가자 그녀는 울면서 소리쳤다.

"제발 그 사람을 죽이지 말아라. 그렇게 하면 나도 죽이는 것이다."

병사가 말했다.

"죄송합니다, 공주님. 저는 어쩔 수 없습니다. 폐하께서 이자의 눈과 심장을 가져오지 않으면 저를 죽이겠다 하셨습니다."

공주는 울부짖으며 말했다.

"안 된다. 제발 자비를 베풀어라. 그 사람을 죽이지 말아다오. 아버지께는 죽였다고 말하고 그냥 숲 속에 내버려 두고 오너라. 그 사람하고 결혼은 못 하더라도 살려 둬야 하지 않겠느냐."

병사는 한숨을 내쉬며 말했다.

"하지만 폐하께서 이자의 눈과 심장을 꺼내고 공주님께서 전해 준 손수건에 그 피를 적셔 가져오라고 하셨습니다."

"그건 걱정 말거라. 너에게는 개 한 마리가 있지 않느냐. 그 개의 눈과 심장, 피 묻은 손수건을 아버지한테 가져다 드리면 되지 않느냐. 그러면 그가 죽었다고 믿을 것이다."

병사는 깜짝 놀라며 물었다.

"공주님께서 그를 사랑하는 만큼 저도 그 개를 사랑합니다."

공주는 망설이지 않고 말했다.

"그 개는 나이가 많지 않느냐. 앞으로 살면 얼마나 더 살겠느냐? 그리고 개의 목숨이 사람의 목숨보다 더 중요하단 말이냐? 내 부탁을 들어주면 살아 있는 동안 너의 은혜를 절대 잊지 않겠다. 너에게 키스해 주겠다. 제발 자비를 베풀어다오."

병사는 공주가 키스해 준다는 말을 듣고 그녀의 부탁을 받아들였다. 공주는 그만큼 아름다웠다.

"좋습니다. 저한테 키스해 주고 절대 잊지 않겠다고 약속해 주시면 말씀대로 하겠습니다."

병사는 사람의 발길이 닿지 않은 깊은 숲 속으로 들어 소년을 풀어 주고 말했다.

"절대 궁궐로 돌아오지 마시오."

병사는 자신의 개를 죽여 눈과 심장을 꺼내 손수건에 쌌다. 궁궐로 돌아가 왕에게 그것을 보여 주자 왕은 의심하지 않았다.

그리고 병사는 공주를 찾아가 약속한 대로 키스해 달라고 했다. 그러나 공주는 처음 본 남자를 위해 첫 키스를 지켜야 하므로 해줄 수 없다고 말했다.

병사는 왕에게 이 사실을 알리려고 했지만 입을 다물 수밖에 없었다. 소년을 죽이지 않았다는 것을 알면 왕은 자신을 죽일 것이기 때문이었다.

세월이 흘러 집시 알리피는 왕국에서 가장 훌륭한 화가가 되었다. 부활절 일요일에는 궁궐을 비롯해 마을의 모든 집을 그림으로 그리는 풍습이 있었다. 알리피는 화가인 다른 친구 마흔일곱 명을 불러 그림 그리는 일을 도와달라고 말했다.

알리피는 한참 궁궐을 그리다가 자신의 기타를 보고 친구들에게 말했다.

"저기 걸려 있는 기타 보이니? 저건 내 기타란다."

친구들은 웃음을 터트리며 말했다.

"어떻게 네가 왕궁에 들어가서 기타를 놔두고 올 수 있니?"

알리피는 기타가 자신의 것이라는 것을 증명해 보이기 위해 연주를 했다. 그러자 장미 화관과 하얀 비둘기가 나타나 알리피의 머리 위에서 빙빙 돌았다. 스물네 개의 줄은 각기 다른 음을 내고 있었다.

왕과 공주는 음악 소리를 듣고 알리피가 살아 돌아왔다는 것을 알게 되었다. 화가 난 왕은 알리피를 나라에서 가장 깊은 우물에 빠트려 죽이라고 명령했다. 그런 다음 그를 그냥 놓아준 병사를 불러 죄를 묻고 처형했다.

저녁이 되어 화가들이 식사를 하려고 식당에 들어갔다. 그런데 의자가 하나 비어 있는 게 아닌가. 모인 사람들을 확인해 보니 알리피가 없었다.

"알리피는 어디 갔지? 그러고 보니 왕궁에서 기타 칠 때 보고 못 본 거 같아."

화가들은 마을로 뿔뿔이 흩어져 알리피를 찾아 나섰다. 그러고는 왕이 우물에 빠트렸다는 소식을 듣게 되었다. 마흔일곱 명의 화가들은 얼른 우물로 가서 밧줄을 던져 알리피를 구했다. 그러고는 알리피에게 왕의 눈에 띄지 않도록 왕국을 떠나라고 말했다.

그날 밤 알리피는 먼 곳으로 떠났다. 그러고는 열심히 일해 부자가 되었다.

그러던 어느 날 알리피는 숲 속에 집을 지어 상점과 술집을 열었다. 그러나 그 깊은 산속에 사람들이 찾아올 리 없었다. 사람들을 불러 모으려면 길을 만들어야 했다.

한편 공주는 스물한 살이 되는 날 비로소 방에서 나올 수 있었다. 공주는 왕에게 말했다.

"제 청을 한 가지만 들어주세요. 왕궁 문 앞에서 은그릇 두 개와 국자 하나를 가지고 지나가는 사람들에게 마실 물을 떠 줄 수 있게 허락해 주세요."

공주는 왕궁 문 앞에서 지나가는 사람들에게 알리피를 본 적이 있는지 물었다. 그렇게 3년을 기다린 어느 날 누추하게 차려입은 사람이 말을 타고 그곳을 지나갔다. 공주는 그 사람을 보는 순간 아주 먼 곳에서 왔다는 생각이 스쳤다. 공주는 그에게 마실 것을 주고 알리피라는 사람을 보았거나 그 사람에 대해 들은 적이 있는지 물었다. 그는 물을 한껏 들이켜고 나서 천천히 말했다.

"그 사람과 이야기를 나누기도 했소만."

공주는 그 사람의 팔을 부여잡고 말했다.

"제발, 말해 주세요. 어디서 그를 만나셨나요? 저한테는 아주 중요한 일이랍니다. 오늘은 제 삶에서 가장 행복한 날입니다. 오랜 세월 동안 이곳에서 그릇에 물을 채우며 지내고 있습니다. 원하는 것을 다 줄 테니 그가 어디 있는지만 말해 주세요."

그러자 남자는 키스를 해달라고 말했다. 알리피가 어디 있는지 알기 위해서는 어쩔 수 없었다. 공주는 그에게 키스하고 어서 말해달라고 재촉했다. 그러나 남자는 자신이 거짓말을 했다고 말했다.

"그를 본 적이 없습니다."

공주는 너무 당황한 나머지 무슨 말을 해야 할지 몰랐다. 공주는 겨우 마음을 가다듬고 말했다.

"나한테 왜 그런 거짓말을 했나요?"

"돈은 줬다가 다시 뺏을 수 있지만 키스는 그럴 수 없지 않소."

공주는 비로소 그 옛날 자신이 병사를 속였던 일을 떠올렸다. 공주는 잠시 생각한 뒤 말했다.

"그럼 내 부탁 하나만 들어주세요. 이곳저곳을 여행하다가 혹시 알리피라는 사람을 만나면 이 편지 좀 전해 주세요."

편지에는 다음과 같이 씌어 있었다.

"알리피, 당신이 떠난 뒤 단 한 번도 당신을 생각하지 않은 적이 없습니다. 밤이나 낮이나, 깨어 있을 때나 잠을 잘 때나 항상 당신 생각뿐입니다. 이제 저는 자유로운 몸이 되었습니다. 저는 매일 왕궁 문 앞에 나가 은그릇 두 개를 가지고 지나가는 사람들에게 물을 주며 당신 소식을 묻고 있습니다. 알리피, 이 편지를 받으면 소식을 전해 주세요. 당신을 기다리고 또 기다릴게요. 달리피로부터."

여행객은 공주의 편지를 가지고 다시 여행을 떠났다. 그리고 마침내 알리피의 상점을 지나가게 되었다. 그곳은 손님들로 북적거렸다. 사람들은 모두 알리피의 술집에서 마실 것을 샀다. 상점 주인의 이름이 알리피라는 것을 알게 된 여행객은 손님들이 모두 돌아갈 때까지 기다렸다.

저녁이 되어 알리피가 상점 문을 닫으려고 할 때 여행객은 조심스럽게 말했다.

"주인장, 너무 늦어서 그러니 여기서 하룻밤을 지낼 수 없겠는지요."

혼자 살고 있었던 알리피는 오히려 여행객을 반겼다. 알리피는 자신의 침대에 여행객과 함께 누웠다. 그런데 한밤중이 되자 여행객이 침대 밑으로 미끄러졌고, 그 바람에 공주의 편지가 함께 바닥에 떨어졌다.

알리피는 담배를 피우다가 스르르 잠이 들었다. 그러자 누군가의 목소리가 들려왔다.

"알리피, 당신이 떠난 뒤 단 한 번도 당신을 생각하지 않은 적이 없어요. 당신 생각을 하면 먹을 수도 잠을 잘 수도 없어요. 저는 항상 당신 생각뿐이랍니다."

꿈을 꾸고 있다고 생각한 알리피는 목소리가 너무 생생해 퍼뜩 잠에서 깨었다. 그리고 침대 밑에서 편지 하나를 발견했다. 그것은 바로 공주가 자신에게 보낸 것이었다.

알리피는 곧바로 왕궁으로 돌아가 문 앞에서 말을 탄 채로 공주에게 물을 한 잔 달라고 했다. 오랜 세월이 흘렀으므로 공주는 알리피를 알아보지 못했다.

공주가 말했다.

"왜 말에서 내리지 않으십니까? 물을 드시려면 말에서 내리세요."

"저는 내릴 수 없습니다. 당신이 일어나 물을 주세요."

공주가 물을 주지 않자 알리피는 뒤돌아서서 말을 달렸다. 공주는 그 뒷모습을 보고 문득 알리피인지도 모른다고 생각했다. 공주가 달려가 얼굴을 살펴보니 그 사람은 바로 자신이 그토록 찾아 헤매던 알리피였다.

알리피와 달리피는 왕궁에서 멀리 떨어진 곳에서 결혼식을 올리고 함께 떠났다.

그러던 어느 저녁 한쪽에서는 개 짖는 소리가 들리고, 다른 편에서는 불빛이 반짝거리는 것을 보고 알리피는 달리피에게 물었다.

"어디로 가기를 원하오? 불빛이 있는 곳이오, 아니면 개가 짖는 곳이오?"

그녀는 불가에서 몸을 녹이고 싶다고 말했다.

"알리피 당신은 집시잖아요. 그러니 당신도 불을 좋아할 거예요."

알리피는 불빛이 비치는 곳으로 갔다. 가던 길에 달리피는 자신이 여자라는 것을 사람들이 모르도록 남자 옷으로 갈아입었다.

불빛이 비치는 곳에 도착해 보니 불 주위에 마흔 명의 총잡이들이 앉아 있었다. 알리피와 달리피가 그들 사이에 앉으며 음식을 먹으려고 할 때 총잡이 대장이 달리피가 여자라는 것을 알아챘다. 대장은 오른쪽에 있는 사람에게 낮은 소리로 말했다.

"저 사람이 여자라는 데 내기를 걸지. 남자라고 하기에는 너무 아름다워."

그러자 총잡이들은 한번 확인해 보기로 했다.

대장은 달리피에게 모자를 벗어 보라고 말했다. 그러나 달리피가 모자를 벗을 리 없었다. 사람들이 달려들어 모자를 벗기자 길다란 머리카락이 흘러내렸다.

대장이 말했다.

"머리가 긴 남자들도 많으니, 바지를 한번 벗겨 보자."

달리피의 바지를 벗기자 다리에 털이 없었다. 그러나 여전히 확신할 수 없었던 대장은 마지막으로 셔츠를 벗겼다. 그러자 젖꼭지가 나타났다. 여자인 게 분명했다.

대장은 여자를 붙잡고 하인에게 남자를 목매달아 버리라고 명령했다. 집시인 하인 부부는 알리피를 목매다는 척했다가 총잡이들이 딜리피를 데리고 잠시 자리를 뜬 사이에 그를 풀어 주었다.

총과 칼을 가진 대장은 달리피를 범하려고 했다.

달리피는 순순히 따르는 척했다.

"총은 무서우니 잠시 옆에 두세요."

대장이 총을 내려놓자마자 달리피는 얼른 그것을 집어 그를 향해 쐈다. 그런 다음 칼로 머리를 잘라 버렸다. 달리피가 총과 칼을 가지고 있었으므로 총잡이들은 어찌할 수 없었다. 달리피와 알리피는 집시 부부와 함께 달아났다.

가는 도중 다른 집시들을 만나 그들과 함께 여행하기로 했다. 달리피는 사랑하는 사람과 살기 위해 왕궁과 공주라는 신분을 포기했다.

알리피와 달리피는 마차와 말과 천막을 사서 집시들과 함께 떠났다. 하루는 집시 대장이 말했다.

"이제까지 짧지 않은 삶을 살아오는 동안 많은 집시들을 만났지만 알리피 같은 사람은 한 번도 본 적이 없다. 오늘부터 나는 그의 대부가 될 것이다."

알리피는 대장으로부터 많은 선물을 받았고, 집시들은 대장과 알리피를 축하해 주기 위해 축제를 열었다.

그러나 알리피는 한 가지 고민에 빠졌다. 대부가 되어 준 대장에게 선물을 줘야 하는데 가진 것이 없었기 때문이다.

알리피는 달리피에게 말했다.

"대장에게 뭔가 선물을 해야 하는데 줄 게 아무것도 없소."

달리피는 땅콩 두 개를 주며 말했다.

"하나는 대장에게 주고 다른 하나는 대모에게 주세요. 좋은 선물이 될 거예요."

알리피가 대부에게 땅콩을 건네주자 집시들은 모두 웃음을 터트렸다. 그러나 땅콩 껍질을 까자 셔츠와 이불이 나왔다.

그것을 보고 한 젊은 집시가 옆 사람에게 말했다.

"달리피는 세상에서 가장 훌륭한 여자야. 아마 마법사일 거야. 오늘 저녁 알리피를 축제에 초대한 뒤 달리피를 납치하자."

그들은 알리피를 자신들의 천막으로 불러 술을 대접했다. 알리피는 권하는 대로 술을 받아 마시다 그만 몸을 가눌 수 없을 만큼 취하고 말았다. 알리피가 잠든 사이 젊은이들은 달리피의 천막으로 가 그녀를 죽여 버렸다.

알리피는 아침이 되어 겨우 잠에서 깨어나 달리피가 있는 천막으로 갔다.

"달리피, 그만 일어나. 집시들은 벌써 떠났어. 우리도 서둘러야지."

그러나 달리피는 아무런 대꾸도 하지 않았다. 이상하게 여긴 알리피는 재빨리 천막 문을 걷었다. 그 순간 알리피는 비명을 질렀다. 찢어진 모포 위에 달리피가 상처를 입은 채 누워 있었던 것이다.

알리피는 큰 소리로 울부짖었다. 그때 그 소리를 듣고 하늘에서 하느님이 내려왔다. 하느님은 바로 그 옛날 알리피와 달리피에게 세례를 해준 노인이었다. 알리피가 하느님을 보고 간밤에 술을 마시고 아침에 돌아와 보니 달리피가 죽어 있었다고 말하자 하느님이 말했다.

"네가 아직 술이 덜 깬 게로구나. 달리피는 단지 자고 있는 것일 뿐이다."

알리피는 침대로 다가가 달리피를 흔들어 깨웠다. 그러자 달리피가 깨어났다.

알리피와 딜리피는 서둘러 짐을 챙겨 집시들을 쫓아갔다. 두 사람이 집시들이 있는 곳에 도착하자, 하느님은 부족의 대장을 불러 말했다.

"네가 집시들의 대장이냐?"

"그렇습니다."

"어제저녁 누군가 사람을 죽였다."

"네, 저 두 젊은이입니다."

하느님은 젊은이들을 불러 어떻게 된 일이냐고 물었다. 젊은이들은 서로 잘못을 떠넘기며 말했다.

"그녀가 키스를 허락하지 않아서 그만……."

하느님이 그들 중 한 명에게 물었다.

"어떤 손으로 죽였느냐?"

"오른손입니다."

하느님은 근엄하게 말했다.

"그럼 이제 너는 팔 하나를 잃게 될 것이다."

그러고는 다른 젊은이에게 말했다.

"너는 어떤 눈으로 윙크했느냐?"

"왼쪽 눈입니다."

하느님은 그 젊은이를 장님으로 만들어 버렸다.

하느님은 알리피에게 말했다.

"알리피, 너는 착한 사람이다. 그러나 집시들과는 함께 살 수 없다. 그러니 도시로 돌아가거라. 너는 떠돌아다닐 사람이 아니다."

알리피와 달리피는 도시로 돌아왔다. 하지만 왕을 찾아가고 싶지 않았던 두 사람은 왕궁 뒤 정원 옆에 천막을 치고 집시들의 풍습에 따라 한 사람이 다른 사람의 다리를 베고 잠을 잤다.

아침 일찍 왕의 하녀가 무심히 정원을 내려다보다 천막을 발견했다. 하녀는 간밤에 갑자기 생긴 천막으로 뛰어갔다. 하녀는 안을 들여다보더니 하얗게 질려 왕에게 달려갔다.

"폐하, 일어나십시오! 머리가 둘 달린 거인이 나타났습니다. 폐하를 죽일지도 모릅니다."

왕은 벌떡 일어나 칼을 들고 정원으로 갔다. 천막의 오른쪽 문을 열어 보니 그 안에 머리가 둘 달린 거인이 자고 있었다. 왕이 살금살금 들어가 칼로 알리피를 베는 순간 달리피가 깨어났다.

"아버지께서 제 남편을 죽이시다니……."

왕은 너무 놀라 그 자리에서 몸이 굳어 버린 듯했다.

달리피는 원망스러운 눈빛으로 말했다.

"평생 동안 저를 평화롭게 내버려 두시지 않는군요."

왕은 서둘러 해명했다.

"얘야, 나는 이 사람이 알리피인 줄 몰랐단다. 하녀가 머리 둘 달린 거인이 나타났다고 하기에 거인인 줄 알고 죽인 거란다. 얘야, 네가 다시 돌아와 얼마나 기쁜지 모르겠구나."

그러고 나서 왕은 자신에게 거인이 나타났다고 알린 하녀를 불러 그 자리에서 죽였다.

"지금 와서 무슨 소용이 있습니까?"

달리피는 그렇게 말하고 눈물을 흘리며 가위로 자신의 심장을 찔렀다. 다시 혼자 남은 왕은 천막이 있던 자리에 죽은 자들을 묻어 주었다. 그러나 왕은 딸인 달리피의 무덤과 알리피의 무덤 사이에 하녀의 무덤을 만들었다. 하녀의 무덤에서는 두 사람이 키스하지 못하도록 가시 돋친 장미가 피어났다.

도적떼와 가정부

옛날 사방으로 뻗은 길과 숲이 무성한 땅을 가지고 우아한 저택에 사는 기사가 있었다. 하루는 기사가 부인과 아들, 그리고 두 딸을 데리고 휴가를 떠났다. 갓난아기도 하나 있었지만 그 아이는 너무 어려 유모와 둘만 집에 남겨 두었다.

그들이 떠난 지 사흘쯤 지났을 때 이상하게 생긴 노파가 나타나 문을 두드렸다. 문 앞에서 노파와 이야기를 나누던 가정부는 노파를 집 안으로 들였다.

가정부와 하녀는 먹을 것과 마실 것을 먹으며 노파와 저녁이 될 때까지 웃고 떠들었다. 그런데 이야기가 한창 무르익었을 때 노파가 값나가는 물건을 하나 달라고 말했다. 가정부는 노파가 하도 졸라 그만 그러겠노라고 말했다.

가정부와 하녀는 갓난아기와 노파를 부엌에 남겨 두고 물건을 가지러 2층으로 올라갔다. 그런데 노파가 한참을 기다려도 가정부가 내려오지 않았다. 그래서 노파는 2층에 대고 소리를 질렀다.

"물건을 가져오지 않으면 이 아이를 죽여 버리겠다."

그러나 가정부와 하녀는 아무런 대답이 없었다. 다시 한 번 소리
쳤는데도 대답이 없자 노파는 갓난아기를 집어 들어 떨어뜨리려고
했다. 바로 그때 구석에서 얌전히 자고 있던 커다란 검둥개가 단숨
에 뛰어 노파의 목을 물어뜯었다. 노파는 그 자리에서 숨을 거뒀다.

가정부와 하녀는 아이 울음소리를 듣고 서둘러 계단을 내려왔다.
그런데 아이가 노파와 함께 바닥에 쓰러져 죽어 있는 게 아닌가. 시
체를 살펴보니 노파는 여자가 아니라 남자였다. 노파의 주머니를
뒤져 보니 여섯 발의 총알이 든 권총과 칼과 사냥용 뿔이 들어 있었
다.

가정부가 뿔을 불자 도둑 세 명이 달려왔다. 가정부는 곧바로 권
총을 들어 그들 중 두 명을 향해 발사했다. 두 명은 바로 그 자리에
서 죽었고 나머지 한 명은 달아났다.

가정부는 도둑 이야기를 기사에게 하지 않았다. 그러나 하녀가
기사에게 집을 비운 사이 일어난 일을 빠짐없이 이야기했다. 기사
는 현명하게 도둑떼를 물리친 가정부를 칭찬하며 자신의 집 옆에
새집을 지어 살게 했다. 그리고 자신이 부자인 동안에는 걱정 없이
살게 해주겠다고 약속했다.

한편 도망친 도둑은 돈이 떨어지자 일자리를 구하러 나섰다. 말
을 잘 다룬다고 하자 마침 마부가 필요했던 기사가 그를 불렀다.

기사의 집으로 들어간 도둑은 가정부에게 친절하게 대했다. 그가
누구인지 모르는 가정부는 조금씩 그에게 호감을 갖기 시작했다.
얼굴도 잘생긴 데다 말도 잘하는 남자가 마음에 들었던 것이다. 그
마음을 알았는지 얼마 지나지 않아 남자는 그녀에게 청혼했다. 가
정부는 그 자리에서 대답하지 않고 기사에게 어떻게 하는 게 좋을
지 물었다.

●──집시 민담

"뭘 망설이느냐. 너만 좋다면 그와 결혼하거라."

가정부는 수줍어하며 말했다.

"네, 그 사람을 사랑합니다."

"그러면 어서 가서 결혼하겠다고 말하거라."

그렇게 해서 도둑과 가정부는 결혼했다. 도둑은 결혼을 하자마자 가정부의 집에 들어와 살았다. 가정부는 행복한 나날을 보냈다.

그러던 어느 날 도둑이 가정부에게 말했다.

"여보, 우리가 결혼한 지 벌써 6개월이 되었군. 그런데 결혼하고 가족들을 한 번도 보지 못했소."

가정부는 미소 지으며 말했다.

"한번 가야지요. 식구들을 만나면 아주 즐거울 거예요."

그렇게 해서 가정부는 남편과 함께 마차를 타고 도둑의 가족이 사는 곳으로 떠났다. 그런데 사흘이 지나도록 어느 마을에도 들르지 않고 계속 산길을 갔다. 나흘째 되는 날 이상하다고 느낀 가정부는 조금씩 불안한 마음이 들어 남편에게 말했다.

"여보, 당신 집은 어디예요? 너무 멀리 온 거 같아요."

그러자 남편은 차가운 표정으로 말했다.

"가만히 있어. 곧 알게 될 테니. 우리 집에 도착해 무슨 일이 일어날지 알게 되면 그렇게 조바심을 내지 않을 것이다."

가정부는 잔뜩 긴장한 목소리로 말했다.

"여보, 왜 그런 이상한 말을 하세요?"

그러자 남편은 가정부를 쏘아보며 말했다.

"더 이상 숨길 수 없군. 이제 내 형제를 죽인 너에게 복수하려 한다."

가정부는 울음을 터트리며 집으로 데려다 달라고 간청했다. 그러나 도둑은 울음을 멈추지 않으면 그 자리에서 죽여 버리겠다고 으름장을 놓았다.

하루를 꼬박 산길을 걸어간 두 사람은 마침내 도둑의 집에 도착했다. 도둑은 가정부를 어느 방에 가두고 옷을 벗겨 천장에 머리카락을 묶었다. 가정부를 어떻게 죽일지 결정하는 동안 잠시 가둬 둔 것이다.

다행히 손을 묶이지 않은 가정부는 머리카락을 조금씩 자르기 시작했다. 가정부는 머리카락을 모두 자르고 조심스럽게 창문을 열어 방을 빠져나왔다. 가정부는 주위를 한 번 둘러보고 사람들이 보이지 않자 뒤도 돌아보지 않고 죽을힘을 다해 달렸다.

서너 시간을 달린 가정부는 마침 사과를 실은 마차를 끌고 가는 노인을 보고 도움을 청했다. 노인은 그녀를 불쌍하게 여겨 마차에 올라타라고 했다. 가정부는 잠시도 머뭇거리지 않았다. 노인은 마차의 한쪽에 있는 사과를 치우고 거기에 들어가게 한 다음 그녀가 보이지 않도록 그녀 위에 사과를 놓았다.

이틀 동안 노인은 인적 없는 산길을 달리고 숲을 지나갔다. 사흘째 되는 날, 준마를 탄 기사를 만났는데 노인은 한눈에 그가 도둑이라는 것을 알아챘다.

도둑이 노인을 불러 말했다.

"영감님, 오는 길에 갓 태어날 때처럼 벌거벗은 여자를 못 보셨습니까?"

"이 길을 따라 계속 왔소만 보지 못했소. 이 길로 갔다면 아마 앞에 가고 있을 게요."

노인은 잠시 생각하더니 마차를 세우고 말했다.

"그러고 보니 어제 여기서 몇십 킬로미터 떨어진 곳에서 하얀 물체를 보았소. 그게 뭔지는 모르겠지만 움직이는 것 같았소만."

도둑은 노인이 말을 끝맺기도 전에 박차를 가해 전속력으로 달렸다.

얼마 뒤 도둑이 노인을 쫓아와 소리쳤다.

"멈추시오. 늙다리 노인네가 나에게 감히 거짓말을 하다니."

노인은 침착하게 말했다.

"내가 왜 처음 보는 사람한테 거짓말을 하겠소."

노인이 천연덕스럽게 말하자 도둑은 더 이상 캐물을 수 없었다.

"어찌 되었건 그 길로 가지 않은 건 분명하오."

노인이 말했다.

"나는 여자를 보았다고 말하지 않았소. 그냥 뭔가 하얀 것을 봤다고 했을 뿐이오."

그러자 도둑은 노인의 말에서 낌새를 알아차리고 눈을 빛내며 말했다.

"보이는 것보다 뭔가를 더 많이 알고 있는 것 같구려. 그 마차가 수상하오. 그 속에 뭐가 들었는지 한번 봅시다."

노인은 어이없다는 듯 도둑을 쳐다보았다.

"정 나를 못 믿겠다면, 직접 확인해 보시오."

노인은 마차의 천막을 휙 들췄다. 그러나 그 속에는 사과만 한가득 들어 있었다.

도둑이 떠난 뒤 노인은 가정부의 집을 향해 마차를 계속 몰았다.

가정부는 집에 도착하자마자 기사에게 달려가 모든 이야기를 들려주고 도둑으로부터 벗어나게 해달라고 간청했다. 기사는 안쓰러운 표정을 지으며 말했다.

"걱정 말거라. 너는 집에 있거라. 다시는 도둑이 너를 괴롭히지 못하게 할 계책이 하나 있느니라."

그날 기사는 마을 사람들에게 축제를 열 테니 부자든 가난한 사람이든 모두 모여 맘껏 즐기라고 말했다. 축제를 알리는 글이 곳간 문이며 나무를 비롯해 수킬로미터 내의 모든 곳에 나붙었다.

도둑은 축제가 열리기 이틀 전에 그 소식을 듣고 가정부의 집으로 가 보았지만 그녀를 찾지 못했다. 그래서 도둑은 변장을 하고 축제에 참석했다가 그녀를 보면 붙잡아 오기로 마음먹었다.

축제가 열리는 날 저녁, 가정부는 비단 옷을 입고 기사와 함께 도착하는 손님들에게 인사를 했다. 가정부와 기사는 도둑을 기다리고 있었다. 그러나 그의 모습이 보이지 않았다. 사람들 모두 식탁에 앉았을 때 한 명 한 명 살펴보았지만 그를 찾지 못했다.

먹고 마시며 축제가 한창 무르익었을 때 기사가 자리에서 일어나 사람들에게 말했다.

"여러분들과 이런 자리를 갖게 되어 무척 기쁩니다. 자, 우리 헤어지기 전에 축배를 듭시다. 참석하신 모든 분들은 왼손으로 잔을 높이 드십시오."

사람들이 축배를 들기 위해 왼손을 높이 쳐들었을 때 기사는 마침내 도둑을 찾아냈다. 도둑은 왼손 엄지와 검지가 반으로 잘려 있었던 것이다. 기사는 하인에게 명령해 도둑을 잡아 옥에 가두었다. 도둑은 두 번 다시 가정부를 괴롭히지 못했다.

●──집시 민담

시골 도둑과 도시 도둑

옛날 시골 도둑과 도시 도둑이 우연히 만나 서로 훔치는 재주를 뽐내며 옥신각신하고 있었다.

시골 도둑이 도시 도둑에게 말했다.

"좋아, 네가 그렇게 솜씨 좋은 도둑이라면, 까마귀가 품고 있는 알을 훔쳐와 봐. 그러면 인정해 줄 테니."

그러자 도시 도둑이 날쌔게 나무를 기어올라 까마귀가 알아채지 못하게 손을 집어넣어 알을 훔쳐 왔다. 그런데 도시 도둑이 까마귀 알을 훔치는 동안 시골 도둑은 그의 속옷을 훔쳤다. 나무에서 내려와 입고 있던 속옷이 없어진 것을 알게 된 도시 도둑이 말했다.

"자네가 내 속옷을 훔치는 것도 모르고 있었다니."

서로의 재주를 인정하게 된 두 사람은 의형제를 맺고 도시로 갔다.

그곳에서 두 사람은 한 여자를 만났다. 두 사람 모두 그녀를 아내로 삼고 싶었다. 그러나 한 여자를 두 남자가 부인으로 맞아들일 수는 없는 법이었다. 도시 도둑이 시골 도둑에게 말했다.

"두 형제가 한 여자를 부인으로 삼을 수는 없는 일이니 자네에게 양보하겠네. 자네가 이 여인을 아내로 맞이하게나."

그렇게 해서 시골 도둑이 부인을 맞아들이고 세 사람은 함께 떠났다.

돈이 필요했던 도둑들은 왕의 궁궐로 갔다. 그리고 담벽으로 기어올라 가서 지붕을 통해 궁궐로 들어갔다. 시골 도둑은 돈이 든 주머니 100개를 들고 나왔다.

다음 날 아침 왕은 금고를 열어 보고 돈 주머니가 사라진 것을 알게 되었다. 왕은 곧바로 늙은 도둑이 감금되어 있는 감옥으로 갔다. 왕은 늙은 도둑에게 말했다.

"내 궁궐에 누가 들어왔는지 모르겠지만 돈 주머니를 100개나 훔쳐 갔네. 게다가 내 궁궐에는 구멍이 하나도 없는데 어디로 빠져나갔는지 모르겠구만."

늙은 도둑이 말했다.

"폐하, 그 돈 주머니는 한 명이 훔쳐 간 것이 분명합니다. 궁궐에 큰불을 내 연기가 빠져나가는 것을 지켜보십시오. 도둑은 그곳으로 탈출한 것입니다. 구멍이 있는 곳에 당밀을 가득 채운 나무통을 놔두십시오. 도둑이 다시 들어왔다가 그 당밀통에 떨어질 것입니다."

왕은 늙은 도둑이 시키는 대로 구멍을 찾아 당밀이 든 나무통을 놔두었다. 얼마 후 시골 도둑이 궁궐에 들어와 구멍으로 다시 나가다가 당밀통에 떨어졌다. 그러자 시골 도둑이 도시 도둑에게 말했다.

"형제여, 나는 이제 끝났네. 왕에게 즐거움을 주지 않도록 어서 내 머리를 자르게. 살아 있는 것보다 죽는 게 더 나을 것 같네."

도시 도둑은 시골 도둑의 머리를 잘라 숲 속에 묻어 주었다.

다음 날 아침 왕이 서둘러 당밀통이 있는 곳으로 갔다. 그런데 그곳에는 도둑이 머리가 잘린 채 죽어 있는 게 아닌가. 왕은 이상하게 여겨 또다시 늙은 도둑을 찾아갔다.

"도둑을 잡았는데 머리가 잘리고 없다네. 어떻게 된 일인가?"

그러자 늙은 도둑이 말했다.

"왕이시여, 그자는 매우 간교한 도둑입니다. 시체를 성문 밖에 걸어 두십시오. 그러면 머리를 가져간 사람이 몸통을 가져가기 위해 돌아올 것입니다. 그러니 보이지 않는 곳에 병사를 배치해 두십시오."

왕은 시골 도둑의 시체를 거둬 성문 밖에 걸어 두고 병사들로 하여금 숨어서 보초를 서게 했다.

그 사실을 안 도시 도둑은 하얀 암말과 마차, 포도주 스무 통을 샀다. 도둑은 노인으로 가장해 포도주를 마차에 싣고 친구의 시체가 걸려 있는 곳으로 갔다. 그곳에서 도둑은 술통을 바닥에 내던진 뒤 마차가 고장 난 척했다. 그러고는 주인이 이 사실을 알면 자신을 죽일 거라고 큰 소리로 한탄하면서 울기 시작했다.

그 모습을 보고 병사들이 수군거렸다.

"불쌍한 양반이군. 마차에 술통을 싣도록 도와주세. 우는 소리를 듣는 것도 고역이니 말일세."

병사들은 숨어 있던 곳에서 나와 도둑에게 다가갔다.

"영감님, 술통을 마차에 실어 드릴 테니 포도주나 한 모금 주시지요."

도둑은 고마워하는 척하며 말했다.

"물론이죠. 도와주신다면야 몇 모금인들 못 드리겠습니까."

마차에 술통을 실어 주자 도둑이 말했다.

"자, 이제 마음대로 드십시오. 실컷 드셔도 됩니다."

병사들은 배가 터지도록 마시고 또 마셨다.

그때 도둑이 시체를 가리키며 슬며시 물어보았다.

"이 사람은 대체 누구길래 저렇게 매달려 있소?"

"도둑입니다."

도둑은 짐짓 놀라는 척하며 소리쳤다.

"아이고, 저 도둑이 내 암말을 훔쳐 가면 안 되는데. 이곳에 머물면 안 되겠구만."

병사들은 웃으며 말했다.

"영감, 저 사람이 어떻게 저기서 내려와 말을 훔쳐 간단 말이오."

"도둑이라면 하고도 남지요."

"헛소리 마시오. 저 사람이 말을 훔친다면 우리가 당신에게 말 값을 치러 주겠소."

"도둑이 그 정도도 못 하겠습니까?"

"영감, 저 사람은 이미 죽은 사람이오. 만약 저 사람이 영감의 말을 훔쳐 가면, 귀리를 300킬로그램 주겠소."

도둑은 잠시 생각하는 척하고 말했다.

"좋습니다. 그렇게 해주신다면 이곳에서 하룻밤을 보내겠습니다."

도둑은 불 가까이 자리를 잡고 잠자는 척했다. 병사들은 밤늦도록 술을 마시더니 마지막 남은 한 방울까지 비운 뒤 모두 쓰러져 잠이 들었다. 한밤중에 도둑은 몰래 일어나 친구의 몸통을 끌어내려 암말에 싣고 숲 속으로 들어가 그곳에 묻어 주었다. 그리고 암말은 숲 속에 두고 다시 돌아와 자는 척했다.

아침에 병사들은 도둑의 말과 시체가 없어진 것을 보고 난감했다.

"영감 말이 맞았네. 약속한 대로 우리가 보상해 주어야겠어."

병사들은 도둑에게 귀리 300킬로그램을 주고 아무에게도 말하지 말라고 부탁했다.

  며칠 후 왕은 시체가 없어진 것을 알고 다시 늙은 도둑을 찾아갔다.

  "이보게, 성문 밖에 매달아 놓은 도둑의 시체를 누가 훔쳐가 버렸네! 이젠 어떻게 하면 좋겠나?"

  "폐하, 도시에 있는 고기를 모두 사들여 500그램에 2두카도로 시장에 내놓으십시오. 백만장자가 아닌 한 아무도 고기를 사려고 하지 않을 것입니다. 늦어도 사흘 내에 그 도둑이 나타날 것입니다."

  왕은 도시에 있는 고기를 모두 사들여 4분의 1만 시장에 내놓고 500그램에 2두카도라고 가격표를 붙여 놓았다. 그러자 아무도 고기를 사러 오지 않았다.

  다음 날 도둑은 마차를 타고 시장으로 갔다. 그는 어느 정육점 앞에서 마차를 멈추고 도끼가 없어 마차를 고칠 수 없다고 한탄했다. 그러자 정육점 주인이 그에게 말했다.

  "내가 도끼를 빌려 줄 테니 마차를 수리하시오."

  도둑은 도끼를 집으면서 옆에 있던 고기를 훔쳐 외투 속에 숨겼다. 그리고 마차를 수리한 다음 정육점 주인한테 도끼를 돌려주고 집으로 돌아갔다.

  다음 날 왕이 정육점을 찾아와 말했다.

  "고기를 사 간 사람이 있었느냐?"

  정육점 주인은 하나도 못 팔았다고 대답했다.

  그러나 왕은 고기 무게를 재 보고 10킬로그램이 부족하다는 사실을 알게 되었다.

  왕은 곧바로 늙은 도둑을 찾아가 말했다.

  "10킬로그램이나 되는 고기를 도둑맞았는데, 아무도 본 사람이 없네."

"폐하, 아주 교활한 도둑이라고 말씀 드리지 않았습니까."

"그럼 이제 어떻게 해야 하겠나?"

늙은 도둑은 잠시 생각하더니 말했다.

"누가 도둑인지 알아낸 사람에게 가지고 있는 모든 돈과 왕위까지 넘겨주겠다고 써서 방을 붙이십시오."

왕은 늙은 도둑이 말한 대로 방을 써서 궁궐 밖에 붙여 두었다.

방을 읽은 도둑은 마침내 결심을 하고 왕을 찾아갔다.

"폐하, 제가 바로 그 도둑입니다."

왕은 깜짝 놀라 자리에서 벌떡 일어났다.

"네가 도둑이라고?"

"그렇습니다, 폐하. 제가 바로 그 도둑입니다."

"그렇다면 네가 도둑이라는 것을 증명해 보거라. 저기 이리 오고 있는 농부가 보이느냐? 농부가 가진 황소 두 마리 중에 한 마리를 훔쳐 오너라."

도둑은 농부에게 다가가 큰 소리로 말했다.

"연극 공연이 있습니다."

농부는 호기심이 생겨 말했다.

"도시에 여러 번 와 봤지만 연극에 대해 듣기만 했을 뿐 한 번도 보지 못했습니다."

농부는 마차를 팽개치고 도시로 향했다. 도둑은 농부의 등 뒤에서 그가 멀어질 때까지 계속 소리를 질렀다. 그러고는 황소의 꼬리를 잘라 다른 황소의 입에 물려 놓은 뒤 꼬리가 잘린 황소를 왕이 있는 곳으로 끌고 갔다.

잠시 뒤 농부가 마차 있는 곳으로 돌아와 우는 것을 보고 왕이 불러 이유를 물었다.

"마차를 세워 두고 왜 울고 있느냐?"

농부는 울먹이며 말했다.

"아 글쎄, 연극을 보러 갔다 오는 동안 황소 한 마리가 다른 소를 먹어 버렸지 뭡니까."

왕은 웃음을 터트리더니 신하를 불러 농부에게 황소 두 마리를 주라고 명령했다. 신하들이 황소를 끌고 오자 말했다.

"네 황소를 알아보겠느냐?"

농부는 깜짝 놀라며 말했다.

"네, 폐하. 이건 제 황소가 분명합니다."

"그럼 이 황소들을 가지고 집으로 돌아가거라."

왕은 도둑에게 말했다.

"너에게 내 딸과 왕위를 물려주겠다. 그런데 그 전에 한 가지 더 시험해 보고 싶구나. 교회에 가서 나를 위해 미사를 드리는 신부를 데려오너라."

도둑은 시장으로 달려가 게 300마리와 초 300개 그리고 커다란 자루를 사서 교회로 갔다. 도둑은 돌계단에 앉아 있다가 신부가 왕을 위한 찬미가를 부르자 게의 집게에 초를 묶어 한 마리씩 풀어놓았다. 신부가 그 광경을 보고 소리 질렀다.

"하느님 눈에 제가 그렇게 공정해서 저한테 성자를 보내 주십니다."

도둑은 게를 모두 풀어놓고 신부에게 말했다.

"신부님, 당신께서 너무나 공정해서 하느님께서 그의 심부름꾼을 통해 당신을 부르십니다."

신부가 물었다.

"내가 어떻게 가야 합니까?"

도둑은 자루를 꺼내며 말했다.

"이 자루 속으로 들어가십시오."

신부는 얼른 자루 속으로 들어갔다. 도둑이 마차에 싣기 위해 자루를 끌고 계단을 내려갔다. 그럴 때마다 신부의 머리가 계단에 부딪치는 소리가 났다. 도둑이 신부를 데려오자 왕은 너털웃음을 터트리더니 약속한 대로 그의 딸과 왕위를 도둑에게 물려주었다.

부자 되는 법

한 집시가 지나가는 농부를 불러 세워 물었다.
"부자가 되고 싶으세요?"
농부는 당연하다는 눈빛으로 말했다.
"그걸 말이라고 하세요? 부자가 될 수 있는 방법만 안다면 내가 이렇게 농사나 짓고 살지는 않을 텐데……."
그러자 집시는 눈을 빛내며 말했다.
"제가 가르쳐 드릴게요. 부자 되는 방법 말이에요. 금화 몇 개를 가지고 저를 따라오세요. 금화를 밭에 묻어 두었다가 내일 다시 와 보세요. 뿌린 만큼 거두게 될 겁니다."
농부는 집에서 금화 몇 개를 가져와 집시를 따라갔다. 그리고 밭에 금화를 묻은 뒤 표시를 해놓고 돌아갔다.
다음 날 농부는 집시와 함께 밭으로 나가 땅을 파 보았다. 그러자 집시의 말대로 묻어 두었던 금화가 두 배로 늘어나 있었다.
"이런! 믿을 수 없는 일이야. 금화가 두 배로 늘어나다니. 이제 난 부자야. 부자라고."

농부는 입을 다물지 못했다.

옆에서 지켜보고 있던 집시는 침착하게 말했다.

"이 정도를 가지고 부자라고 할 수 없죠. 이리 와서 좀 더 묻어 두세요."

돈을 더 벌 수 있다는 생각에 신이 난 농부는 가지고 있던 금화를 모두 다시 묻었다.

다음 날 농부는 일어나자마자 서둘러 밭에 나가 땅을 파 보았다. 과연 돈은 두 배로 늘어나 있었다. 농부는 너무 기쁜 나머지 펄쩍펄쩍 뛰었다.

"밤새도록 이렇게 돈이 불어나다니. 난 이제 곧 부자가 될 거야."

하지만 집시는 여전히 침착하게 말했다.

"부자가 되려면 이것보다 백 배는 더 벌어야죠. 이 정도로는 안 돼요. 어서 집에 가서 가지고 있는 돈을 모두 가져오세요. 그럼 평생 맛있는 음식이 식탁에서 끊이지 않을 거예요."

농부는 집으로 달려가 집 안 구석구석을 뒤져 돈이란 돈은 모두 찾아 가지고 왔다. 그러고는 밭을 파고 또 파서 그 돈을 모두 묻었다. 그날 밤 농부는 부자 될 생각에 들뜬 기분을 안고 겨우 잠이 들었다.

아침 해가 뜨자마자 농부는 잠자리에서 뛰쳐나와 밭으로 달려가 땅을 파기 시작했다. 농부는 불어난 돈을 조금이라도 빨리 보고 싶어 열심히 삽질을 했다. 그런데 아무리 파도 동전 하나 나오지 않았다.

농부는 얼굴이 하얗게 질린 채 마침 터벅터벅 걸어가고 있던 집시에게 달려갔다.

"이보시오, 저기 묻어 둔 내 돈이 없어졌소. 두 배로 늘어나 있어야 하는데, 어떻게 된 게 동전 하나 없소."

집시는 굳은 얼굴로 차갑게 말했다.

"어제부터 비가 오지 않았잖아요. 여기 먼지 좀 보세요. 비가 안 와서 씨앗이 모두 시들어 없어진 거라고요."

농부는 아무런 대꾸도 하지 못하고 눈물을 뚝뚝 흘리며 터벅터벅 집으로 돌아갔다. 농부가 밭을 떠난 뒤 집시는 주머니에 가득 든 금화를 짤랑거리며 걸어갔다.

사리나

자녀를 여럿 둔 한 족장이 부인을 잃고 새 아내를 맞이해야겠다고 생각했다. 자신은 물론이고 자식들을 돌봐 줄 사람이 없었던 것이다.

집시 부족에는 사리나라는 젊고 아름다운 집시 소녀가 있었다. 많은 젊은 청년들이 그녀와 결혼하려고 청혼했으나 사리나는 모두 거절했다. 그런 사리나가 족장의 눈에 들어오지 않을 리 없었다. 족장은 얼른 사리나를 불러 결혼해 달라고 말했다.

사리나는 족장의 청혼을 받고 얼굴이 창백해져 집으로 돌아왔다.

"어머니 아버지, 제발 족장님하고만은 결혼하지 않게 해주세요."

사리나는 울면서 애원했다. 그러나 사리나의 부모도 달리 어떻게 할 수 없었다. 결혼을 거절하면 부족을 떠나야 하는데, 그러면 살아가기가 더욱 힘들기 때문이었다.

결국 사리나와 그 부모는 족장의 청혼을 받아들일 수밖에 없었다. 얼마 후 사리나는 족장과 결혼해 그의 천막에 들어가 살게 되었다. 그런데 사리나는 마치 하인처럼 아이들만 돌볼 뿐 족장과 한 침대를 쓰지 않았다.

족장과 사리나가 한 침대를 쓰지 않는다는 소문이 곧 집시들 사이에 퍼졌다. 사람들은 두서넛만 모이면 그 이야기를 하며 수군거리기 시작했고, 족장이 지나가면 좋지 않은 눈초리로 쳐다보았다.

어느 날 그 소문은 족장의 귀에까지 들어갔다. 자존심이 몹시 상한 족장은 그날 밤 천막으로 들어가자마자 곧바로 사리나에게 달려들었다.

사리나는 손으로 가슴을 가리고 뒷걸음질치며 소리쳤다.

"기다려요! 더 이상 가까이 오지 말아요."

족장은 사리나가 소리치는데도 아랑곳하지 않고 그녀에게 다가가 두 손으로 꽉 붙잡았다. 그 순간 족장은 차갑고 딱딱한 촉감에 소스라치게 놀라 뒤로 움찔 물러났다.

족장의 손이 사리나의 몸에 닿는 순간 그녀는 돌로 변해 버린 것이다.

약속을 지키지 못한 집시

한 집시가 아내와 자식들을 부족에 남겨 두고 말을 찾아 길을 떠났다. 집시 부인은 남편을 기다리며 하루하루를 보냈다. 그러나 하루, 이틀, 사흘, 나흘…… 아무리 기다려도 남편은 돌아오지 않았다.

불안한 마음을 누를 수 없었던 부인은 더 이상 기다리지 못하고 부족들과 함께 남편을 찾아 나섰다. 길거리 이곳저곳 숲 속 여기저기를 모두 살펴보았지만 남편의 모습은커녕 남편이 지니고 있던 물건 하나 보이지 않았다. 몇 날 며칠을 헤매도 흔적조차 찾지 못한 사람들은 결국 집시가 어딘가에서 죽었을 거라고 생각했다.

부족으로 돌아온 부인은 남편의 장례식을 치러 주며 밤새 통곡을 했다. 시간이 지나면 상처도 닳아 없어지는 법. 부인은 세월이 흐를수록 조금씩 남편을 잊어 갔다.

이야기는 다시 집시가 집을 떠나던 날로 돌아간다.

아내와 작별 인사를 하고 길을 떠난 집시는 깊은 밤 숲 속으로 들어가게 되었다. 숲 속 빈터에 이르렀을 때 그곳에서 아름다운 말 한 마리가 조용히 풀을 뜯고 있는 것을 보았다. 말의 갈기는 길었으며,

꼬리는 땅에 닿을 정도였다. 머리에서부터 발굽까지 하얀 광채가 뿜어져 나와 숲 속이 대낮처럼 환했다.

그 순간을 얼마나 기다렸던가? 집시는 부신 눈을 겨우 뜨고 살금살금 말에게 다가갔다. 그런데 집시가 몇 발짝 떼기도 전에 말은 한 번 크게 울부짖더니 달아나 버렸다. 땅이 울릴 정도로 힘차게 박차며 전속력으로 달려갔다.

집시는 잠시 멍하니 쳐다보다가 정신을 차렸다.

"괜찮아. 이런 일이 한두 번인가. 또 기회가 있을 거야. 기다려라. 내가 꼭 잡고 말 테니……."

집시는 마음을 다지고 다시 말을 쫓아갔다.

다음 날 집시는 말발굽 흔적을 따라 바위 동굴로 들어갔다. 그는 망설이지 않고 길을 따라 땅속 깊이 들어갔다.

한참을 들어갔을 때 집시는 그곳이 바로 뱀의 왕국이라는 것을 알아차렸다.

그곳의 우두머리인 열두 개의 커다란 대가리를 가진 뱀이 집시를 보자마자 쉭쉭 소리를 내며 소리쳤다.

"누가 감히 내 왕국에 들어온 게냐?"

집시는 두려움을 간신히 감추고 말했다.

"집시는 아주 훌륭한 말을 보면 그 말이 남긴 발자국을 따라 쫓아간답니다. 그 말발굽 흔적을 따라 여기까지 왔답니다."

뱀 우두머리는 차갑게 소리쳤다.

"넌 이곳을 절대 빠져나가지 못할 것이다."

목숨을 보존할 수밖에 없었던 집시는 결국 뱀 우두머리 밑에 남아 자신이 쫓던 말을 보살피게 되었다. 집시는 뱀의 왕국에서 말 돌보는 일을 묵묵히 해나갔다.

1년이 지나고 3년이 지났다. 어느 날 뱀 우두머리가 집시를 불렀다.

"이제 집으로 돌아가고 싶지 않느냐?"

3년 동안 집시는 말을 돌보면서 기쁨을 느끼는 한편 마음 한구석에서 아이들과 부인 생각이 단 하루도 떠난 적이 없었다.

집시가 말이 없자 뱀 우두머리가 계속했다.

"내 밑에서 충실하게 일했으니 이제 그만 너를 보내 주겠다. 그러나 한 가지 조건이 있다. 네가 지금까지 어디 있었는지 다른 사람에게 절대 말해서는 안 된다. 그것을 지키지 못할 때는 네 목숨을 부지할 수 없을 것이다."

뱀 우두머리가 꼬리로 바닥을 한 번 치고 휘파람을 불자 뱀 몇 마리기 집체만한 몸을 꼬아 둥그렇게 하나로 만들었다. 지상으로 향하는 문이 열리자 공으로 변신한 뱀이 그 속에 집시를 넣고 해가 뜰 때까지 굴렀다.

집시는 아침 햇살을 맞으며 동굴 속에서 기어 나왔다. 부신 눈을 껌뻑거리며 주위를 둘러봤을 때 뱀들은 이미 땅속으로 사라지고 없었다.

그때 땅속에서 뱀 우두머리의 목소리가 들려왔다.

"약속을 어겨서는 안 된다. 네 목숨이 달린 일이다."

집시는 땅속을 향해 외쳤다.

"아내와 아이들 이름을 걸고 맹세합니다. 절대로 말하지 않을 겁니다."

집시는 곧바로 집을 향해 달려갔다. 그가 부족이 사는 곳으로 들어서자 사람들은 눈을 휘둥그렇게 떴다. 3년 전에 이미 죽었다고 생각한 사람이 나타났으니 모두 그가 유령이 아닌가 의심했다.

죽은 줄만 알았던 남편을 본 그의 부인과 아이들은 자신들의 눈을 믿을 수가 없었다. 그렇게 찾아 헤매도 흔적조차 보이지 않던 사람이 이렇게 멀쩡한 모습으로 돌아오다니 상상도 하지 못한 일이었다. 집시는 부인과 아이들을 부둥켜안고 한참 동안 눈물을 흘렸다.

부인은 천막으로 들어가자마자 남편에게 물었다.

"여보, 우리가 당신을 얼마나 찾아다녔는지 아세요? 여기저기 안 가 본 데가 없어요. 그런데 당신 발자국조차 찾을 수 없었다고요. 도대체 그동안 어디 갔다 오신 거예요?"

집시는 얼른 대답하지 못했다. 뱀 우두머리와의 약속이 떠오른 것이다.

"어떻게 이렇게 3년이나 소식이 없었던 거예요? 어디서 뭘 하며 지낸 거예요? 어서 말해 주세요."

집시의 아내는 그동안 남편이 어떻게 지냈는지 몹시 궁금했다. 집시는 아내와 자식들과 함께 있다는 것만으로 너무 기뻤다. 그래서 그만 뱀 우두머리와 약속한 것을 까맣게 잊어버리고 말았다.

집시는 가족들과 둘러앉아 땅속 뱀의 왕국에서 지낸 이야기를 들려주었다. 그곳에서 뱀 우두머리를 만난 일과 말을 돌본 일까지 모두 이야기해 주었다. 가족들은 넋을 잃고 집시의 이야기를 귀 기울여 들었다.

이야기를 다 끝마쳤을 때쯤 집시는 그제서야 뱀 우두머리와의 약속이 떠올랐다.

"세상에! 하느님, 제가 무슨 짓을 한 거죠?"

그 순간 집시는 숨이 끊어질 듯한 울음소리를 내며 바닥에 쓰러졌다. 그러고는 몸을 배배 꼬며 고통스럽게 몸부림을 쳤다. 뒤이어 커다란 몸뚱아리가 꿈틀거리더니 부인과 아이들을 덮쳤다.

다음 날 아침, 사람들이 집시의 천막을 열어 보니 부인과 아이들이 차갑게 죽어 있었다. 그리고 맞은편에는 커다란 뱀 한 마리가 똬리를 틀고 있었다.

늑대와 집시

　어느 교활한 늑대 한 마리가 늑대 무리를 이끌고 숲 속을 활개치고 있었다. 이 늑대는 싸움에서 죽을 고비를 여러 번 넘기기는 했지만 번번이 승리를 거두었다.
　늑대는 숲의 법칙을 알고 있었다. 숲에서 약자는 살아남을 수 없다는 것과 언젠가는 자신도 나이가 들면 더 이상 늑대 무리를 이끌지 못한다는 것이었다. 그리고 그런 날이 오면 자신의 목숨도 위태로워지게 마련이었다.
　어느 한겨울 늑대는 자신이 거느리는 늑대 무리들의 눈에서 증오와 경멸감에 가득 찬 눈빛을 보았다. 늑대 무리들은 더 이상 나이든 우두머리를 두려워하지 않았다. 강한 지도자를 원하는 늑대들은 지금의 우두머리 자리를 빼앗고자 조용히 기회를 엿보고 있었다.
　깊은 밤 우두머리 늑대는 조용히 일어나 늑대 무리 곁을 떠나 달아났다. 늑대 무리는 우두머리 늑대가 달아난 것을 알고 그를 쫓기 시작했다.
　늙은 늑대는 숲 속을 달려 어느 집시의 집으로 들어갔다.

이 집시는 한때 강대한 집시 부족을 오랫동안 이끌던 족장이었다. 지혜롭고 대담한 족장은 부족을 여러 차례 위험에서 구해 내곤 했다. 그러나 그도 흐르는 세월을 막을 수 없었다. 더 이상 나이 들고 힘없는 족장의 말은 용감하고 젊은 청년들을 막을 수 없었다.

겨울이 다가오던 어느 날, 족장은 부족 사람들을 불러 모아 모두 떠나라고 명령했다. 숲 속에 홀로 남아 여생을 보내기로 한 것이다. 족장은 그 무엇도 두렵지 않았다.

그러던 어느 날 해는 벌써 지고 차갑고 음산한 공기가 숲 속에 내려앉을 즈음 등골이 오싹해지는 늑대 울음소리가 족장의 집 가까이에서 들려왔다. 족장은 보통 때와는 다른 울음소리에 묘한 기분을 느끼며 횃불을 들고 나갔다.

문을 열어 보니 늙은 늑대가 노란 반점이 있는 회색 눈으로 족장을 노려보고 있었다. 그러나 그것은 상대를 위협하려는 것이 아니라 도움을 구하는 눈빛이었다.

족장은 늙은 늑대 뒤로 다른 늑대 무리가 있는 것을 보았다. 늑대 무리는 슬금슬금 다가오면서 늙은 늑대를 덮칠 기회를 호시탐탐 노리고 있었다.

족장은 늙은 늑대가 위험에 처한 것을 알고 늑대 무리를 향해 횃불을 휘둘렀다. 늑대 무리는 움찔 뒷걸음을 치더니 이내 어스름한 어둠 속으로 슬금슬금 사라졌다.

한때 무리를 거느리던 족장과 늙은 늑대는 이렇게 숲 속에서 함께 살게 되었다. 족장은 자신의 발아래 온유하게 앉아 있는 늙은 늑대의 머리를 쓰다듬어 주었다.

베이다와 루차

옛날 자애로운 영주의 영지 내에 집시 가족이 살고 있었다. 부유한 영주는 훌륭한 군마를 여러 마리 기르고 있었는데, 그중 단연 으뜸이 바로 경주 우승마인 사뮐이었다.

집시 가족 중에는 베이다라고 하는, 늠름하고 잘생긴 청년이 있었다. 어느 날 베이다는 아버지에게 말했다.

"아버지, 이제 저도 결혼할 때가 됐으니 신부를 찾으러 떠나겠어요. 저를 축복해 주세요, 아버지."

아버지가 온화한 목소리로 말했다.

"신의 가호가 네게 있을 것이다. 또한 우리의 축복도 함께할 것이다. 그런데 아들아, 너는 어떤 여자와 결혼하기를 원하느냐?"

베이다는 머리를 긁적거리며 말했다.

"아직은 잘 모르겠어요. 우선 부유한 집시들이 살고 있는 곳을 알려 주세요. 그곳에서 신부감을 찾아보는 게 좋겠어요."

아버지는 조금 망설이더니 이내 입을 열었다

"집시 중에 그런 사람이 하나 있지. 이곳에서 멀리 떨어진 드네프르 강 너머에 살고 있단다. 그리고 그 집에는 루차라는 아름다운 딸이 하나 있다. 그러나 그녀를 신부로 맞아들이기는 쉽지 않은 일이다. 그도 그럴 것이 많은 영주들, 상인들, 집시들 그리고 궤제들(집시가 아닌 사람들)이 그녀에게 청혼했지만 모두 거절당했다는구나. 아들아, 그곳을 찾아가려거든 한 가지 명심할 것이 있단다. 그녀의 오빠들을 조심하거라."

베이다는 자신감에 넘치는 목소리로 말했다.

"명심할게요, 아버지. 사람은 이 세상에 한 번 태어나 한 번 죽는 것 아니겠어요."

베이다는 자신이 갖고 있는 가장 화려한 옷을 입었다. 그리고 사뮐에 안장을 얹어 올라타고 신부를 구하러 떠났다.

그가 얼마나 먼 길을 갔는지는 오직 신만이 알 것이다. 그러던 어느 날 베이다는 드네프르 강에 이르러 사뮐에게 말했다.

"이제 우리는 어떻게 해야 할까?"

사뮐은 말뜻을 알아차린 듯 힘껏 울부짖으며 앞발로 땅을 차고 강 건너편을 가리키며 머리를 흔들었다. 베이다는 얼굴 가득 미소를 지으며 외쳤다.

"이랴, 사뮐. 가자."

사뮐은 베이다를 태우고 강을 헤엄쳐 갔다.

아름다운 여인 루차가 사는 부유한 집시 마을은 바로 강 건너편에 있었다. 베이다가 말을 타고 마을로 들어섰을 때, 루차의 오빠들이 그를 막아서며 말했다.

"자네는 누군가? 어디서 왔는가?"

베이다는 침착하게 말했다.

"내가 지금 얼마나 흠뻑 젖었는지 보이시죠? 우선 차를 한 잔 주시면 차근차근 말씀 드리겠습니다."

집시들이 사뮐의 안장을 내려주자 사뮐은 벌판으로 걸어가 한가로이 풀을 뜯었다. 그동안 베이다는 불가에 앉아 몸을 말리며 루차의 오빠들과 이야기를 나누었다.

그때 마침 루차가 천막 밖으로 나왔다. 그녀의 모습을 보는 순간 베이다는 눈앞이 흐릿해지고 검은 머리카락이 쭈뼛 서는 것을 느꼈다. 평생 동안 그런 미인을 한 번도 본 적이 없었던 것이다.

그것은 루차도 마찬가지였다. 그녀는 잘생긴 베이다를 보는 순간 사랑에 빠지고 말았다.

'오, 저 사람은 내 운명의 남자야.'

마음속으로 이렇게 중얼거리던 루차는 퉁명스러운 아버지의 목소리를 듣고 정신을 차렸다.

"루차, 주전자를 불에 올려놓거라. 손님에게 차를 대접해야겠다."

베이다는 모닥불 주위에 둘러앉아 루차의 가족과 함께 차를 마셨다. 베이다는 옆에 있던 루차와 눈빛이 마주치는 순간 얼른 속삭였다.

"식사가 끝나면 나의 운명에 대해 말해 주겠다고 하면서 나를 데려가 주세요."

루차는 식사가 채 끝나기도 전에 일어나 베이다에게 밝은 목소리로 말했다.

"당신에게 당신의 운명에 대해 말해 주고 싶어요."

베이다는 미소를 지으며 은은한 눈빛으로 루차를 바라보았다.

"말씀해 주세요. 당신들이 좋은 운을 예언해 준다는 말을 들었어요. 제가 이곳에 온 것도 바로 그 때문입니다. 지금까지 나는 운이 좋지 않았는데, 앞으로는 어떨지 알고 싶어요."

베이다는 루차의 오빠들이 자신을 경계하지 않도록 자신이 집시라는 사실을 말하지 않았다. 집시라고 하면 루차에게 구애하러 온 것을 눈치 챌 것이기 때문이었다. 베이다는 집시의 말을 한마디도 쓰지 않았다.

루차가 베이다를 자신의 천막으로 데려가기 전에 오빠 중 한 명이 그녀에게 속삭였다.

"루차, 청년의 멋진 코트를 벗겨 낼 수 있을지 기회를 잘 엿보거라."

루차는 오빠를 달래려고 베이다에게 말했다.

"당신의 코트를 오빠에게 주실 수는 없는지요? 그가 그 코트를 마음에 들어 하는군요."

베이다는 즉시 코트를 벗어 건네주었다.

"기꺼이 근정합니다."

루차는 베이다를 자신의 천막으로 데리고 갔다. 루차가 운을 말해 주려 하자 베이다가 갑자기 말을 가로막았다.

"루차, 당신의 오빠들은 경주마를 갖고 있나요?"

"부유한 집시들, 가난한 집시들, 집시가 아닌 사람들 사이에서 우리의 말이 가장 빠르답니다."

"루차, 당신의 오빠들에게 내가 경주하고 싶어 한다고 말해 주세요. 두 바퀴를 달린 뒤 나는 당신을 말에 태워 떠나겠어요. 걱정 말아요. 나는 나의 말 사뮐을 믿어요. 우선 당신 아버지에게 말을 거래하고 싶다고 말해 주세요."

루차는 아버지에게 베이다의 말을 전했다. 나이 든 집시는 서둘러 말을 살펴본 뒤 베이다에게 말했다.

"나는 세상을 오래 살았어. 그리고 말에 대해 좀 알지. 키발라종이군. 좋은 말이야."

그는 말의 갈기, 말굽의 털, 양 어깨 사이에 움푹 패인 곳, 엉덩이 등 말을 여기저기 찔러 보고 당겨도 보았다.

"좋아. 진지하게 얘기해 보세."

베이다는 때를 놓치지 않고 말했다.

"좋습니다. 우선 여기에서 가장 좋은 말과 경주하게 해주세요. 공터 두 바퀴를 돌아 누가 이기는지 한번 보십시오."

첫 바퀴에서 사뮐이 조금 뒤쳐졌지만 그 후 곧 따라잡았고, 두 번째 바퀴에서는 상대편 말을 멀찍이 떨어뜨려 놓았다. 베이다는 말을 멈추지 않고 곧장 루차에게 달려갔다. 그러고는 그녀의 길고 검은 머리를 낚아채 말에 태우고 바람처럼 달렸다.

집시들은 곧장 베이다를 뒤쫓아 갔으나 그는 이미 드네프르 강 건너편에 있었다.

베이다는 집에 도착하고 얼마 안 있어 루차와 결혼식을 올리기로 하고 그 소식을 신부의 집에 알렸다. 어느 누구도 두 부족 사이에 원한이 쌓이기를 원치 않았다.

루차의 부모는 그녀의 결혼을 흔쾌히 승낙했다. 지난 일은 모두 접기로 하고 베이다를 기꺼이 사위로 맞아들였다. 성대한 결혼식에 이어 며칠에 걸쳐 피로연이 열렸다.

베이다의 마을에서 루차의 행복한 결혼 생활은 계속되었다. 그렇게 1년이 지나고 다시 또 1년이 지나 루차가 아이를 가지게 되었다.

베이다는 사랑하는 아내가 힘들지 않도록 루차를 안고 다녔으며, 요리와 집안일까지 모든 일을 다 해주었다.

그런 아들을 보는 어머니의 심정이 좋을 리 없었다. 어머니의 마음속에는 어느새 루차에 대한 미움이 조금씩 싹텄다.

어느 날 루차가 물고기를 먹고 싶다는 한마디를 듣고 베이다는 말을 타고 멀리 떨어진 호수까지 갔다. 그가 얼마나 멀리 떠났는지는 알 수 없었다.

루차가 남편에게 하는 말을 엿들은 어머니는 며느리가 남편을 하인 다루듯 한다는 생각에 더욱 미웠다.

어머니는 냇가로 내려가 독사 한 마리를 잡아다 요리를 만들어 루차에게 주었다.

"애야, 네가 먹고 싶어 하는 거 같아 만들어 보았단다. 내가 직접 잡은 물고기 요리란다. 어서 먹어 보렴."

가엾은 루차는 독사 요리를 먹는 순간 몸에 열이 오르더니 복통을 일으켰다.

"어머니, 배가 너무 아파요. 아무래도 그 물고기 때문인 것 같아요."

어머니는 증오에 찬 눈빛을 감추고 애써 부드럽게 말했다.

"침대에 누워라. 그러면 한결 나아질 거야."

"아니에요, 어머니. 그이를 보러 가고 싶어요."

루차는 신음 소리를 내며 겨우 말을 이었다. 그녀는 아픈 몸을 이끌고 남편을 만나야 한다며 밖으로 나갔다.

루차가 정원 문을 지날 때였다. 그녀는 갑자기 멈춰 서서 손으로 허리를 잡았다. 그러더니 아름다운 그녀의 몸이 천천히 마가목으로 변했다. 루차는 빨간 열매와 푸른 잎을 달고 그곳에 서 있었다.

며칠 후 베이다가 집으로 돌아오자마자 루차를 찾았다.

"어머니, 루차가 보이지 않네요? 어디 갔나요?"

어머니는 차가운 목소리로 말했다.

"루차는 너를 찾으러 떠났단다."

"나를 찾으러 가다니요? 어디로 갔단 말이에요?"

"그걸 내가 어떻게 알겠니?"

베이다는 집 안으로 들어가지도 않고 곧바로 집을 나왔다. 그리고 정원 문을 지날 때 전에 없던 나무가 서 있는 것을 보았다. 울타리를 수없이 지나다녔지만 이제까지 한 번도 본 적 없는 나무였다.

"처음 보는 나무인데, 도대체 무슨 나무지? 꽃이 예쁘군. 하나 꺾어서 루차에게 줘야지."

베이다는 혼잣말을 중얼거리며 나뭇가지를 향해 팔을 뻗었다.

그때 마가목에서 사람의 목소리가 들렸다.

"베이다, 제발 내 뼈를 부러뜨리지 말아 주세요."

베이다가 깜짝 놀라며 나뭇가지를 잡는 순간 그의 몸은 떡갈나무로 변했다.

그 순간 베이다의 충성스러운 사냥이 울부짖더니 히스 꽃나무로 변했고, 땅에 떨어진 안장은 불두화나무로 변했다.

베이다의 아버지는 아들과 며느리가 집을 나간 지 며칠이 지나도 돌아오지 않자 그들을 직접 찾아보기로 했다. 밖으로 나가던 아버지는 정원 문을 나서다가 깜짝 놀라 걸음을 멈췄다.

"내가 너무 늙어서 눈이 침침해진 게 틀림없어. 이곳에는 분명 아무것도 없었는데……. 떡갈나무며 마가목이며 히스 꽃나무, 불두화나무까지 이 많은 나무들이 언제 생겼지?"

아버지는 오랫동안 나무들을 살펴보았다. 그리고 서서히 진실을 알게 되었다. 그는 자신의 아내가 마법을 가지고 있으며, 며느리를 몹시 미워했다는 것을 알고 있었다.

베이다의 아버지는 내키지 않는 마음으로 집시 재판을 열었다.

집시들은 한목소리로 베이다의 어머니를 벌해야 한다고 말했다. 집시의 맹세를 한 베이다의 어머니는 진실을 말할 수밖에 없었다. 그녀는 독사로 요리를 해서 루차에게 먹인 이야기와 그로 인해 아들과 며느리가 나무로 변한 이야기를 털어놓았다.

죄가 밝혀진 베이다의 어머니는 집시 부족의 방식대로 벌을 받아야 했다. 말 꼬리에 묶인 채 벌판을 끌려 다니며 말굽에 심하게 짓밟힌 그녀의 형체는 아무것도 남지 않았다.

그 뒤부터 집시들은 어느 곳을 가든, 마가목은 루차, 떡갈나무는 베이다, 히스 꽃나무는 군마 사뮐, 불두화나무는 집시들의 안장이라고 불렀다.

끊어진 구슬 목걸이

세계를 함께 떠돌아다니던 부자 집시 부족과 가난한 집시 부족이 있었다. 그들 부족의 젊은 청년과 소녀들은 오랜 기간 함께 어울려 다니면서 종종 애틋한 정을 나누곤 했다.

그중에 가난한 부족의 청년과 부유한 부족의 소녀가 서로 사랑에 빠졌다. 그들은 서로를 목숨보다 사랑한다고 고백하며 결혼을 맹세했다.

집시의 전통에 따라 중매쟁이가 손에 자작나무 가지를 들고 부유한 부족에게 갔다. 중매쟁이는 리본과 지폐가 달린 자작나무 가지를 소녀의 아버지 앞에 놓았다. 신부 될 처녀의 아버지가 그 가지를 집어 들면 결혼을 승낙한다는 뜻이었다. 그러나 소녀의 아버지는 가지를 집어 들더니 두 토막으로 부러뜨려 던져 버렸다.

"내 딸을 부랑아 녀석한테 보낼 수 없다. 나는 부유한 남자에게 시집 보낼 것이다."

소녀의 아버지는 몹시 불쾌해하며 소리쳤다.

그러자 소녀는 아버지의 발아래 엎드려 울먹이며 간청했다.

"아버지 제발 동정을 베풀어 그 사람과 결혼할 수 있도록 허락해 주세요. 저는 그 사람과 헤어질 수 없어요."

그러나 소녀의 아버지는 더욱 화를 내며 소녀가 기절할 때까지 채찍질을 했다.

"네 머릿속에서 그 집시 녀석을 말끔히 없애 주겠다."

그 일이 있은 뒤부터 청년과 소녀는 사람들의 눈을 피해 남몰래 만날 수밖에 없었다. 그러던 어느 어두운 밤 청년은 부유한 부족이 사는 곳에 숨어들어 말 한 쌍을 훔쳐 마차에 매고 소녀를 태우고 멀리 떠났다. 칠흑 같은 어둠 속에서 뿌연 먼지를 일으키며 마차는 점점 멀어져 갔다.

다음 날 청년과 소녀가 없어진 것을 안 소녀의 아버지는 치밀어 오르는 화를 참지 못하고 마을이 떠나갈 듯 소리를 질렀다. 그는 누구든 딸의 이름을 입에 올리는 것을 허락하지 않았다.

한편 청년과 소녀는 집시의 법을 어겼기 때문에 어느 부족에도 들어갈 수 없었다. 두 사람은 어느 한곳에 정착하지 못하고 한없이 떠돌아다녀야 했다.

외로이 떠돌아다녀야 한다는 것이 어떤 것인지 아는가. 모두 함께 있을 때 주위를 둘러보라. 도움을 줄 만한 사람들이 있으면 마음이 한결 든든할 것이다. 그러나 주위에 아무도 없이 혼자라는 것은, 더구나 가난할 때 그것은 더욱 비참한 생활을 의미한다. 하루는 배부르게 보낼지라도 다음 날은 다시 굶주리게 된다.

계절은 어느새 추위가 뼛속까지 파고드는 가을이었다. 청년과 소녀는 얼마 동안 어느 마을 외곽의 오두막을 빌려 살았다. 가지고 있던 말과 마차를 팔아 먹을 것을 샀지만 그것도 곧 바닥이 났다.

청년이 소녀를 먹여 살리기 위해서는 남의 것을 훔치는 것밖에 다른 도리가 없었다. 청년은 고민하던 끝에 아내를 집에 남겨 두고 30킬로미터쯤 떨어진 마을로 갔다. 자신의 운을 시험해 보기로 한 것이다.

'앞으로 어떻게 해야 하나……'

청년은 골똘히 생각에 잠겨 터벅터벅 걸어갔다.

'수중에 한 푼도 없고, 천막도, 우리를 맞아 줄 친구도, 기대고 살 집시 부족들도 없으니……'

침울하게 이런저런 생각을 하며 걷고 있던 그의 눈에 초원에서 풀을 뜯고 있는 말 무리가 들어왔다. 말 무리 주위에는 아무도 없었다. 말을 보는 순간 청년의 눈빛이 빛났다.

'서둘러야 해. 저것들을 시장에 내다 팔면 겨울을 날 만큼 충분한 돈을 얻을 수 있을 거야.'

청년은 마음속으로 외치며 말 무리가 있는 곳으로 다가가 말 한 마리를 붙잡고 살금살금 말에 올라타 고삐를 움켜쥐었다.

그러나 그때 어디선가 목동이 나타나 그를 향해 총을 쏘았다.

"빵 빵 빵."

집시 청년은 말에서 떨어져 그 자리에서 숨을 거두었다.

집시 청년의 죽음은 곧 그의 아내에게 전해졌다. 아내는 울부짖으며 남편의 시신이 있는 곳으로 달려왔다. 한참을 목 놓아 울던 아내는 자신의 머리카락을 잘라 관 위에 올리고 정성스럽게 묻어 주었다.

"슬퍼하지 말아요. 곧 당신에게 갈게요."

집시 여인은 슬픔에서 빠져나오지 못하고 매일 남편의 무덤을 찾아가 구슬피 울다 집으로 돌아갔다.

그러던 어느 날 집시 여인은 잠자리에 들기 전 우연히 뜰을 가로

질러 움직이는 그림자를 발견했다. 그러고는 잠시 뒤 현관을 올라오는 발걸음 소리가 들렸다. 집시 여인은 침대에서 뛰어 내려와 현관문을 열었다. 그 순간 그녀는 깜짝 놀라 그 자리에서 움직일 수가 없었다. 그곳에는 예전처럼 젊고 잘생긴 남편이 서 있었던 것이다.

남편은 아무 말 없이 집 안으로 들어와 난로에 불을 지피고 주전자를 올려 물을 끓였다. 집시 부부는 차를 마시고 함께 잠자리에 들었다.

다음 날 아침 집시 여인이 눈을 떴을 때 남편의 모습은 보이지 않았다. 그러나 그날 이후 매일 밤 12시가 되면 남편은 부인을 찾아와 함께 잠자리에 들었고, 아침이면 어김없이 사라졌다. 하루하루가 변함없이 똑같았다. 남편은 난로에 불을 지피고 주전자에 물을 끓여 부인과 함께 차를 마시고 잠자리에 들었다.

그러기를 몇 날 며칠, 이웃에 사는 나이 지긋한 부인들이 집시 여인을 보고 깜짝 놀라며 말했다.

"자네, 무슨 일 있나? 얼굴이 왜 이렇게 핼쑥해졌어? 몸 여윈 것 좀 봐."

집시 여인은 조금 망설이다가 매일 밤 남편이 찾아온다고 이야기했다.

부인들은 이상하다는 듯한 눈빛으로 집시 여인을 보았다.

"죽은 남편이 찾아오다니. 말도 안 되는 일이네. 자네, 마을의 현자를 찾아가 봐야 할 것 같아. 그녀는 현명하고 모든 것을 알고 있다네. 그녀가 자네에게 어떻게 해야 할지 말해 줄 거야."

집시 여인은 그 말을 반기지 않았다.

"저는 괜찮아요. 이대로가 좋아요."

집시 여인이 말을 듣지 않자 마을의 부인들은 그녀를 억지로 잡아끌어 현자에게 데리고 갔다. 집시 여인의 이야기를 듣고 현자는 온화하게 말했다.

"당신 남편은 악령이 되었어요. 그러나 걱정하지 말아요. 내가 당신을 구해 줄 테니. 남편이 오기 전에 현관문에 십자가를 그려 두세요. 그러면 남편은 현관을 넘어오지 못할 겁니다."

집시 여인은 깜짝 놀라며 소리쳤다.

"그렇게 할 수 없어요. 남편이 오지 않으면 제가 더 힘들어질 거예요. 남편을 보지 않고는 살 수 없어요."

집시 여인은 차마 현관문에 십자가를 그려 넣을 수 없었다. 그러나 이웃 부인들이 몰래 그녀의 집 문마다 목탄으로 십자가를 그려 넣었다.

어둠이 내리고 이내 밤이 깊었다. 집시 여인은 남편을 기다리며 앉아 있었다. 그러나 남편은 오지 않고 갑자기 창문으로 돌멩이가 날아들었다. 유리 파편이 사방으로 흩어진 뒤 창 너머로 남편의 모습이 보였다. 남편의 얼굴은 검게 변해 있었고, 눈에서는 불꽃이 일었으며 머리카락은 곤두서 있었다.

남편은 그렇게 서서 분노에 찬 목소리로 소리쳤다.

"남편을 이런 식으로 맞이하다니. 어서 짐을 꾸려 나와 같이 갑시다."

집시 여인은 놀란 가슴을 쓸어내리며 아무 말 없이 서 있었다. 그 순간 남편과 함께 떠나면 다시는 돌아올 수 없을 거라는 생각이 머릿속을 스쳤다.

집시 여인은 정신을 가다듬고 침착하게 말했다.

"잠시만 기다려 주세요. 먼 길 떠나기 전에 목욕을 좀 해야겠어요. 오래 걸리지 않을 거예요."

남편은 얼굴을 찌푸렸지만 허락해 주었다. 집시 여인은 목욕을 한 후 옷을 겹겹이 껴입고 보석함에서 구슬 목걸이와 귀고리를 챙겼다.

남편은 안절부절못하며 소리쳤다.

"뭣 하는 거야? 어서 빨리 떠나야 한단 말이야."

집시 여인은 개의치 않고 말했다.

"잠깐만요. 어머니가 주신 구슬 목걸이를 해야겠어요."

잠시 후 남편은 또다시 소리쳤다.

"왜 그렇게 옷을 많이 껴입은 거요?"

"밖이 얼마나 추운데요. 바람 소리 좀 들어 봐요."

남편은 더 큰 소리로 말했다.

"걱정하지 마. 내가 따뜻하게 해주지."

그리고는 남편이 어두운 미소를 지으며 덧붙였다.

"내가 사는 곳은 지옥불처럼 덥지."

집시 부부는 성나게 울부짖는 바람 속으로 걸어갔다. 나무는 거센 바람에 몸을 가누지 못하고 땅바닥으로 가지를 늘어뜨렸고, 검은 먹구름이 달을 가려 사방이 온통 컴컴했다. 바로 앞에서 손짓을 해도 알아볼 수 없을 만큼 어두운 밤이었다.

큰길로 나가자 한 쌍의 말이 끄는 마차가 기다리고 있었다. 마구는 마치 불이 붙은 듯 빛이 났고, 말의 눈에서는 불꽃이 일었다. 집시 남편이 마차에 타고 휘파람을 불자 말이 쏜살같이 달리기 시작했다.

달이 구름 뒤로 살짝 모습을 드러냈을 때, 집시 여인은 말이 길 위를 달리는 것이 아니라는 것을 깨달았다. 그들은 허공을 달리고 있었다. 남편은 고삐를 쥔 채 높은 목소리로 즐겁게 노래를 불렀다.

"하늘에는 초승달이 빛나네.
죽은 사내와 아내가 마차를 타고 지나간다네."

노래가 계속될수록 집시 여인은 두려움이 밀려왔다. 남편의 목소리는 점점 더 커졌다.

"하늘에는 초승달이 빛나네,
죽은 사내와 아내가 마차를 타고 지나간다네."

마차는 어느 묘지에 이르러 멈췄다. 남편이 휘파람을 불자 말들이 사라졌다. 그는 아내를 데리고 묘비 사이를 가로질러 열린 무덤 앞에서 진흙 구덩이 속으로 뛰어들며 외쳤다.

"여보, 어서 옷을 벗고 이리 들어와."

집시 여인은 입고 있던 옷을 하나씩 벗어 깔끔하게 접은 다음 남편에게 건네주었다. 처음에 스카프, 다음에는 스웨터……. 집시 여인은 아주 천천히 옷을 벗었다. 시간을 끌기 위해서였다.

남편은 조바심이 나서 소리쳤다.

"당신 지금 뭐 하는 거야? 빨리, 어서 빨리 하라고."

그때 집시 여인의 목걸이가 끊어져 구슬이 사방으로 흩어졌다. 그녀가 몰래 목걸이의 실을 잡아당긴 것이다.

"오, 저런. 오, 저런."

집시 여인은 허둥지둥 구슬을 주웠다.

"어머니가 주신 목걸이인데……."

집시 여인은 구슬을 하나씩 주워 남편에게 건네주었다. 남편이 안달하는데도 모른 척하며 계속 구슬을 주웠다.

그 사이 먼 하늘에서 한 줄기 빛이 가로질러 나타나더니 숲 가장자리가 밝아 오기 시작했다.

남편은 미친 듯이 소리를 질렀다.

"여보, 어서! 어서 뛰어내려!"

집시 여인은 귀고리 한쪽을 빼내 무덤 속으로 떨어뜨리고 나서 외쳤다.

"이제 다 됐어요. 귀고리만 빼면 돼요."

그러고는 다른 쪽 귀고리를 빼려고 할 때, 남편이 무덤에서 뛰어올라 집시 여인을 잡으려고 했다. 그때 마침 멀리서 새벽종 소리가 들렸다. 아내를 향해 손을 뻗던 남편은 그 자리에서 움직이지 못하고 깊은 신음을 한 번 내뱉더니 비명을 지르며 무덤 속으로 떨어졌다. 관 뚜껑이 닫히고 순식간에 흙더미가 쌓이면서 봉분이 만들어졌다. 집시 여인은 그 광경을 채 다 보기도 전에 무덤가에 쓰러졌다.

얼마나 오랫동안 누워 있었는지 그녀는 기억할 수 없었다. 집시 여인이 정신을 차렸을 때 그녀는 발가벗은 채 한쪽 귀고리를 손에 꼭 쥐고 있었다.

집시 여인은 허둥지둥 교회로 달려가 종탑으로 올라갔다. 그리고 있는 힘껏 종을 쳤다. 종소리를 듣고 신부와 마을 사람들이 교회로 몰려왔다.

사람들이 준 옷을 입고 집시 여인은 간밤에 있었던 이야기를 들려주었다. 그러나 사람들은 믿을 수 없다는 표정으로 그녀를 바라보았다.

집시 여인은 그들을 데리고 남편이 묻힌 무덤가로 갔다. 그리고 맨손으로 무덤을 파서 관 뚜껑을 열었다.

거기에는 남편이 엎드려 있었고, 그 주위로 구겨지고 찢어진 그녀의 옷과 구슬이 흩어져 있었다. 사람들은 그제서야 집시 여인의 말을 믿었다.

신부는 무덤 위에 성수를 뿌린 뒤 미루나무 말뚝을 박았다.

그 이후로 더 이상 집시 유령은 나타나지 않았다.

픽타의 모험

 러시아의 오래된 도시 모스크바에 '픽타'라는 집시가 살고 있었다. 러시아 전역에 이름이 알려진 그는 살아가면서 단 한 번도 남의 것을 탐하지 않는 성품을 가졌다. 사람들은 그런 그를 입을 모아 칭찬했다.
 그는 말 시장에서 싼값에 말을 사서 상인들에게 적당한 이익을 붙여 파는 일을 하며 조금씩 재산을 모아 아내 루비와 함께 편안한 삶을 살아가고 있었다.
 한편 그곳에서 조금 떨어진 집시 마을에 두 형제가 살고 있었다. 형의 이름은 헬라도였고, 동생의 이름은 보타였다. 이 형제는 훔치는 기술이 탁월한 것으로 유명했다. 그들은 말 무리를 통째로 끌고 가거나 한 마을과 가게에 있는 물건을 한꺼번에 훔쳐 가기도 했다.
 한번은 헬라도와 보타가 시장에서 말을 팔아 큰돈을 손에 쥐고 한껏 기분이 좋아져서 술집에 들어갔다.
 취기가 조금 오르자 보타가 먼저 말을 꺼냈다.
 "형, 집시들 사이에서 우리 명성이 자자해. 우리에게 필적할 만한 집시는 이 세상에 단 한 명도 없을 거야."

헬라도는 고개를 저으며 말했다.

"아니, 그렇지 않아. 모스크바에 사는 픽타라는 집시에 대해 들은 적이 있는데, 그는 단 한 번도 남의 것을 훔치지 않고도 우리보다 열 배는 더 잘살아."

보타는 귀가 번쩍 트이는 듯했다.

"그렇다면 망설일 거 뭐 있어? 한번 찾아가 보자. 사람들이 말하는 것처럼 그 사람이 진짜 부자이고 유명한지 확인해 보자."

그들은 곧바로 말에 물건을 가득 실은 마차를 몰고 모스크바를 향해 떠났다.

모스크바에 도착한 형제는 지나가는 사람을 붙잡고 픽타라는 집시의 집이 어디 있는지 물었다. 그러자 너나 할 것 없이 모두 그의 집을 알고 있었다. 두 형제는 길을 헤매지 않고 픽타의 집을 찾았다.

집시들은 아무리 가진 것이 없어도 같은 집시 손님을 맞이할 때는 환대해 주어야 한다. 비록 빵 껍질이 마지막 남은 식사라 하더라도 그것을 손님에게 주어야 하고, 잠자리를 위해 침대 한쪽을 내주어야 한다.

픽타는 두 형제를 집 안으로 들여 정성껏 대접했다. 술잔이 오가면서 이야기가 끊임없이 이어졌다.

픽타와 두 형제는 이것저것 물어보면서 서로에 대해 조금씩 알게 되었다.

헬라도와 보타가 픽타에게 물었다.

"당신은 평생 도둑질을 하며 살고 있지만 한 번도 잡힌 적이 없는 헬라도와 보타 형제에 대해 들어 본 적 있나요?"

픽타는 고개를 끄덕이며 말했다.

"들어 본 적 있고말고요. 여러 번 들었습니다. 꽤 유명한 사람들이더군요."

형제는 회심의 미소를 띠며 말했다.

"우리가 바로 그 헬라도와 보타입니다. 하지만 당신은 우리보다 더 유명하더군요. 그래서 당신을 찾아온 겁니다. 직접 확인해 보려고요."

픽타는 자기를 찾아온 손님이 바로 헬라도와 보타라는 것을 알고 하녀들을 불러 가장 훌륭한 주안상을 차리라고 명하고 주연을 베풀었다.

도둑 형제는 술을 마시며 자신들이 어떻게 일해 왔는지 이야기했다. 픽타는 차분히 그들의 말을 듣고 나서 말했다.

"자, 내가 알고 있는 어떤 곳이 있습니다. 맹세컨대 당신들은 그곳에서 자녀들과 평생 호화롭게 살 수 있을 겁니다."

두 형제는 그 말을 흘려듣지 않았다. 그러나 그곳이 어딘지 곧바로 물어보지 않았다. 꾀가 많은 형제는 이런저런 이야기를 나누다 슬며시 말을 꺼냈다.

"그렇게 많은 재물이 쌓여 있는 곳이 어디란 말입니까?"

픽타가 말했다.

"이 도시에 있습니다. 원하신다면 데려다 드리지요. 어두워진 뒤 해안가에 아무도 없을 때 출발하겠습니다."

그곳이 어디인지 궁금했던 형제에게 한 시간은 하루처럼 길게 느껴졌다. 해가 지고 주위가 어스름해질 무렵 픽타가 말했다.

"자, 자루를 하나씩 가지고 빨리 출발합시다."

그들은 각각 자루를 하나씩 들고 어둡고 낯선 도시로 들어섰다. 형제는 어디로 가는지도 모른 채 픽타를 따라갔다. 꽤 먼 길을 걸어 픽타가 낡은 교회 앞에 멈춰 섰을 때 형제들은 깜짝 놀랐다.

"이봐요, 당신이 가려는 곳이 여기란 말입니까?"

픽타는 형제들이 벌벌 떨고 있는 것도 모르는 척 말했다.

"이 교회에 평생 쓰고도 남을 금이 있습니다. 당신들이 가져갈 수 있는 만큼 가져가세요."

헬라도와 보타는 걸음을 멈추었다.

"이봐요, 우리는 절대 교회는 털지 않아요. 목을 베인다 해도 교회를 털지는 않는단 말입니다. 아이를 훔쳐 오라고 하면 그러겠지만, 교회만은 털 수 없어요."

집시 법에 의하면 도둑질하다 잡히면 감옥이나 시베리아로 보내진다. 하지만 교회에서 도둑질하다 잡히면 재판도 하지 않고 그 자리에서 교수형에 처한다. 픽타는 형제가 고집을 부리자 큰 소리로 말했다.

"세상에 이름난 도둑이 이러다니······. 나는 평생 도둑질 한 번 해본 적이 없는 사람입니다. 그런 나도 하겠다는데, 당신들이 이렇게 두려워하다니 이해할 수 없군요."

픽타는 혼자 교회 문으로 걸어갔다.

형제는 할 수 없이 픽타 뒤를 따라갔다.

세 사람은 무거운 자물쇠를 부수고 교회 문을 열었다. 픽타는 촛불을 켜 놓고 자루에 금 장식품들을 담기 시작했다. 그는 교회에 자주 드나들었기 때문에 어디에 금이 있는지 잘 알고 있었다.

세 사람 모두 침착하게 그 일을 했더라면 모든 일이 순조롭게 끝났을 것이다. 하지만 형제는 덜덜 떨다가 땡그렁 소리를 내고 말았다. 곧바로 경보가 울리고 순식간에 수도사들이 몰려왔다. 그들은 세 사람을 붙잡아 어두운 토굴에 가두었다.

이제 죽는 것밖에 남지 않았다고 생각한 헬라도와 보타는 두려움에 벌벌 떨었다. 그러나 픽타는 걱정스러운 기색이라고는 없이 담담하게 말했다.

"왜 이렇게 벌벌 떨고 계십니까? 기다려 봅시다. 날이 밝으면 빠져나갈 길이 생길 겁니다. 나는 이곳의 높은 사람들을 잘 알고 있고, 돈도 충분히 있습니다. 그러니 당신들은 걱정할 필요 없습니다."

헬라도가 정색을 하며 말했다.

"하지만 당신은 법을 잘 모르는 모양입니다. 이제까지 한 번도 잡힌 적 없는 우리가 왜 교회에서만은 도둑질을 하지 않은 줄 모르십니까? 교회에서 물건을 훔치다 잡히면 바로 교수형이에요. 우리는 이제 죽은 목숨이란 말입니다."

보타는 금방이라도 울음을 터트릴 듯한 표정으로 투덜거렸다.

"이제 끝이야. 도둑질 좀 하면서 술과 명성을 즐기려다 이렇게 되고 말았어."

형제가 잠든 뒤 곰곰이 생각에 잠겨 있던 픽타는 그제서야 자신이 위험에 처했다는 것을 깨달았다.

"맙소사! 내가 왜 도둑질을 했을까? 평생 쓸 돈이 있는데 말이야. 나도 이제 끝이구나."

픽타는 우울한 기분으로 잠이 들었다. 꿈속에서 낯선 집시 여인이 나타나 그의 어깨를 흔들었다.

"일어나요, 픽타. 일어나서 내가 시키는 대로 하세요."

픽타는 눈을 동그랗게 뜨고 여자를 쳐다보았다.

"아침에 문이 열리면 사형 집행인이 들어와서 당신과 이 도둑들을 교수대로 데려갈 거예요. 당신을 구할 수 있는 사람은 나밖에 없어요. 선택하세요. 교수형을 당하겠어요, 아니면 나와 결혼하겠어요?"

픽타는 생각해 볼 필요도 없었다. 목숨을 잃느니 새 아내를 맞이하는 것이 훨씬 나았다. 픽타는 집시 여인에게 기꺼이 결혼하겠다고 말했다.

집시 여인이 말했다.

"그들이 당신을 끌어낼 때 간수에게 이 봉투를 주세요. 그는 이것을 그의 상관에게 줄 것이고, 그 상관은 그보다 더 높은 사람에게 전달할 거예요. 그렇게 해서 마지막에는 이 봉투가 황제에게 전달될 거예요. 이 봉투 안에 쓰어진 것은 모두 사실이에요. 황제에게 이 형제들을 감옥에 가두어 두는 대신 당신을 2주일 동안 풀어 달라고 요청하세요. 그런 다음 당신의 아내 루비에게 돌아가 그녀와 사흘 밤을 보내세요. 사흘이 지난 뒤 이곳 낡은 방앗간 옆에서 기다리세요."

집시 여인은 말을 끝내자마자 마치 땅으로 꺼진 듯 사라져 버렸다.

픽타는 형제들을 흔들어 깨웠다.

"일어나요, 일어나. 내가 방금 이상한 꿈을 꾸었단 말입니다."

형제들은 짜증스러운 목소리로 말했다.

"도대체 어떤 꿈이길래 이렇게 소란입니까?"

"집시 여인이 나타나 자기를 아내로 맞이하면 우리를 살려 주겠다고 말했어요. 그녀는 내게 봉투를 하나 주겠다고 약속했어요. 이 말이 우습게 들린다는 거 나도 알아요."

형제들은 픽타의 손을 보고 깜짝 놀랐다. 그의 손에 황금색 글씨가 쓰어진 봉투 하나가 들려 있었던 것이다. 형제는 진지한 표정으로 서로를 바라보았다.

아침이 밝자 감옥 문이 활짝 열리더니 간수가 들어왔다. 픽타는 집시 여인이 가르쳐 준 대로 봉투를 간수에게 건넸다. 간수는 그들을 두고 서둘러 떠났다.

이상한 봉투는 점점 더 높은 사람에게 전달되었고, 마침내 황제가 그것을 보게 되었다. 봉투 속에 든 편지를 읽는 동안 황제의 회색 수염은 흥분으로 떨렸다. 편지 내용은 이랬다.

옛날 10세대 전 러시아 황제는 위대한 마법의 검을 가지고 있었습니다. 그것을 한 번 휘두르면 한 개 연대가 일시에 쓰러졌고, 그것을 세 번 휘두르면 한 개 군대가 그 자리에서 전멸했습니다. 그 칼은 당신의 조상들을 충실히 도왔습니다. 그 칼을 잃어버리지 않았다면, 황제여, 그것은 당신 또한 도왔을 것입니다. 저 픽타만이 그 칼을 찾을 수 있습니다. 그가 검을 찾아오면 그와 친구들을 풀어 주십시오.

황제는 매우 놀랐지만 마법의 칼이 실제로 있었는지 의심스러웠다. 황제는 곧 신하들에게 신비로운 칼에 대해 알아 오라고 명령했다. 신하들은 고문서를 뒤지기 시작했다. 그랬더니 실제로 3세기 전에 마법의 칼이 있었다는 기록이 나왔다.

황제는 곧바로 픽타를 불렀다.

"선대부터 전해 내려오던 그 칼을 찾을 수 있단 말이냐?"

"그렇습니다, 폐하. 제게 2주일을 주시면 그것을 가져다 드리겠습니다. 그러나 한 가지 조건이 있습니다. 제가 그 칼을 가져다 드리면 저와 동료들을 풀어 주십시오."

황제는 흔쾌히 허락했다.

픽타는 집시 여인의 말을 잊지 않았다. 그는 아내 루비와 사흘 밤을 보내기 위해 집으로 돌아갔다. 그리고 그동안 있었던 일을 하나도 감추지 않고 모두 말해 주었다. 남편의 이야기를 묵묵히 들은 루비는 온화한 표정을 지으며 말했다.

"죽는 것보다는 다른 여인과 결혼하는 것이 낫지요. 하지만 여보, 저를 잊지는 마세요."

사흘 밤을 아내와 함께 보낸 뒤 픽타는 날이 밝자 아침 일찍 오래된 방앗간으로 갔다.

얼마 지나지 않아 먼지 구름이 하늘로 말려 올라가면서 천둥 같은 말발굽 소리가 들렸다. 먼지 속으로 세 마리 말이 끄는 마차가 나타났다. 그것은 평생 동안 말을 사고파는 일을 해온 픽타도 이제까지 한 번도 보지 못한 훌륭한 말이었다. 마차에는 눈이 부실 만큼 아름다운 집시 여인이 앉아 있었다.

"내 이름은 자라예요. 자, 내 옆에 앉으세요. 집시 아내는 남편의 말을 따르는 게 당연하지만 앞으로 2주일 동안은 제 말을 따르셔야 합니다."

이틀 동안 말을 달린 뒤 사흘째 되는 날 아침 자라가 말했다.

"잘 들으세요. 당신이 부유하고 안락하게 살아왔다는 거 알아요. 하지만 내 아버지는 당신보다 재산이 스무 배는 더 많을 거예요. 앞으로 일주일 동안 아버지와 함께 보낼 거예요. 그러면 마지막 날 아버지는 당신이 원하는 건 무엇이든 주겠다고 하시면서 보물을 가득 실은 마차와 말 쉰 필을 가져가라고 하실 거예요. 그때 그걸 받지 마시고 아버지께 이렇게 말씀하세요. '아버님, 이런 보물들은 원치 않습니다. 하지만 한 가지 가지고 싶은 게 있습니다. 아버님 침대 머리맡에 걸려 있는 그 칼을 주십시오.' 아버지는 거절할 수 없을 거예요. 그 칼이 바로 마법의 칼이에요."

자라의 집에 도착하자 마중 나온 하인들이 마차에서 말을 끌어내고 짐을 내렸다. 자라와 픽타는 곧바로 아버지를 만나러 갔다. 그는 수염이 허리까지 내려오는 여든의 노인이었다.

"어서 오너라, 자라야. 어서 오게, 내 사위 픽타. 어서 들어오게."

그는 팔을 잡고 픽타를 큰 방으로 데리고 갔다. 그곳에는 잔치 음식이 가득 차려져 있었다.

픽타는 자라의 가족들과 일주일 동안 먹고 마시며 즐겼다. 어느 누구도 사위를 이보다 더 환대할 수는 없었다.

픽타가 떠나는 날 노인은 딸과 사위를 배웅하면서 하인들에게 말했다.

"픽타가 원하는 만큼 마차에 보물을 가득 실어라."

그러자 픽타가 얼른 말했다.

"아버님, 이런 보물들은 필요 없습니다. 그 대신 아버님 침대 머리맡에 걸어 둔 칼을 주십시오."

노인은 얼굴을 찌푸렸다. 그러나 엄한 눈빛으로 딸을 응시하더니 허락했다.

"내 딸을 위해 너에게 그 칼을 주겠다."

픽타와 자라는 칼을 가지고 모스크바로 떠났다. 그들이 처음 만났던 방앗간에 도착하자 자라가 말했다.

"픽타, 나는 이곳에 천막을 치고 당신을 기다릴 테니 이 칼을 가지고 황제에게 가세요. 일이 무사히 끝나면 사흘을 아내와 함께 보낸 후 이곳으로 돌아오는 거예요. 그러면 영원히 나와 함께 살게 될 거예요."

픽타는 궁궐로 가 황제에게 칼을 바쳤다. 신하들은 사흘 동안 칼에 새겨진 글자를 조사하고 기록에 남아 있는 그림과 대조해 보았다. 칼은 300년 전부터 전해 내려온 마법의 칼이 틀림없었다. 황제는 흡족한 미소를 띠고 말했다.

"나는 너와의 약속을 지킬 것이다. 너와 네 동료들을 풀어 주겠다. 가고 싶은 곳 어디든 가도 좋다. 그리고 말 도둑들에게 전하거라. 다시는 남의 것을 훔치지 말라고. 다시 한 번 도둑질하다 붙잡히는 날에는 이 칼을 그자들에게 사용할 것이니라."

토굴에서 나온 헬라도와 보타는 말에 훌쩍 올라타고 먼지를 일으키며 떠났다. 그 후로 그들을 본 사람은 아무도 없었다.

픽타는 이제 자라를 사랑했지만 그녀의 말에 따라 루비와 사흘 밤을 보내야 했다. 나흘째 되는 날 아침 픽타는 잠에서 깨자마자 서둘러 자라가 있는 천막으로 갔다.

"당신이 시기는 대로 다 했소. 이제 어떻게 해야 하오?"

"우리는 집시의 관습에 따라 살아갈 거예요. 당신은 이제 저의 주인이시고, 우리의 운명을 결정할 겁니다. 당신이 명령을 내리면 여행할 것이고, 당신이 명령을 거두면 집을 지을 거예요. 당신이 원하는 대로 살면 됩니다. 다만 저를 떠나지 마세요."

평생 동안 한곳에서 살아온 픽타는 세계를 여행하고 싶었다.

"집시들이 우리를 알아보지 못하는 곳으로 갑시다. 결국 사람들이 무슨 말을 하겠소? 내가 아내를 버리고 또 다른 아내를 맞아들였다고 수군거릴 거요. 그리고 도둑질까지 했다고 비난할 거야. 이곳에서 천 킬로미터쯤 떨어진 남쪽으로 갑시다."

픽타와 자라는 먼 곳을 향해 떠났다. 여행하는 동안 집시 부족을 만나면 두 사람은 그곳에서 며칠 머무르곤 했다. 집시 부족 남자들은 자라의 아름다움에 감탄하며 픽타를 부러워했다. 일찍이 그런 미인을 본 적이 없었던 것이다. 그들은 또한 마차를 끄는 튼튼한 말에 경탄했다. 떠돌아다니는 사람이 좋은 말을 가지고 있는 것을 이상하게 여긴 집시들은 픽타가 솜씨 좋은 도둑인지도 모른다고 생각했다.

그러나 시간이 지나면서 집시들은 그런 의심을 조금씩 거두기 시작했다. 픽타는 말을 훔치지 않고 사고팔아 돈을 모았다. 어디를 가든 집시들이 그를 환영했고 그의 평판은 날로 높아졌다. 그는 선량한 사람이었고, 가난한 사람들은 항상 그에게서 위안을 얻었다.

한 해가 지나고 픽타와 자라 사이에 아이가 태어났다.

"우리 아이가 어서 빨리 세례를 받아야 할 텐데. 미안해요, 여보. 몸이 너무 아파 교회에 갈 수가 없어요. 세례는 몸이 나은 후에 받기로 하고 아이 이름은 우리가 지어요."

"그럽시다. 그런데 어떤 이름이 좋을까?"

픽타가 떠오르는 이름을 하나하나 말해 보았지만 자라 마음에 드는 것이 없었다. 이름을 100개쯤 말하고 나서 픽타가 말했다.

"안 되겠군. 그렇다면 당신이 직접 지어 보구려."

자라는 잠시 생각하더니 말했다.

"뱅이라고 불러요."

"뱅? 당신이 좋다면 그렇게 하구려."

그날 저녁 자라는 고통스러운 비명을 지르고 나서 픽타에게 말했다.

"잘 들으세요. 사흘 동안 절대 제 곁에 오시면 안 돼요. 내가 아무리 고통스러워해도 그냥 내버려 두세요. 내가 있는 곳으로 눈길도 줘서는 안 돼요."

픽타는 걱정스러운 눈빛으로 자라를 바라보았다. 그러나 그녀를 천막에 혼자 두고 밖으로 나올 수밖에 없었다. 픽타는 마차 아래에 자리를 깔고 누워 이런저런 생각에 잠겼다. 아무리 아내가 간곡하게 부탁했지만 고통스러워하는 그녀의 얼굴을 떠올리면 가만히 있을 수 없었다.

"아무래도 자라에게는 내가 필요할 거야. 저렇게 힘들어하는데 옆에 아무도 없으면 어떻게 하겠어. 내가 필요한 것을 가져다 줄 수도 있고 말이야."

자라에게 가고 싶은 마음을 억누르면서 이틀을 보내고 사흘째 되는 날이었다. 픽타는 점점 더 자라가 걱정되었다. 그는 전날보다 더 걱정되었다.

"잘못될 게 뭐가 있어. 남편이 아내도 못 본단 말인가. 잠깐 보고 오면 안심이 될 거야."

픽타는 곧장 친막으로 갔다. 그리고 문을 여는 순간 픽타는 그 자리에 못 박힌 듯 멈춰 섰다.

자라는 물 사발 위로 몸을 굽히고 이상한 말을 중얼거리고 있었다. 그녀의 눈은 이글이글 불타올랐고, 그녀의 머리에 뿔이 솟아 있었다. 자라는 문 앞에 서서 비명을 지르는 픽타를 돌아보았다.

"무슨 짓을 한 거예요? 왜 약속을 지키지 않았죠? 당신이 내일 아침까지 기다렸다면 우리는 평생 행복하게 살 수 있었을 텐데. 이제 나는 악마의 저주를 벗을 수 없게 됐어요. 뱅은 당신과 함께 남겠지만 나는 영원히 당신을 떠나야 해요. 그 아이를 잘 키워 주세요. 그 아이는 많은 집시들이 노래를 지어 바치는 유명한 사람이 될 거예요."

비록 머리에 스무 개의 뿔이 나 있었지만, 픽타는 그녀를 떠나지 않았다. 그는 자라 앞에 무릎을 꿇고 간청했다.

"사랑하는 자라, 제발 떠나지 말아요. 나는 악마의 저주가 두렵지 않소. 당신의 머리에 난 뿔 따위는 조금도 무섭지 않아. 그러니 이제까지 그랬던 것처럼 앞으로 함께 살아요."

자라는 울부짖으며 말했다.

"안 돼요, 픽타. 우리는 운명을 피할 수 없어요."

자라는 숲으로 달려갔다. 픽타는 그 뒤를 따라가며 소리쳤다.

"떠나지 말아요, 자라. 제발 멈춰요."

나무가 점점 더 울창하고 어두운 숲 속으로 달려가던 자라는 갑자기 멈춰 돌아섰다.

"내 마지막 말을 잘 들어요, 픽타. 뱅을 데리고 전 부인에게 돌아가세요. 그리고 뱅을 잘 키우세요. 그게 제가 바라는 거예요."

자라는 말을 마치자마자 옅은 안개 속으로 사라졌다. 픽타는 밤새 아내의 이름을 부르며 숲을 돌아다녔다. 그러나 그의 목소리만 메아리칠 뿐이었다.

다음 날 아침 픽타는 비통한 마음으로 지친 몸을 이끌고 천막으로 돌아왔다. 그러고는 자라의 말에 따라 뱅을 데리고 모스크바로 돌아갔다.

루비는 픽타를 보고 무척 기뻐했다. 더구나 자식이 없었던 루비는 뱅을 보자마자 꼭 껴안았다.

루비는 아이의 이름이 뱅이라는 말을 듣고 깜짝 놀랐다. '뱅'은 집시 말로 '악마'라는 뜻이었기 때문이다. 루비는 아이를 교회로 데려가 세례를 받게 하고 '수장'이라는 뜻의 '베이다'라는 이름을 지어 주었다. 훗날 베이다는 용감하고 훌륭한 사람이 되었다. 사람들은 모두 베이다를 위해 수없이 많은 노래를 지어 불렀다.

집시 민담을 소개하며

• • • • •

● ──집시들의 사회·문화적 전통

　전 세계에 대략 천만 명 정도로 추산되는 집시들은 주류 사회에서 동떨어져 그들만의 전통과 풍속을 유지하며 작은 사회를 만들어 살고 있다.

　다수에 대립되는 무리로서 때로는 이해할 수 없고, 때로는 낭만적으로 비쳐지기도 한다. 이들은 약속의 땅을 찾아 떠돌던 유대인처럼 목적지 없이 동유럽에서 서유럽으로, 북쪽에서 남쪽으로 정처 없이 떠돌아다니는 운명을 타고난 듯하다.

　유목민인 이들은 이곳저곳 옮겨 다니면서 철이나 구리 공예품을 만들어 팔거나, 온갖 마술과 구경거리를 제공하고, 점을 쳐 주거나 사람들 앞에서 노래와 춤을 추고 받은 동전으로 생계를 꾸려 나간다. '집시와 동굴' 이야기에서도 집시들은 이 마을 저 마을, 이 도시 저 도시로 떠돌아다니면서 점을 쳐 주고 받은 돈으로 먹고사는 것으로 묘사된다. '새' 이야기에서도 집시 부부는 이 마을 저 마을을 떠돌아다니면서 대장간 일을 해준다. 또 '알리피와 달리피'도 마차를 타고 떠돌아다니는 집시들이다.

　지금도 집시들은 옛날과 별 다름 없이 양철과 판자로 지은 허름한 집에서 제대로 된 교육이나 새로운 기술을 접하지 못하고 옛날 방식대로 살고 있다. 여전히 육체 노동을 싫어해 길거리에서 행상과 구걸을 하고, 지하철에서 어린아이를 등에 업고 하모니카나 아코디언을 연주하는 모습은 근대 산업사회의 '노동과 성실성'을 추구하는 주류 사회의 가치와 배치된다.

그런데 왜 그들은 지금도 그렇게 살고 있는 걸까? 우스운 대답 같지만 그들은 그렇게 살아갈 수밖에 없는 듯하다. 살아가기 위해서는 그렇게 할 수밖에 없는 것이다. 교육도 받지 못하고, 재산도 없고, 특별한 기술도 없는 그들이 살아가려면 속이고, 훔치고, 아니 이보다 더한 일을 할 수밖에 없다. 겨울에 불을 때기 위해서, 자식들에게 먹을 것을 주기 위해서 거짓말을 할 수밖에 없고, 더한 경우에는 남의 것을 훔치기도 하는 것이다. '집시와 암탉'도 집시들이 여행 중에 닭을 훔쳐 잡아먹는 것으로 이야기가 시작된다.

그들이 처한 환경은 진실보다는 거짓말을, 미래를 생각하기보다는 현재의 생존에 집착하게 만들고, 집을 마련하거나 저축을 하기보다는 지금 당장의 배고픔을 해결하는 데 집착할 수밖에 없게끔 만들었다. 이러한 환경에서 나고 자란 그들은 야만적이고 부정적인 악명으로부터 벗어날 수 없었다. 나쁜 피를 타고난 것이 아니라 그렇게 할 수밖에 없었던 고난한 삶이 나쁜 행동을 하게끔 이끈 것이다. "나는 나와 나의 환경이다."라는 오르테가 이 가세트의 말처럼 그들도 환경과 문화로부터 자유로울 수 없었다.

그 결과 주류 사회 사람들은 이들을 '불량배'로 보았고, 역사적으로도 이런 부정적인 모습이 문신처럼 지워지지 않고 영원히 따라다녔다. 15세기 독일 뮌스터 지방의 작가가 묘사한 그들에 대한 기록은 사람들이 그들에 대해 부정적인 이미지를 가지고 있음을 보여 주는 전형적인 예이다.

볕에 심하게 그을려 검은 피부를 가진 그들은 생김새가 흉하고, 더러운 옷을 입고 다녔으며, 여자들은 주로 사취하는 데 종사하고, 남자들은 그 여자들을 등쳐 먹고 산다. …… 조국도 종교도 없이 떠돌아다니기 위해 태어난 이들은 사람들의 손금을 봐 주고 …… 모든 언어를 이해할 줄 아는 망나니이며…….

집시들은 위험하고 타락한 풍습과 나쁜 버릇을 가졌기 때문에 결코 신뢰할 수 없는 종족으로 인식되었고, 이러한 이미지는 역사가 되어 버렸다. 그래서 사람들은 마법, 부적, 약용식물과 악마 따위가 집시들과 아주 밀접하게 연관되어 있다고 믿게 되었다. 이런 악마적인 인식 때문에 사람들은 '집시들에게 적대적인 사람한테는 불행이 따르고, 집시들에게 관대한 사람한테는 행운이 따른다고 믿고 있다.'

집시 노파는 항상 마법사로 그려진다. 회색 머리칼에 터번을 쓰고, 광기 없는 눈을 가졌으며, 검정색 누더기 치마를 입고 빗자루를 타고 날아다니는, 서양인들이 생각하는 전형적인 마법사는 집시 노인의 모습과 똑같다. 옛날 우리나라 어머니들은 아이들이 말을 안 듣고 시끄럽게 떠들면 문둥이가 온다거나 호랑이가 와서 물어 간다고 말하면서 겁주었듯이, 서양 어머니들은 얌전하게 있지 않으면 집시들이 와서 데려가 버린다는 말로 아이들에게 겁을 준다.

도덕과 법률을 어기며 불결한 외모를 가진 종족으로 낙인 찍힌 집시들은 기나긴 세월 박해를 받아 왔다. 그 사회가 이해할 수 없는 집단은 배척될 수밖에 없다.

먼저 유럽에 민족국가가 형성되는 과정에서 이들은 희생양이 되었다. 프랑스에서는 루이 12세, 프랑수아 1세, 샤를 9세 시대에 그들에 대해 추방 포고령이 내려졌고, 영국에서는 헨리 8세 시대에 추방령이 내려졌다. 제2차 세계대전 동안 나치스 수용소에서 20만 명이 넘는 집시들이 처형되었고, 아우슈비츠 수용소에서만 하룻밤에 1만 6000명이 가스실로 보내졌다. 이러한 역사 때문에 오늘날에도 사람들은 어떤 문제만 생기면 집시 탓으로 돌린다. 범죄가 발생하면 물증이 없어도 가장 먼저 집시의 몸과 집을 수색한다.

그러나 고난한 생존 투쟁에서 때로는 도둑질하거나 사기를 치기도 했겠지만 이런 모습이 전부는 아니다. 한편으로는 자유로운 영혼을 가졌고 형제

간에 우애가 깊으며 자신들 고유의 전통을 지키면서 살고 있다. 자유를 추구하고 가족을 중심으로 생활하는 공동체적인 모습에서 우리들이 잃어버린 소중한 모습을 볼 수 있다. 그들은 거의 대부분 문맹이지만 그들의 전통과 문화, 언어를 바탕으로 그들이 정착하는 지역사회에 적응하는 동시에 고유의 문화와 억압에 저항하는 문화를 지켜 나간다.

어떤 면에서는 우리보다 더 풍요로운 그들만의 문화와 언어를 지키고 살아가는 것이다. 효용성의 논리에 익숙한 우리들에게 이들의 삶의 방식은 시대에 뒤떨어지고 이질적으로 비쳐진다. 하지만 가족 중심 사회에서 명예와 감정을 존중하고, 특히 이성보다는 감성을 중시하는 정신세계, 물질보다는 비물질적 세계를 중시하는 이들의 모습은 정신적으로 점점 더 야위어져 가는 현대인들에게 근원적 고향을 제시해 준다. 비록 평소에는 그 가치를 잃어버리고 있지만, 생존을 위해 없어서는 안 되는 공기와 물처럼 이들이 간직하고 있는 전통의 가치와 효용은 측정하기 힘든 것인지 모른다.

집시의 조상들은 그들을 노예로 만들려는 제도로부터 도망친 사람이었다. 자유에 대한 열망과 사랑으로 마차를 타고 새로운 삶을 시작할 수 있는 곳을 찾아 전 세계를 떠돌아다녔다. 그래서 집시 문화는 저항의 상징으로 인식되었고, 집시풍은 집시들의 삶의 방식이라기보다 자유로운 삶의 방식으로 알려졌다.

자연에서 살아가는 그들의 모습은 도시인들에게 너무나 매력적으로 보인다. 그들의 정신은 관습적인 생활과 법으로부터 벗어날 뿐 아니라 비슷비슷한 아파트로 가득 채워진 거대도시의 인공성으로부터 탈출하고 싶은 열망을 실현한 존재로 비쳐진다. 한 도시 내에서 통계 속 숫자일 뿐 어떤 개성과 느낌을 가진 존재가 아닌 우리들과는 대비되어 항상 자연에 파묻혀 사는 집시들은 제도를 거부하는 자유정신의 표상이다. 또 이곳저곳 떠돌아다니면서 주변 환경과 변화에 적응하는 유연성, 적응력, 다양성도 집시들의 큰 장점이

자 특징이다. 그리고 사람, 자연, 생명을 중요시하고 명예, 존엄성, 자기가 한 약속에 대한 책임감 같은 가치에 훨씬 더 큰 의미를 부여하는 이들은 자유정신과 저항의 상징으로 비쳐진다.

지난 세기, 즉 중심화, 위계화, 규범화로 세계의 체계를 통합하려던 시대에는 이런 집시들의 자유정신이 주변부로 밀려날 수밖에 없었다. 하지만 동성애자, 페미니스트, 폭주족 같은 비주류나 하위문화 계층이 제각각 목소리를 내고 있는 현대에서 집시들의 자유정신이야말로 우리를 더욱 풍요롭게 만든다. 정치적인 신념과 종교적 이념을 넘어서서 다른 가치를 가지고 이질적인 문화와 공존하는 집시들은 분명 우리의 정신을 더욱 풍요롭게 해준다.

또 다른 긍정적인 모습은 바로 가족에 대한 사랑, 노인에 대한 공경, 자신이 한 말에 대한 의무감, 후견인 풍습, 결혼 생활을 죽을 때까지 유지하는 것, 신성한 지역에서는 설대 도둑질하지 않는 것, 부족 간에는 거짓말하지 않는 것, 부모에 대한 깊은 존경심 등이다. 이런 공동체적인 가치를 존중하는 것은 집시들만의 문화이다.

이들이 생각하는 죄에 대한 개념도 주류 사회 사람들과는 다르다. 집시 사회의 근본적인 법을 어겼을 때는 죄의식을 느끼지만 주류 사회의 법체계는 큰 의미를 두지 않는다. 같은 집시, 가족 또는 자식을 도와주지 않는 것은 큰 죄로 여겼다.

이들이 말하는 근본적인 죄 다섯 가지는 다음과 같다.

1) 노인을 공경하지 않는 것이다. 집시 사회에서 부모뿐 아니라 노인에 대한 공경은 절대적인 요소이다.
2) 집시들 간에 약속을 이행하지 않았을 때 큰 비난을 받고, 특히 가족 간의 약속을 신성하게 여긴다.
3) 절대 자식을 버리지 않는다. 부모는 자식들을 유치원, 학교, 기숙사에 결코 보내지 않는다. 자식을 버리는 것은 집시 사회를 떠날 때만 가능

한 일이다.

4) 교회, 묘지 등 성스러운 장소에서는 아무리 곤궁할지라도 절대 물건을 훔치지 않는다.

5) 그러나 먹고살기 위해 다른 곳에서 옷이나 음식 등을 훔치는 것은 얼마든지 허용된다.

종족과 인간적 가치를 존중하는 그들의 삶의 방식은 우리의 고정관념에 박혀 있는 야만성과 수동성 등 부정적인 선입관과는 반대되는 모습들이다. 오히려 이들의 소박하고 단순한 공동체적인 삶은 우리가 오래전에 잃어버린 가치 있는 모습이다. 이런 점을 생각하면 그들에 대해 가지고 있는 막연한 거부감은 사라진다.

집시는 가족을 중심으로 하루를 보낸다. 클럽, 조직, 직업, 정치적인 조직은 이들 삶에 아무런 의미가 없을뿐더러, 인위적인 결합의 수단으로 치부하며 경시한다. 보통 100명이 조금 넘는 집시 가족의 구성원들은 일문을 형성한다. 현재는 이러한 명명이 사라졌지만, 동일한 선상에서 다른 일문이 모여 부족을 구성한다. 이들 일문은 족장을 중심으로 모이는데, 족장은 최고 권위를 가지는 존재이다. 그는 인간적인 덕을 베풀고 법을 집행하거나 사람들에게 충고를 해주는데, 사람들은 이런 족장을 존경한다. 예를 들어 바르셀로나 세라 거리와 인접해 있는 지역에서는 모든 집시들이 마넬 아저씨라 불리는 사람을 존경하고 그에게 복종한다.

일문에 속하지 않고는 공동체 생활을 할 수 없다. 가족들을 연결해 주는 끈은 일반적으로 같은 일문이나 부족에 속한 사람들에게까지 연장된다. 비슷한 연배의 사람들은 사촌이라고 부르며, 나이 차이가 많이 나면 삼촌, 이모라고 부른다. 나이 많은 사람들은 젊은이들을 조카라고 부른다. 다른 집단의 집시를 부를 때도 '여보세요', '저기요' 대신 '친척'이라고 부른다. 우리 현대인들은 사촌 정도까지 친척이라고 생각하는 반면 이들은 오촌, 육촌을 거쳐, 4~5대까지도 친척으로 여긴다. 또 집시들은 그들의 조상, 이들 간의 결함, 출신 지역, 현재의 후손, 지리적인 위치 등에 대해 다 알고 있다.

남자들은 한 가족의 가장으로서 아내와 자식들로부터 존경받는다. 그래서 남편은 집에 있고, 부인들은 거리에 나가 구걸을 하거나 행상을 한다. 집시 여자들은 남편 말을 따르고 복종한다. 그러나 그것이 노예와 같은 것은 아니다. 어떻게 보면 유교의 삼종지도와 비슷하지만 그렇다고 해서 자기 생각이 전혀 없는 것은 아니다. 여자 아이는 태어날 때부터 그들의 운명이 결정된다. 모든 부모들이 딸들에게 요구하는 것은 처녀성과 결혼과 종족을 영원히 유지하는 것이다. 이 원칙은 너무나 깊이 주입되어 일생 동안 그녀들을 따라다니는 하나의 의무이다. 어머니가 일하러 나간 동안 누나는 남동생을 보살피고 키워야 한다.

성에 대한 도덕관념은 아주 엄격하다. 근친상간은 있을 수 없는 피익이고, 집시 간에는 불륜도 매우 드문 일이다. 처녀들의 가장 큰 걱정거리는 결혼할 때까지 처녀성을 지키는 것이다. 그래서 집시 처녀들의 생활은 수도사와 흡사하다. 혼자서는 집 밖으로 멀리 나가지도 않고, 꼭 필요한 경우에는 가족 중 누군가가 동행한다. 물론 주류 사회의 젊은이들이 날마다 즐기는 오락문화를 접해서도 안 된다. 개인적으로 남자와 대화를 나누는 것도 금지되어 있다. 젊은이들이 일상적으로 하는 애정 표현을 집시 마을에서는 할 수 없다. 또 주류 사회 젊은이들과 어울려 춤을 춘다든가, 노출이 심한 옷을 입는다거나, 남자를 유혹하는 행위는 정숙하지 못한 행동으로 비난받는다.

이런 분위기 때문에 집시 여자들은 보통 이른 나이에 결혼해서 스무 살쯤에 이미 아이를 둘 정도 갖게 된다. 다른 사회에서 또래들이 고등학교에 다닐 때 이들은 이미 결혼 생활을 하는 것이다. 하지만 반드시 부모가 정해 주는 배우자와 결혼해야 하는 것이 아니다. 결혼은 개인의 자유의지에 의해 남녀가 서로 동의할 때 이뤄진다.

집시 처녀들은 결혼 전까지 처녀성을 반드시 지켜야 하므로 결혼식에서 가장 중요한 일은 신부의 처녀성을 확인하는 것이다. 그녀의 부모와 형제들은 즐거운 마음으로 그 순간을 즐긴다. 처녀성의 상실은 결혼하는 데 있어 결격 사유가 된다. 거친 움직임이나 격렬한 운동 등으로 처녀막이 파열되었을 경우에는 결혼식 전에 신랑 신부 양가에서 해결해야 한다. 처녀성을 온전히 지킨 집시 처녀는 집안의 자랑거리가 된다. 그런 여자는 비천한 삶과 생존을 위한 고뇌와 눈물을 잊고 가족의 중심으로서 한없이 행복한 생활을 한다.

이러한 행복은 결혼해서 아이를 가졌을 때 다시 한 번 찾아온다. 첫째 아이가 아들이면 모든 사람들로부터 존중받는다. 하지만 아이를 못 낳는 여자는 비난을 벗어나기 어렵다. 집시 사회에서 아이를 못 낳는 여자는 완전한 여자로 인정받지 못한다. 그래서 아이를 낳을 때까지 시부모에게 봉사하며 생활한다. 그러나 일단 아이가 태어나면 부엌 살림과 경제 생활을 같이하더라도 시부모에게서 독립한다. 그제서야 비로소 집시 여자들의 완전한 삶이 시작되는 것이다. 그때부터 모든 일의 중심이 된다. 핍박과 궁핍으로 점철된 여성은 종족의 중추적 역할을 맡고 식구들을 강하고 지혜롭게 만든다. 그래서 어머니의 영향력은 생애를 통해 지속적으로 행해지는 것이다.

집시들은 자식이 많은 것을 하느님이 그들에게 준 최대의 축복으로 생각한다. 그래서 아이가 생기는 대로 낳는다. 길거리든 어디든 아이들에게 젖을 주기 위해서는 기꺼이 가슴을 풀어헤친다.

자식, 손자, 증손자가 많을수록 집시들은 행복하다고 여긴다. 그래서 집시들은 산아제한을 하지 않는다. 그러나 사실 이러한 전통의 이면에는 유목민처럼 떠돌아다니는 상황에서 오래 살기 힘들므로 자식을 많이 낳을 수밖에 없는 현실적인 이유가 있다. 또 옮겨 다니면서 겪게 되는 자연재해, 지역 사람들의 적개심, 다른 집시 부족과의 갈등 등을 대비해 수직으로 많은 대가족을 형성하고 이를 기반으로 평화를 유지한다.

경제적으로는 항상 부족한데도 이러한 가족 간의 사랑과 상호이해가 있기 때문에 집시들은 더욱 풍요롭고 행복하게 살아가고, 이러한 연대감이 있기 때문에 아직까지도 멸종되지 않고 생존할 수 있는 것이다. 이들은 전 세계에 퍼져 살고, 또 다른 풍속을 가지고 있지만 같은 집시들을 한 마을 사람으로 생각한다. 영토, 국기, 제도는 없지만 이런 의식으로 인해 한 나라처럼 여기는 것이다. 집시 사회는 '우리'라는 의미, 어느 집단에 속해 있다는 의식을 가짐으로써 서방세계에서 그들의 법과 풍습을 유지하며 존재할 수 있었다.

그러나 그렇게 견고하던 종족의 공동체가 최근 들어 조금씩 느슨해지기 시작했다. 이제 통신기술의 발달로 인해 그렇게 오랫동안 유지되어 온 전통과 문화가 멸종 위기에 직면해 있다. 매스미디어로 인해 고유의 모습은 잊혀지고 새로운 풍습을 받아들이고 동화될 수밖에 없는 것이다. 이것은 한두 개 집시 사회만의 문제가 아니다. 과거에는 그들끼리 살면서 집시들의 문화를 지키고 보존할 수 있었지만 이제는 영화, 텔레비전, 수많은 통신수단으로 인해 외부의 영향을 지속적으로 받을 수밖에 없다. 그들이 알지 못했던 세상에 대해 알게 될 뿐 아니라 자신들의 생활을 외부 세계에 알리기도 한다. 외부 세계와 자유롭게 교류하면서 집시 사회 젊은이들은 주류 사회의 연예인이나 관광객들의 옷차림을 모방하기도 한다.

또한 마약을 팔아 돈을 버는 젊은이들이 하나씩 생겨나 족장의 권위에 도전하기도 하고, 이로 인해 집시들의 전통적인 공동체 구조가 흔들리고 있기도 하다.

● ──집시의 기원과 언어

집시가 어디서부터 생겨났는지 의견이 분분하지만 대체로 인도라는 의견에 공감한다. 검정색 눈동자와 머리카락을 가진 집시들은 유럽 모든 나라에서 대략 15세기 중엽부터 문헌에 등장하기 시작했다. 유럽에 퍼진 경로는 몰도바와 발라키아에서 시작해서 두 개로 나눌 수 있다. 하나는 해안 지방을 따라 움직이는 경로로 페르시아, 메소포타미아, 소아시아, 카스피해와 흑해를 향한다. 또 다른 경로는 내륙을 통해 움직인 것인데, 러시아와 시베리아의 남쪽 지방으로 거슬러 올라간다. 그리고 이들은 유럽을 관통하는 도나우강을 따라 헝가리로 옮겨 갔다. 이들은 오스트리아 빈, 이탈리아 북부를 관통해 스위스 내륙으로 들어갔다. 다시 그들은 취리히에서 여러 집단으로 나눠져 일군은 독일을 지나 프랑스, 로다스를 관통해 바르셀로나 지역에 이르렀다. 일반적으로 유럽에 들어온 대부분의 집시들은 동쪽 지역에 정착했다. 유럽의 북쪽과 서쪽을 향했던 사람들은 로마니체스 '로마니에스의 대부'라는 의미, 스페인과 프랑스 남부에서는 찰레스 '흑인들'이라는 의미로 불린다. 스페인 지역에 정착한 집시들은 주로 아라곤, 카스티야의 국경 지대에 정착했다.

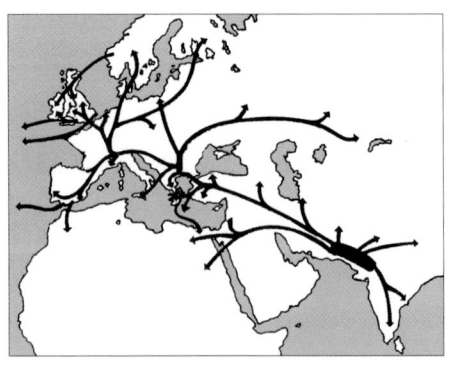

집시들의 언어는 산스크리트어에 뿌리를 두고 있으며 세계에서 가장 오래된 언어 중의 하나로 찰로calo 또는 로마니romani라고 부른다. 원래 러시아, 체코, 캐나다의 집시들이 사용하는 찰로는 스페인 집시의 언어와 거의 같다. 그러나 그들이 한곳에 정착힘으로써 그 지역의 언어에 급속하게 동화되면서 통일된 언어를 쓰지 못하게 되었다. 지금은 노인들만이 찰로를 기억할 뿐 젊은이들은 찰로를 거의 알지 못하며, 단어 몇 개만 기억할 뿐이다. 아이들은 크면서 부모들이 찰로로 말하는 것을 듣지 못했으므로 찰로를 말할 기회도 없었고 당연히 찰로를 말할 줄도 모른다.

몇몇 집시 작가들은 로망스어에서 파생된 모든 방언을 통합하려고 했지만 이 또한 어려운 작업이었다. 이들이 생존하기 위해서는 정착한 지역의 방언으로 이야기하고 노래하고 장사해야 했기 때문이다. 세월이 흐르면서 큰 집시 부족이든 작은 집시 부족이든 각자 쓰는 방언이 더 편하게 된 것이다.

스페인에서는 집시를 히타노라고 부른다. 하지만 다른 지역에서는 '인간'이라는 의미의 롬rom이라고 부른다. 로마니라는 말도 롬에서 비롯된 말로 이 집단에 속한 사람이라는 뜻이다. 프랑스에서는 지탕스와 보헤미안, 이탈리아에서는 징가로, 영국에서는 집시 또는 팅커, 헝가리에서는 치가니, 아랍에서는 하라미스 등으로 불린다. 다양하게 불리는 이런 단어들은 집시라는 원래 의미에 '나쁜 놈', '구걸하거나 떠돌아다니는 사람들'이라는 의미가 덧붙여진 것이다.

20세기까지 집시 언어로 쓰인 작품은 없었다. 유고의 유수프 사이프가 로마니어 문법책을 출판하고 나서야 이들 언어가 체계화되었다. 집시 사회에는 수많은 방언과 이문異文이 존재하는데, 그중에서도 영국의 로마니체스, 헝가리의 로문그리스, 프랑스의 마노우체스 집시들이 로마니어와 그들이 사는 나라의 언어를 섞어 사용한다. 영국의 집시들은 이것을 포가디지브'파괴된 언어'라는 의미라고 부른다. 영국의 로마니어는 영어 단어가 많이 사용되지만 집시 단어와 섞어 쓰기 때문에 집시가 아닌 사람들은 이해할 수 없다.

아래의 〈집시 기사〉는 영국에 사는 거의 모든 집시 어린이들이 부르는 노래이다. 포가디지브로 쓰여 있지만, 영어 단어 사이에 나타나는 로마니어는 몇 개 안 된다. 시장에서 집시 장사꾼들이 그들이 말하는 것을 시골뜨기들이 알아듣지 못하게 그들의 언어를 그 지역 방언과 섞어서 사용하듯이 이 노래에서도 영국 사람들은 이해하지 못하는 단어들을 사용해 그들만의 포가디지 브를 만들었다.

나는 로마니 라이 '기사', '주인' 입니다.

진짜 디디카이 문자 그대로의 의미는 '아주 촌스럽거나 무지한 사람', '혼혈이 아닌 사람'

내 성을 푸른 하늘 아래 세웠지.

천막에서 살고 집세도 내지 않지.

그래서 나를 로마니 라이라고 부르지요.

(합창) 아가야, 조용히 하고 보렴.

아버지는 사람들에게 착한 말을 팔러 갔지요.

그래서 그를 로마니 라이라고 부르지요.

단지 늙은 디디카이,

내 집은 푸른 하늘 아래입니다.

나는 개울에서 태어났고, 그래서 부자가 아닙니다.

그래서 로마니 라이라고 부르지요.

● ──스페인의 집시

스페인의 집시들은 자신들을 찰레라고 부른다. 찰레라는 말은 신찰로에서 유래한 것으로, 이것은 산스크리트어로 '평원의 사람' 즉 '떠돌아다니는 사람'이라는 뜻이다. 신찰로의 복수형은 신찰레로 '평원의 사람들'이라는 의미다. 스페인, 특히 남쪽 지방인 안달루시아에서는 단어를 축약해서 사용하는 습관이 있어 단어의 앞 음절인 '신'을 생략하고 찰레라고 부른다. 집시가 아닌 종족을 부를 때는 가초 또는 가치라고 부른다. 스페인에서 찰로는 '악한' 혹은 '불량배'라는 의미이다. 도둑과 나쁜 사람들이 사용하는 언어라는 것은 논리적으로 맞지 않지만, 도둑질하는 집시들이 많아 도둑들은 집시 말을 사용한다고 알려져 있다.

　이 언어도 스페인어에 통합되어 스페인어 어휘를 풍성하게 해주는 언어 중 하나가 되었다. 현재 스페인에는 카스테야노, 카탈란, 갈리시아어, 바스크어 등 네 개의 공식언어가 쓰이고 있다. 그런데 역사적으로 스페인에서 살았던 로마인, 아랍인, 서고트족, 페니키아인 등이 사용하던 단어가 지금의 스페인어에 남아 현대의 스페인어를 더욱 풍부하게 만들었듯이 집시들이 사용하는 단어도 스페인어에 통합되었다.

　스페인이 소왕국으로 분열되었던 중세 시대에는 각 왕국이 그들만의 고유한 특성을 지니고 있었다. 1492년 무어인들과의 국토 재정복 전쟁에서 승리한 후, 통일된 단일국가가 만들어졌다. 그러나 통일국가를 형성한 이후에도 중세 시대에 자기가 태어나고 살았던 지역에 대해 여전히 뿌리 깊은 애착을 갖고 있었고, 다른 지역에 대해서는 배타적이었다. 통일 스페인은 절대주의 왕정국가 체제 내에서 이질적인 지역들을 통합했다. 스페인의 정체성을 확립하기 위해 외부적으로 프로테스탄트에 대항해 전쟁을 계속했고, 내부적으로는 무어인, 유대인, 집시들을 추방하기 시작했다. 왜냐하면 단일국가로의 통일은 절대왕정제도를 바탕으로 단일 언어와 단일 종교라는 공통분모가 있어야 가능했기 때문이다. 스페인을 통일한 가톨릭 왕 시대부터 카를로스 5세 시대까지 스페인 사회를 통합하고 단일성과 정체성을 확립하기 위해 집시들의 문화를 전부 지워 버리려 했던 것이다.

　그런 역사적인 이유로 인해 스페인에서는 가톨릭 왕 부처가 1499년 메디나 델 캄포에서 포고령을 내려 집시의 추방을 명령했는데, 그 내용은 다음과 같다.

　　스페인에서 무리를 지어 떠돌아다니면서 살고 있는 집시들은 60일 내에 한곳에 정착해서 그들이 할 줄 아는 직업에 종사해야 하며, 무리를 지어 다니는 것을 금한다. 이 기간이 지나고 나서 다시 60일이 지난 후에 이를 어겼을 때는 스페인에서 추방되어 다시는 돌아오지 못한다. 이를 어겨 잡혔을 때는 곤장 100대에 처해진 후 영원히 추방되고, 두 번째로 잡혔을 때는 귀를 자른 후에 추방되며, 세 번째로 잡혔을 때는 평생 포로로 살아야 한다.

포로로 산다는 것은 갤리선의 노예로 보내져 죽을 때까지 평생 노역하며 살아야 한다는 것을 의미한다. 이때부터 집시들의 고난이 시작되었다. 그 후 펠리페 3세는 6개월 안에 스페인 왕국과 포르투갈 지역에서 집시를 추방하는 포고령을 발포했다. 추방된 후 다시 스페인으로 돌아오면 사형에 처해졌다. 스페인에 남기를 원하는 집시들은 집시 문화와 전통을 영원히 지워 버리기 위해 5천 명 이상이 모인 장소에서 고유의 언어, 옷, 이름을 사용하지 않겠다고 맹세해야 했다.

현재 스페인에서는 집시들이 거의 정착해서 살고 있다. 단지 5퍼센트 정도만이 떠돌이 생활을 할 뿐, 대부분 종족끼리 혹은 가족끼리 집단을 이뤄 마을과 도시에서 살고 있다. 정착 생활을 하면 자식들을 학교에 보낼 수 있고, 안정된 직장도 얻을 수 있기 때문에 유목 생활을 할 때보다 훨씬 편안하게 살 수 있다. 그러나 정착한 집시들도 축제나 시장을 찾아다니며 장사를 하고, 외국인 관광객이 많은 곳에서 기념품을 팔기도 한다. 또 포도 수확기에는 일손이 필요한 지역에 가서 일하는 등 집을 떠나 생활할 때가 많아 떠돌이 생활의 전통은 어느 정도 남아 있다고 할 수 있다.

이런 역사적 배경을 가지고 있고 지금도 여전히 빈곤 계층에 속하기 때문에 집시들은 도둑질과 거짓말, 그럴듯한 말로 사람들을 속여 물건을 파는 사람들로 비쳐지고 있다. 세르반테스의 『집시 여인(La gitanilla)』에서도 집시에 대한 부정적인 모습을 엿볼 수 있다.

집시들은 남자건 여자건 간에 오로지 도둑질을 하기 위해 이 세상에 태어난 것처럼 보인다. 도둑질하는 부모에게서 태어나 도둑놈들 속에서 자라며 도둑질하는 방법을 배운다. 그리하여 마침내 원하는 것은 무엇이든 훔칠 수 있는 길거리의 도둑이 되고 만다. 남의 것을 훔치고 싶어 하는 마음을 갖게 되는 것이나 훔치는 것 자체가 집시들에게는 불가피한 생존 수단이다.

그러나 다른 한편으로는 긍정적인 면도 가지고 있다. 위와 같은 작품에서 집시 노인은 이들의 자유로운 삶에 대해 다음과 같이 자랑스럽게 묘사하고 있다.

우리 집시들은 들과 밭, 샘과 강의 주인이오. 산은 우리들에게 공짜로 장작을 세공해 주고, 나무는 과일 을, 포도나무는 포도를, 밭은 채소를, 샘은 물을, 강은 물고기를, 사슴은 사냥감을 베풀어 주며…… 족쇄가 우리들의 날렵함을 방해하지 못하고, 벼랑도 우리를 멈추게 하지 못하고, 벽이 우리를 막아설 수 없소. 채찍으로 우리를 쓰러트릴 수 없으며, 우리를 짓누르는 어떤 형벌도 우리를 굽힐 수 없소. 숨통을 막고 주리를 틀어도 우리를 길들일 수 없소. 옳고 그름을 이야기함에 있어 우리는 아무 거리낌 없소. 우리는 항상 참회보다 순교를 높이 평가하오.

● ── 집시 민담의 성격과 지역화

이 책에 실린 이야기들은 스페인뿐만 아니라 전 세계에 흩어져 살고 있는 집시들의 이야기를 채록한 책에서 발췌한 것이다. 다이언 텅의 『집시들의 대중적인 이야기』, 힌디스 그룹의 『집시들의 민속 이야기』, 영국에서 발간되고 있는 《집시의 민간전승과 사회 저널》, 존 샘슨의 『집시의 전통 이야기』, 제임스 리어던의 『러시아 집시 이야기』 그리고 집시 해설서로는 『우리 집시들』을 참고했다.

집시들은 그들만의 언어가 있는데도 실제로 대부분이 문맹이다. 그것은 문자와 기록보다는 화톳불과 장작불 주위에 둘러앉아 옛날 전설과 이야기를 즐기는 풍습을 가지고 있기 때문이다. 이들은 전통적으로 스페인 사람들한테 플라멩고 음악을 불러 주거나 이야기를 들려주는 직업을 가지고 있었고, 유목민처럼 이곳저곳을 떠돌아다녀야 했다. 이 때문에 집시들은 노래뿐만 아니라 풍요로운 이야기를 간직할 수 있었다. 이들은 예로부터 전해 내려오는 이야기를 죽음의 문턱에 이르기까지 인생의 동반자로 여기고 민담에 자신들의 고통과 기쁨을 담아냈다.

집시 이야기꾼들은 5일장이나 7일장을 돌아다니는 말 장수처럼 입담이 좋은 사람들이며, 한 번 들으면 절대 잊어버리지 않는다. 인도 이야기에 그들이 살고 있는 지역에서 전해지는 이야기를 덧붙이고 각색하여 이야기를 더욱 풍성하게 만든다. 이런 전통으로 인해 집시들의 전통적인 이야기와 노래뿐만 아니라 다른 민족들의 민담까지 보존할 수 있었다. 스페인의 구전 이야기도 집시들의 구전하는 전통이 없었다면 상당 부분 사라졌을 것이다.

용, 뱀, 기적을 낳는 물건의 주인, 정숙하지 않은 여자들, 천지는 어떻게 창조되었는가 등에 대해 이야기하거나 이런 이야기를 소재로 노래를 지어 부르면서 영혼의 위안을 삼는다. 그들의 이야기와 노래는 삶의 즐거움이자 슬픔을 견딜 수 있는 힘이며 부드러운 위로가 된다. '집시들의 바이올린'에서도 음악과 이야기는 집시들의 평생의 동반자로 묘사되고 있다. 물론 다른 민족들의 민담처럼 세상, 인간, 영혼, 악마가 생겨나게 된 이야기, 출생과 죽음, 결혼 등 인생에서 가장 중요한 순간들을 담은 이야기도 많다. '집시는 어떻게 하늘나라에 가게 되었는가'는 스페인 민담의 '곰궁 아주머니'와 너무나 비슷하다. 또 질투심에 대해 쓴 '질투심 많은 남편'은 세르반테스의 『질투심 많은 노인』과 유사하다. 가난과 굶주림에서 평생 벗어나지 못한 집시들의 민담은 그런 현실과 밀접하게 연관될 수밖에 없다. 배불리 먹는 것이 기쁨이고 행복인 집시들, 가난이라는 삶의 어두운 그림자가 평생 운명처럼 따라다니는 집시들, 배고픔의 고통이 지배하는 삶을 사는 집시들은 '푸짐한 음식에 대한 흥분'을 이야기할 수밖에 없다. 물론 배고픔은 과거 어느 사회에서나 중요한 일이었지만 집시들에게는 더욱 절실했다. 그들은 빈곤 때문에 자식들을 버려야 하고 숲 속에 버려진 아이들은 굶어 죽거나 짐승의 먹이가 되기도 했다. 그래서 집시들 사이에는 배부른 부자에 대한 증오심이 생겼고, 이야기 속에서 이들을 교만하고 탐욕스러운 사람으로 묘사했다. 이들을 속이고 복수하는 유쾌한 이야기를 통해 현실의 불안과 긴장을 해소하고 대리 만족을 얻은 것이다. 이 점은 집시 이야기의 특징이자 독창성이라 할 수 있다.

 스페인 민담이 동양의 영향을 많이 빌어 온 것은 잘 알려진 사실이다. 『판차탄트라』, 『마합아라타』, 『찰릴라와 딤나』, 『센데바르』 등 집시들의 고향인 인도의 작품들이 스페인어로 번역되었다. 이런 이야기들은 스페인에서 오랜 세월 동안 구전되면서 스페인화되었다. 스페인에 정착한 집시들도 인도 이야기를 스페인 문화에 맞게 각색해 새로운 이야기를 만들어 냈다. 예를 들어 인도 이야기에서 불교를 가르치는 교훈적인 이야기는 하느님 이야기, 천사 이야기, 저승사자 이야기 등으로 바뀌었다.

 그래서 지금까지 남아 있는 집시 이야기에는 하느님이 자주 등장한다. '드라큘라'에서 드라큘라의 저주를 푸는 사람은 하느님이고, '예언자'에서도 결혼식 준비를 하지 않는 재단사에게 주인이 빨리 준비하라고 하면 "하느님께서 준비해 주시겠지요"라며 모든 것을 하느님의 뜻으로 돌린다. 또 '날렵한 영웅'에서도 날개가 타 버려 울고 있을 때 하느님이 나타나 이들을 궁궐에 데려다 준다. 어떻게 보면 일면 스페인의 전통 민담과 차별되는 요소는 없는 것처럼 보인다.

이렇게 스페인 민담과 집시 민담이 비슷해진 가장 큰 이유는 스페인에 정착한 집시들이 가톨릭을 그들의 종교로 받아들이고 가톨릭에서 일상사나 영혼의 중요한 의미를 찾았기 때문일 것이다. 이들은 성당에 나가지 않더라도, 유아 세례, 첫 영성체, 결혼, 장례 등 일생의 중요한 행사는 가톨릭 형식을 따른다. 그러나 그들에게 가톨릭 교회의 도그마를 알고 있느냐고 물어봐도 아무 소용 없다. '하느님의 가족은 몇 명인가', '어떤 사람의 죽음', '부활의 신비' 는 집시들이 가톨릭 교리에 대해 무지한 것을 풍자한 것이다. 프란시스코 교단의 성직자는 집시의 종교관을 정의하면서 "집시의 기본적인 종교는 미신과 상이한 다른 믿음, 역사, 요정 이야기 등이 섞인, 해독하기 어려운 신화인 자연종교이다."라고 설명한다.

  이들이 말하는 하느님은 그들의 전통과 풍습에 따라 만들어진 하느님의 모습일 뿐이다. '데벨'이라고 부르는 세상의 위대한 할아버지가 그들의 하느님으로 그려지는데, 그는 집시들의 단점을 용서해 주고, 그들을 항상 너그럽게 대한다. 베다의 브라마 신의 모습을 원형으로 만들어진 하느님은 "모든 현상을 관장하는 자연뿐만 아니라 제한된 존재인 인간보다 우월한 지적인 힘이다." 타고르의 시 중에 "나의 사지와 몸은 만질 수 없는 그 존재에 근접했을 때 떨려 왔다. 하늘 높은 곳에는 나를 침묵하게 하는, 지켜보는 눈이 있다."라는 시구가 그들이 생각하는 하느님의 모습과 가장 비슷하지 않을까. 오직 가난하고, 박해받고, 아무도 도와주지 않는 집시들에게 풍요로움을 가져다 주는 것이 바로 하느님이다.

  이런 관념은 이야기에도 반영되었다. '에라시모'에서 집시 에라시모는 카드놀이로 전 재산을 잃어버리고 사막에서 혼자 농사를 지으며 살아간다. 예수와 열 두 제자가 그곳을 지나가다가 도움을 요청하자 예수는 잃었던 돈을 되찾도록 도와주고 고향으로 돌아가 살게 해준다. '요술 허리띠'에서도 하느님이 집시들에게 요술 허리띠를 선물해 준다. 힘없고 소외된 사람들이 신세를 한탄하고 고통이나 아픔을 호소하면 기꺼이 들어주는 하느님은 기독교의 하느님과는 다른 모습이다.

하느님은 집시들을 사랑한다는 믿음은 인간이 창조되는 과정을 그린 이야기에도 반영되었다. 하느님이 그가 창조한 세상을 바라보며 말했다. "내 작품이 완성되려면 인간을 창조해야 한다." 그리고 진흙으로 인간의 모습을 만들어 불 속에 집어넣었다. 인간의 모습이 구워지는 동안 하느님은 천국을 산보하러 나갔다가 그만 불 속에 넣어 둔 것을 깜박 잊고 말았다. 그것을 꺼내러 갔을 때는 이미 검게 타 버렸는데 이것이 흑인들의 조상이다. 하느님은 검은색 인간에 만족하지 못하고, 다시 인간의 형상을 만들어 화로에 집어넣었다. 그러나 이번에는 타 버리지 않을까 걱정되어 반쯤 구워졌을 때 꺼냈고, 덜 구워져 하얗게 된 것이 백인의 조상이다. 다시 하느님은 가장 이상적인 모습의 인간을 만들기 위해 적당한 시간 불 속에 넣었다 꺼냈는데, 이것이 집시들의 조상이다.

이 창조 신화는 인도 지방에서 시작되어 세계 각 지역으로 흩어진 후 조금씩 변형되었다. 이 책에 포함된 집시들의 창조 이야기처럼 그들은 하느님의 자식이고, 하느님이 창조한 인간 중 가장 이상적인 피부색을 가진 종족이라고 생각한다. '마흔 명의 경망한 집시'에서 미련한 집시들은 전부 죽고 영리한 자들만 살아남았으니 세대가 바뀌어도 집시들은 계속 영리하다고 말한다.

또 이들의 죽음과 장례식은 스페인 방식에 동화되었다. 이들의 기원이 인도라는 사실에서 우리는 그들이 윤회사상을 믿을 것이라고 유추해 볼 수 있다. 그러나 여러 지역으로 흩어져 살면서 그런 사상은 잊혀지고 대신 기독교 사상을 받아들여 이승에서의 짧은 머무름에 그다지 큰 의미를 두지 않는다. 이승은 착한 사람들이 데벨 하느님이 있는 다른 세상으로 가기 전에 거치는 하나의 과정일 뿐이다. 따라서 죽는다고 해서 모든 것이 끝나는 것이 아니라 영혼은 생명을 잃지 않고 계속 살아 숨쉰다고 여긴다. 앞에서도 말했듯이 가톨릭 형식을 그대로 따르고 있는 것이다.

하지만 장례식에서 엿볼 수 있는 연대감에서 그들만의 고유한 특성과 사상을 확인할 수 있다. 예를 들어 집시 한 명이 죽으면, 그 지역 모든 집시들은 가족이 죽은 것처럼 고통스러워한다. 집시들은 대가족을 이루며 살기 때문에 고통도 함께 나누는 것이다. '바나' 이야기에서도 바나가 죽자 마을의 모든 사람들이 그녀의 죽음을 슬퍼하고, '바디아 이야기'에서도 저녁에 함께 밤을 지샐 사람을 차지하기 위해 두 주검 사이에 싸움이 벌어진다.

마지막으로 민담이 갖는 의미를 두 가지만 언급하겠다. 첫째, 신비한 이야기는 초자연적이고 주술적인 성격을 띤다. '드라쿨라', '암말의 아들', '바보와 마법의 나무', '금을 쏟아 내는 소녀', '마법에 걸린 개구리'에서 보듯 주인공의 출생 동기는 독특하며, 문제를 해결하는 방식도 독수리와 개구리의 도움을 받는 등 초자연적이다. 또 '예언자'에서는 용이 왕비를 납치하고, 납치된 어머니를 찾아 나선 아들이 사과를 따서 먹자 머리에 뿔이 솟아나고 살점이 떨어져 나가며, 반지를 문지르자 정령이 나타난다. '날렵한 영웅'에서는 수공예 직공이 날개를 만들어 하늘을 날아간다. 이런 초자연적이고 환상적인 이야기들은 극한 상황에 처해서도 어려움을 극복해 나가려는 그들의 꿈을 표현한 것이다. 즉 현실적으로 유한한 공간에 갇혀 있는 그들이 보다 넓은 세계로 나가고 싶은 욕망을 이야기에 투영한 것이다. 숲이 바다로 변하고, 물고기가 바다에서 반지를 물어다 주고, 쫓기면서 자유롭게 공간을 이동하는 이야기를 통해 현실의 억압된 환경과 감정을 해소하려는 것이다.

현실에서 벗어나고자 하는 욕망은 집시뿐 아니라 모든 사람들의 원초적 본능이다. 그러므로 이런 유의 이야기는 오랜 시간이 지난 오늘날까지도 계속 살아 있다. 우리가 자연적이고 주술적인 이야기를 들으며 즐거워하는 것도 비로 이런 본능 때문이다. 선과 악, 상과 벌로 가득 채워진 현실 세계에서 사는 집시들은 초자연적이고 주술적인 이야기를 통해 일상의 억압과 배고픔에서 자유롭게 벗어나 더 풍요로운 세상으로 날아가는 꿈을 꾸는 것이다.

또 집시 이야기는 악도 미덕과 함께 자연적인 현상이며, 잔인한 폭력도 이 세상을 이루는 중요한 요소라는 사실을 일깨워 준다. 살인, 친모 살해 등 어처구니없는 사건과 '잔혹한 행위를 함으로써 쾌락'을 탐닉하는 파괴 충동도 필연적인 세상의 모습으로 자리 잡고 있다. '날렵한 영웅'에서 왕은 탑에 딸을 가둬 두고 아무도 그녀에게 접근하지 못하도록 한다. 그러나 명령을 거역하고 딸에게 접근한 왕자와 그 딸을 태워 죽이려고 한다. 의붓아버지도 아닌 친아버지가 딸을 죽이려 드는 것이다. 또한 '마법에 걸린 도시'에서 장인이 사위의 칼을 빼앗아 조각내 버리고, '예순한 가지 재주'에서 노인은 공주에게 비밀을 지키는 법을 가르쳐 준다며 보는 앞에서 어린아이를 먹어 버린다.

잔혹한 이야기는 순수한 아이들에게 들려주기에는 적합하지 않다. 사람을 쉽게 죽이고 어머니가 이유도 없이 딸을 질투하고, 고통과 불평등, '사악한 내용으로 가득한 이야기를 읽으면 삶의 냉혹함마저 느껴진다. 사람들은 순박하고 따뜻한 사랑으로 가득 찬 세상, 악이 존재하지 않는 세상을 꿈꾼다. 그러나 지구상에는 아름답고 순수한 세상만 있는 것이 아니다. 우리 주위에는 선보다는 악이, 상식보다는 비상식이 더 많다. 또한 언제나 선이 악을 이기는 것도 아니다. 때론 악이 선을 구축하고, 사악하고 잔인한 것이 세상을 지배하기도 한다는 사실을 민담에서 느낄 수 있다.

잔혹하고 교활한 사람들이나 사기꾼들이 착한 사람을 괴롭히고 이용하는 세상을 민담을 통해 경험하게 된다. 살아남기 위해 윤리나 도덕을 무시하는 것 또한 현실에서 늘 있는 일이다. 비열한 악당의 잔인함이 인간의 피 속에 미덕과 함께 흐르고 있다는 것을 집시들의 이야기를 통해 느낄 수 있다. 집시 이야기는 "언제나 세상에는 악이 존재하니 미덕의 아름다움을 믿지 말자."라고 말하는 듯하다.

선에 대한 맹목적인 믿음과 숭배의 끝을 슬퍼하면서 세상에는 '증오와 폭력과 불의가 만연한 암흑'이 날갯짓하고 있다는 사실도 목도한다. 팽팽한 활시위 같은 우리 인생에서 억제된 잔인함이 우리를 둘러싸고 있다는 사실을 민담을 통해 경험하게 되는 것이다.

엮은이 나송주

한국외국어대학교 스페인어과를 졸업하고 스페인 마드리드 국립 콤플루텐세 대학교에서 문학 박사 학위를 취득하였으며 현재 한국외국어대학교 외국문학연구소 연구 교수이다. 저서로『스페인 황금세기 문학』,『실용 스페인어』,『서양 문학의 이해』(공저) 등이 있으며,『구운몽』,『옛날 옛적에 휘어이 휘어이』등을 스페인어로 번역 출판했다. 논문으로는「정신적 사랑과 사랑의 감옥」,「뻬르실레스와 시히스문다의 모험과 유토피아」등 다수가 있다.

세계 민담 전집 14

집시 편

1판 1쇄 찍음 2008년 4월 21일
1판 1쇄 펴냄 2008년 4월 28일

엮은이 나송주
펴낸이 목유경
발행인 박근섭
펴낸곳 (주)황금가지

출판등록 1996. 5. 3(제16-1305호)
135-887 서울 강남구 신사동 506 강남출판문화센터 5층
영업부 515-2000 / 편집부 3446-8773 / 팩시밀리 514-2643
www.goldenbough.co.kr

값 13,000원

ⓒ (주)황금가지, 2008 Printed in Seoul, Korea
ISBN 978-89-8273-594-3 04840
      978-89-8273-580-6 (세트)